쏙쏙 들어오는
인공지능 알고리즘

쏙쏙 들어오는 인공지능 알고리즘

1쇄 발행 2021년 6월 11일
3쇄 발행 2023년 2월 10일

지은이 리샬 허반스
옮긴이 구정회
펴낸이 장성두
펴낸곳 주식회사 제이펍

출판신고 2009년 11월 10일 제406-2009-000087호
주소 경기도 파주시 회동길 159 3층 / **전화** 070-8201-9010 / **팩스** 02-6280-0405
홈페이지 www.jpub.kr / **원고투고** submit@jpub.kr / **독자문의** help@jpub.kr / **교재문의** textbook@jpub.kr

소통기획부 김정준, 이상복, 송영화, 권유라, 송찬수, 박재인, 배인혜
소통지원부 민지환, 이승환, 김정미, 서세원 / **디자인부** 이민숙, 최병찬

진행 장성두 / **교정·교열** 이미연 / **내지디자인** 이민숙 / **편집디자인** 남은순
용지 신승지류유통 / **인쇄** 한승문화사 / **제본** 일진제책사

ISBN 979-11-91600-08-7 (93000)
값 28,000원

제이펍은 독자 여러분의 아이디어와 원고 투고를 기다리고 있습니다. 책으로 펴내고자 하는 아이디어나 원고가 있는 분께서는 책의 간단한 개요와 차례, 구성과 저(역)자 약력 등을 메일(submit@jpub.kr)로 보내 주세요.

쏙쏙 들어오는

인공지능 알고리즘

Grokking Artificial Intelligence Algorithms

리샬 허반스 지음 / **구정회** 옮김

제이펍

차례

CHAPTER **1**

인공지능의 직관적 이해　　　　　1

CHAPTER **2**

검색의 기초　　　　　　　　　　21

CHAPTER

10   Q-러닝을 통한 강화학습   299

옮긴이 머리말

"제가 미국 출장길에 근처 대학 도서관에 가본 적이 있어요.

정말로 많은 학생이 열심히 공부하고 있더군요. 책상에 책을 수북이 쌓아 놓고 말입니다.

그것도 **원서**로요! 하하하."

제가 예전에 들었던 어느 강연자의 농담입니다. 우리에게는 영어 원서가 그들에게는 모국어 책이라는 상황적 아이러니에 순간 강연장은 웃음바다가 되었습니다. 우리가 사는 세상에서 기축통화인 달러만큼이나 영어 원서는 우리에게 때론 참 얄미운 존재지요. 모국어가 아닌 영어 덕분에 어찌 되었든 그것의 함의를 이해하고 공감하기 위해 추가적인 노력이 더 필요한 것은 사실이니 조금 억울한 측면도 있는 것 같습니다.

이 책의 원서 제목에 있는 '그로킹grokking'의 사전적 의미는 '(심정적으로) 이해하는, 공감하는' 정도가 될 것 같습니다. 이 책의 저자인 리샬Rishal은 인공지능의 직관적인 부분부터 기본적인 개념과 간단한 응용까지를 단지 머리로만 이해하는 것이 아니라 마음으로 공감할 수 있을 만큼 솜씨 좋게 잘 풀어내고 있습니다. 이 책을 번역하면서 저도 리샬의 영어와 제 모국어인 한국어를 통해 조금 더 새로운 인공지능을 접하는 기회를 가질 수 있었습니다. 하지만 글을 옮기는 과정에서 '어렵지만 쉽게'와 '간결하지만 상세하게'라는, 어쩌면 양립하기 쉽지 않은 문제 앞에서 끊임없는 고민이 있었습니다. 다만, 저자의 의도를 잘 전달하기 위한 이런 노력에도 불구하고, 만약 번역에 매끄럽지 못한 부분이 있다면 그것은 전적으로 저의 부족함 때문입니다. 그리고 설명이 더 있으면 좋겠다 싶은 부분은 독자께 도움이 되었으면 하는 마음으로 역주를 달았습니다. 이 책을 통해 여러분께서도 인공지능을 발견하는 즐거움을 찾으시면 좋겠습니다.

"빈 자루는 홀로 설 수 없다."

이 책은 인공지능 알고리즘의 이해와 구현, 그리고 이를 통한 문제 해결에 필요한 기초를 제공하고 있습니다. 조금 더 나아가, 인공지능으로 좀 더 흥미 있고 멋진 일을 하려면 이 책의 수준을 넘어서는 더 많은 공부가 필요할지도 모릅니다. 이 책 4장에는 배낭을 가장 가치 있는 물건으로 채우는 문제가 나옵니다. 공부에서 더 높은 가치는 주관적이라 때때로 선택이 어렵기도 한데, 이 책의 저자는 1장부터 10장까지 순차적으로 공부해야 한다고 당부하니 그냥 쭉 따라가면 됩니다. 다만, 책의 전체 부분을 관련성에 따라 나눠 본다면 파트 1(1장), 파트 2(2장, 3장), 파트 3(4장, 5장), 파트 4(6장, 7장), 파트 5(8장, 9장, 10장) 정도로 구분해서 보시면 좋을 것 같습니다. 우선, 필요한 대로 여러분의 빈 자루를 채워서 일단 자루가 홀로 설 수 있게 만들어 놓는 것이 중요합니다. 그 다음에 더 가치 있는 것들로 배낭의 나머지 부분을 채우는 것은 공부하는 여러분의 숙제이자 재미가 되었으면 좋겠습니다.

"따뜻한 인공지능과 기술적 상상력"

누구나 인공지능을 얘기하는 시대입니다. 마침 이 책의 번역을 시작한 시점에 TV에서 '스타트업'이라는 드라마를 방송했는데, 드라마에 등장한 '눈길(시각장애인을 위한 앱)'을 참 재미있고 인상 깊게 봤던 기억이 있습니다. **따뜻한 인공지능** 기술이 궁금하시면 여기(https://bit.ly/3pATCA2)를 보셔도 좋겠습니다(배수지 × 남주혁 배우가 매력적으로 설명해 주는 인공지능은 덤입니다^^). 이 책을 보고 계신 여러분도 분명 인공지능에 관심이 많을 것으로 생각합니다. 이 책으로 **인공지능 문제 해결의 기초**를 공부하셨다면, 좀 더 멋지고 의미 있는 **기술적 상상의 즐거움**은 여러분의 몫입니다.

이 책을 번역할 기회를 주신 제이펍 장성두 대표님께 감사드립니다. 그리고 부족한 원고를 예쁘게 다듬어 주신 이미연 님, 멋진 디자인을 해주신 남은순 실장님, 그리고 이 책이 세상에 나오기까지 수고해 주신 김정준 부장님과 이민숙 차장님께도 감사를 표합니다. 마지막으로, 하늘에서 지켜보고 계실 아버지와 늘 기도로 격려해 주시는 어머니, 항상 저를 지지해 주는 사랑하는 가족 — 근영, 나영, 준영, 정현, 은경, 민서, 정욱 — 에게도 고마움을 전합니다.

나의 퀘렌시아 단. 우. 아. 에서

구정회

서문

서문에서는 기술의 진화, 자동화의 필요성, 미래를 개척해 나가기 위한 인공지능 사용에 수반되는 윤리적 의사결정의 책임을 살펴본다.

기술과 자동화에 대한 집착

역사를 통틀어 인간은 수작업과 육체노동을 줄이면서 문제를 해결하기를 갈망해 왔고, 항상 도구를 개발하고 작업을 자동화해 생존과 에너지 절약을 위해 노력해 왔다. 누군가는 인간을 창의적 문제 해결이나 문학, 음악, 예술의 창조적 작품을 통해 혁신을 추구하는 뛰어난 두뇌beautiful mind라고 주장할지 모르지만, 이 책은 우리 존재에 대한 철학적 질문을 논하기 위해 쓴 것은 아니다. 이 책은 실세계의 문제를 실제로 해결할 수 있는, 인공지능 접근 방식을 개략적으로 살펴본다. 인간은 삶을 더 쉽고, 더 안전하고, 더 건강하고, 더 만족스럽고, 더 즐겁게 만들기 위해 어려운 문제들을 해결한다. 오늘날 역사와 전 세계에서 볼 수 있는 인공지능을 포함한 모든 발전은 개인, 지역 사회, 국가의 요구를 충족해 왔다.

새로운 미래를 만들어 나가기 위해서는 과거의 몇 가지 주요 이정표를 이해하는 것이 도움이 된다. 많은 혁명적인 사건에서 인간이 만든 혁신은 우리 삶의 방식을 바꾸었고 세상과 상호 작용하는 방식과 세계관을 형성했다. 혁신을 반복하고 도구를 개량하면서 이 과정을 계속해 나가고 있으며, 이는 미래의 새로운 가능성을 열어준다(그림 0.1).

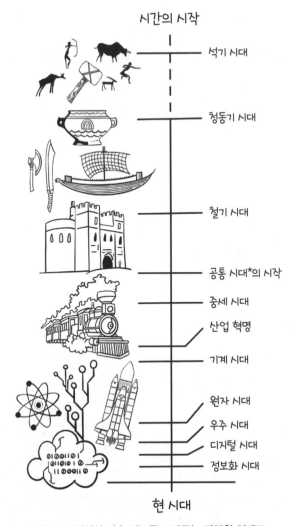

시간의 시작

석기 시대

청동기 시대

철기 시대

공통 시대*의 시작

중세 시대

산업 혁명

기계 시대

원자 시대

우주 시대

디지털 시대

정보화 시대

현 시대

그림 0.1 역사상 기술 진보를 보여주는 간략한 연대표

역사와 철학에 관한 이 짧고 개괄적인 자료는 전적으로 기술과 인공지능에 대한 기본적인 이해를 높이고, 신규 과제를 착수할 때 책임 있는 의사 결정을 하도록 생각을 자극하기 위한 것이다.

전체 연대표 그림에서 시기적으로 더 최근으로 올수록 이정표 간의 시간 간격이 더 짧다는 것을 알 수 있다. 지난 30년 동안 가장 눈에 띄는 발전은 마이크로 칩 성능 개선, 개인용 컴퓨터의 광범위한 보급, 네트워크로 연결된 장치의 확산, 물리적 경계를 허물고 세계를 연결하기 위한 산업의 디지털화였다. 이러한 요인은 인공지능이 실현할 수 있고 추구할 수 있는 합리적인 영역이 된

★ [옮긴이] 최근 종교에 대해 중립적인 입장을 취하기 위해 대체하는 경우도 있음. 'Common Era'라는 표현은 이 역법이 현재 종교와 지역에 무관하게 전 세계에 퍼졌다는 점을 고려하여, 종교적 의미를 완전히 제거하기 위해 붙여진 호칭임

이유이기도 하다.

- 인터넷이 세계를 연결하고 거의 모든 것에 대한 방대한 양의 데이터를 수집할 수 있게 되었다.
- 컴퓨팅 하드웨어의 발전으로 방대한 양의 수집된 데이터를 이용하여 이미 알려진 알고리즘을 계산할 수 있게 되었고, 이를 통해 새로운 알고리즘을 발견할 수 있게 되었다.
- 인류가 탄생한 이래 사람들이 해온 것처럼 산업계도 더 나은 결정을 내리고, 더 어려운 문제를 해결하고, 더 나은 솔루션을 제공하고, 삶을 최적화하기 위해 데이터와 알고리즘을 활용해야 할 필요성을 인식하게 되었다.

기술이 선형적으로 발전한다고 생각하기 쉽지만, 역사를 살펴보면 현재도 그렇고 앞으로도 기하급수적으로 발전할 가능성이 더 크다는 것을 알 수 있다(그림 0.2). 기술의 발전은 매년 더 빠르게 진행될 것이고, 이로 인해 새로운 도구와 기술을 배워야 할 수도 있겠지만 **문제 해결의 기초**problem solving fundamental를 잘 알고 있으면 큰 힘이 될 것이다.

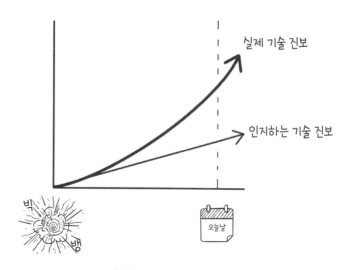

그림 0.2 인지하는 기술 진보 vs. 실제 기술 진보

이 책은 어려운 문제를 해결하는 데 도움이 되는 기초 개념뿐만 아니라 더 복잡한 개념을 더 쉽게 이해하는 것에 목표를 두고 있다.

사람은 각자의 입장에 따라 자동화를 다르게 인식한다. 기술 전문가에게 자동화는 소프트웨어 개발, 배포, 그리고 배포를 원활하게 하고 오류 발생 가능성을 줄이는 스크립트 작성을 의미한다. 엔지니어에게 자동화는 처리량을 늘리거나 결함을 줄이기 위해 공장 라인을 간소화하는 것을 의미한다. 농부에게는 자동 트랙터 및 관개 시스템을 통해 작물 수확량을 최대화하도록 도구를 사용하는 것을 의미한다. 자동화는 수동 과정에 비해 생산성을 높이거나 탁월한 가치를 더하는 데 필요한 인력을 줄이는 모든 솔루션이다(그림 0.3).

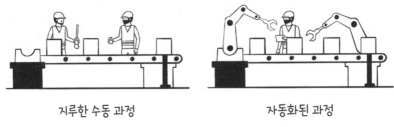

지루한 수동 과정   자동화된 과정

그림 0.3 수동 과정 vs. 자동화된 과정

자동화하지 않는(때로는 자동화하지 못하는) 한 가지 중요한 이유는, 여러 관점에 대한 직관이 필요한 경우에 인간의 실패 가능성이 더 작고 더 높은 정확도로 작업을 더 잘 수행할 수 있다는 점이다. 추상적이고 창의적 사고가 필요한 상황, 사회적 상호 작용과 사람들의 본질을 이해하는 것이 중요한 상황에서는 자동화하지 않는다.

간호사는 단순히 환자를 치료할 뿐만 아니라 환자와 긴밀한 관계를 맺고 그들을 돌봐야 한다. 연구에 따르면, 사람을 돌보는 인간의 상호 작용은 치유 과정의 한 요소가 된다. 교사는 단순히 지식을 전달하는 것이 아니라 학생의 능력, 성격, 관심사에 따라 지식을 제시하고 멘토링하고 학생을 지도할 수 있는 창의적인 방법을 찾아야 한다. 즉, 기술을 통한 자동화가 필요한 곳이 있고, 사람의 역할이 필요한 곳이 있다. 하지만 점차 오늘날의 혁신적 기술을 통한 자동화는 모든 직종에서 밀접한 동반자가 될 것이다.

윤리, 법적 문제, 우리의 책임

기술 관련 책에 왜 윤리와 책임에 대한 절이 있는지 궁금할 것이다. 기술과 삶의 방식이 점점 얽혀가는 세상으로 발전함에 따라 기술을 창조하는 사람들은 그들이 자각하는 것보다 더 많은 힘을 갖게 된다. 작은 기술적 기여가 엄청난 연쇄 반응을 가져올 수 있으므로 기술을 다루는 이들이 좋은 의도를 갖고 기술의 결과가 해가 되지 않도록 하는 것이 중요하다(그림 0.4).

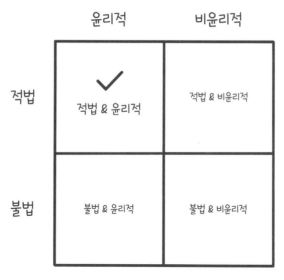

그림 0.4 기술의 윤리적, 법적 적용의 목적

의도와 영향: 비전과 목표 이해

새로운 제품, 서비스, 소프트웨어 같은 것을 개발할 때 항상 그 이면의 의도에 질문하게 된다. 세상에 긍정적인 영향을 미치는 소프트웨어를 개발하고 있는가, 아니면 악의적인 의도가 있는가? 개발 중인 제품이 끼칠 광범위한 영향을 생각해 보았는가? 기업은 항상 더 수익성 있고 강력해지는 방법을 찾는데, 이것은 기업 성장의 핵심이다. 그들은 전략을 통해 경쟁에서 이기고, 더 많은 고객을 확보하고, 영향력을 더욱더 발휘할 수 있는 최선의 방법을 결정한다. 그러나 기업은 자신의 의도가 기업의 생존뿐만 아니라 고객과 사회 전반의 이익을 위해 순수한 것인지도 자문해 봐야 한다. 많은 유명한 과학자, 엔지니어, 기술자는 오용을 방지하기 위해 인공지능 사용 통제의 필요성을 표명했다. 또한, 우리는 옳은 일을 하고 강력한 핵심 가치를 확립해야 할 윤리적 의무가 있다. 만약 당신의 원칙에 위배되는 일을 하라고 요청받으면, 자신의 올바른 원칙을 표명하는 것이 중요하다.

의도하지 않은 사용: 악의적인 사용으로부터의 보호

의도하지 않은 방향으로 사용하는 것을 식별하고 이를 방지하는 것이 중요하다. 비록 이것이 명백하고 성취하기 쉬워 보일지라도 당신이 만드는 것을 사람들이 어떻게 사용할 것인지 이해하기 어렵고, 그것이 당신과 조직이 추구하는 가치와도 일치하는지 예측하기는 더 어렵다.

예를 들어, 페데르 옌센Peter Jensen이 1915년에 발명한 마그나복스Magnavox라는 확성기가 있다. 처음에 이 확성기는 샌프란시스코의 군중에게 오페라 곡을 연주하는 데 사용되었는데, 이는 기술의 꽤 유익한 사용 사례. 그러나 독일의 나치 정권은 다른 생각을 하고 있었다. 그들은 모두가 히

틀러의 연설과 발표를 들을 수 있게 확성기를 공공장소에 배치했다. 확성기를 통해 흘러나오는 일방적인 연설을 피할 수는 없었기 때문에 독일 국민들은 점차 히틀러의 사상에 영향을 받게 되었고, 이 시점 이후 나치 정권은 독일 국민들의 지지를 얻게 되었다. 옌센이 자신의 발명품을 이렇게 사용하도록 미리 구상한 것은 아니었지만 어찌할 도리가 없었다.

시대가 바뀌어 우리가 만드는 것, 특히 소프트웨어를 더 많이 제어할 수 있게 되었다. 여러분이 만든 기술이 어떻게 사용될지 상상하기는 여전히 어렵지만, 장담하건대 누군가는 여러분이 의도하지 않은 방식으로 그 기술의 사용 방법을 찾아낼 것이고, 이는 긍정적이거나 부정적인 결과를 가져올 것이다. 이러한 사실을 고려할 때 기술 산업 및 함께 일하는 조직의 전문가로서 할 수 있는 한 악의적인 사용을 완화할 방법을 고려해야 한다.

의도하지 않은 편향: 모두를 위한 솔루션 구축

인공지능 시스템을 구축할 때 맥락과 해당 영역에 대한 이해를 활용한다. 또한, 데이터에서 패턴을 찾고 그것에 작용하는 알고리즘을 사용한다. 우리 주변에 편향$_{bias}$이 있다는 것은 부정할 수 없다. 편향은 성별, 인종, 신념을 포함할 뿐만 아니라 이에 국한되지 않는 개인 또는 집단에 대한 편견이다. 이런 대부분의 편향은 사회적 상호 작용, 역사 속 사건, 문화적, 정치적 견해에서의 우발적인 행동에서 비롯한다. 이러한 편향은 수집하는 데이터에 영향을 미친다. 인공지능 알고리즘은 이 데이터를 바탕으로 작동하기 때문에 기계가 이러한 편향을 '학습$_{learning}$'하는 것은 본질적인 문제다. 기술적 관점에서 시스템을 완벽하게 설계할 수는 있지만, 결국에는 인간이 이러한 시스템과 상호 작용하게 될 것이므로 가능한 한 편향과 편견을 최소화하는 것이 우리의 책임이다. 데이터와 데이터의 사용 맥락을 이해하는 것이 편향을 줄이는 첫 번째 단계이며, 이러한 이해를 통해 문제 공간에 대해 잘 알 수 있기 때문에 더 나은 솔루션을 구축하는 데 도움이 된다. 결국, 데이터가 알고리즘의 수준을 결정한다. 따라서 가능한 한 편향이 작은, 균형 잡힌 데이터를 제공해야 더 나은 솔루션을 얻을 수 있다.

법, 개인정보보호 및 동의: 핵심 가치의 중요성 이해

우리가 하는 일의 법적 측면은 매우 중요하다. 법은 사회 전체의 이익을 위해 우리가 할 수 있는 것과 할 수 없는 것을 결정한다. 컴퓨터와 인터넷이 오늘날처럼 우리 삶에서 중요하지 않던 시대에 많은 법률을 제정했기 때문에 기술을 개발하는 방법과 그 기술로 무엇을 할 수 있는지 모호한 부분이 많다. 그러나 기술의 급속한 혁신에 적응하기 위해 법도 서서히 변화하고 있다.

예를 들어, 컴퓨터와 휴대폰, 기타 장치에서의 상호 작용으로 거의 매일 매시간 개인정보를 침해하고 있다. 우리도 모르는 사이에 우리 자신에 대한 방대한 양의 정보를 전송하며, 이 중 일부는 매우 민감한 개인정보다. 그 데이터는 어떻게 처리되고 저장될까? 솔루션을 구축할 때 이러한 사실을 고려해야 한다. 사람들은 자신에 대해 어떤 데이터를 수집, 처리, 저장하는지, 그 데이터를 어떻게 사용하는지, 누가 그 데이터에 잠재적으로 접근할 수 있는지 선택권을 가져야 한다. 경험에 비추어 볼 때 일반적으로 사람들은 자신이 사용하는 제품을 개선하고 자신의 삶에 더 많은 가치를 더하기 위해 자신의 데이터를 사용하는 솔루션을 받아들인다. 가장 중요한 것은 선택권이 주어지고 그 선택을 존중할 때 사람들이 더 많이 받아들인다는 것이다.

특이점: 미지의 탐구

특이점_{singularity}*은 우리가 만든 인공지능이 전반적으로 너무 지능적이어서 스스로를 향상시키고 지능을 확장시켜서 초지능_{super intelligence}의 단계로 진화할 수 있다는 생각이다. 우려되는 것은, 파악하는 것이 불가능하기에 우리의 문명을 바꿔버릴 정도의 것을 우리 인간이 이해할 수 없다는 것이다. 어떤 사람들은 이러한 초지능이 인간을 위협적 존재로 볼 수도 있다고 우려한다. 또 다른 사람들은 우리가 개미라는 존재를 대하는 것처럼 초지능이 우리 존재를 다룰 거라고 주장한다. 즉, 평소에는 개미에게 명백한 주의를 기울이거나 그들이 어떻게 사는지 신경 쓰지 않지만, 개미 때문에 짜증이 난다면 개미를 가둬버리듯 말이다.

이러한 가정이 미래에 대한 정확한 표현이든 아니든, 책임감을 갖고 우리가 내리는 결정을 고려해 봐야 한다. 왜냐하면 그것이 궁극적으로 개인, 한 집단의 사람들, 또는 세계 전반에 영향을 주기 때문이다.

★ 옮긴이 특이점이라는 말은 원래 수학계에서 쓰던 용어였는데, 일반적 이론이 통하지 않는 지점을 뜻함. 이후 물리학으로 넘어가 중력장이 비정상적으로 무한히 뻗어 나가는 점을 가리킬 때 쓰임. 정보기술(IT) 분야에서는 레이 커즈와일이 2005년 출간한 저서 《특이점이 온다(The Singularity is Near)》에서 '기술적 특이점', 즉 특이점 도래를 주장해서 유명해짐

감사의 글

이 책을 쓰는 것은 지금껏 내가 한 일 중 가장 힘들지만 보람 있는 일이었다. 없는 시간을 쪼개 가며 많은 상황을 곡예하듯 동시에 처리하면서 제대로 생각할 수 있는 시간을 찾고, 현실에 쫓기며 동기부여를 해야 했다. 나는 이 경험을 통해 더 성장했다. 다음의 분들이 없었다면 이 책은 세상에 없었을 것이다. 먼저, 내게 환상적인 편집자이자 멘토가 되어준 버트 베이츠Bert Bates에게 감사한다. 효과적인 가르침과 글을 통한 의사소통에 대해 많이 배웠다. 우리의 논의와 토론, 그리고 집필 과정 내내 당신이 보내준 공감은 이 책의 전체적인 틀을 짜는 데 도움을 주었다. 모든 과제에는 일이 제대로 진행되고 있는지 확인하는 사람이 필요하다. 이에 대해 개발 편집자인 엘리샤 하이드Elesha Hyde에게 감사한다. 당신과 함께 일하는 것은 정말로 즐거웠다. 당신은 항상 내 작업에 방향을 제시하고 흥미로운 통찰력을 제공하였다. 훌륭한 아이디어 검토자이자 언제나 내 편이 되어 준 헤니 브링크Hennie Brink에게도 감사한다. 다음으로, 글쓰기와 기술적 관점에서 건설적인 비판과 객관적인 피드백을 제공해 준 프란시스 분템포Frances Buontempo와 크시슈토프 카미체크Krzysztof Kamyczek에게 감사한다. 당신들의 의견은 부족한 부분을 채워 주고 책을 좀 더 이해하기 쉽게 집필하는 데 도움이 되었다. 과제 관리자인 다이드레 이암Deirdre Hiam, 리뷰 편집자 이반 마티노빅Ivan Martinovic, 교열 담당자인 키어 심슨Kier Simpson, 교정자인 제이슨 에버렛Jason Everett에게도 감사한다.

마지막으로, 책이 만들어지는 동안 귀중한 시간을 내어 원고를 읽고 피드백을 제공해 준 모든 리뷰어에게 감사드린다. — 안드레아 바이너Andre Weiner, 아라프 아가왈Arav Agarwal, 찰스 쉐탄Charles Soetan, 단 샤이카Dan Sheikh, 데이빗 제이콥David Jacobs, 드비야 시바수브라마니안Dhivya Sivasubramanian, 도밍고 살라자Domingo Salazar, 그랜디라잔GandhiRajan, 헬렌 메리 바라메다Helen Mary Barrameda, 제임스 지준 리우James Zhijun Liu, 조셉 프리드만Joseph Friedman, 여세프 무라드Jousef Murad, 카란 니Karan Nih, 케빈 미크Kelvin D. Meeks, 켄 베른Ken Byrne, 크시슈토프 카미체크Krzysztof Kamyczek, 카일 피터슨Kyle Peterson, 린다 리스테브스키Linda Ristevski, 마틴 로페즈Martin Lopez, 피터 브라운Peter Brown, 필립 패터슨Philip Patterson, 루돌포 알렌즈Rodolfo Allendes, 테자스 제인Tejas Jain, 웨이란 뎅Weiran Deng.

이 책에 대하여

《쏙쏙 들어오는 인공지능 알고리즘》은 풍부한 삽화와 함께 관련 비유, 실질적인 예, 시각적 설명을 통해 기술 산업 분야에 종사하는 사람들이 인공지능 알고리즘의 이해와 구현, 그리고 이를 통한 문제 해결에 더욱더 쉽게 접근할 수 있도록 썼다.

이 책을 읽어야 할 사람

《쏙쏙 들어오는 인공지능 알고리즘》은 이론적 심층 분석, 수학적 증명에 대한 실질적인 예, 시각적 설명을 통해 인공지능 뒤에 숨겨진 개념과 알고리즘을 밝혀내고자 하는 소프트웨어 개발자 및 소프트웨어 업계의 모든 사람을 위한 것이다.

이 책은 변수, 데이터 유형, 배열, 조건문, 반복자, 클래스, 함수를 포함한 기본 컴퓨터 프로그래밍 개념을 이해하는 수준의 모든 독자를 대상으로 한다. 또한, 프로그래밍 언어의 종류와 관계없이 약간의 경험만 있어도 충분하며, 데이터 변수, 함수 표현, 데이터와 함수를 그래프에 그릴 수 있을 정도의 기본적인 수학적 개념을 이해하고 있으면 된다.

이 책의 구성: 로드맵

이 책은 장마다 서로 다른 인공지능 알고리즘 또는 알고리즘적 접근 방식에 초점을 맞춘 10개의 장으로 구성되어 있다. 책을 시작하기에 앞서 다음의 개요는 이 책 전체에서 다룰 정교한 알고리즘 학습의 기초가 되는 기본 알고리즘과 개념을 설명한다.

- **1장 – 인공지능의 직관적 이해** 데이터, 문제 유형, 알고리즘과 패러다임의 범주, 인공지능 알고리즘의 사용 사례에 대한 직관적인 부분과 기본 개념을 소개한다.
- **2장 – 검색의 기초** 데이터 구조의 핵심 개념과 초기 검색 알고리즘에 대한 접근 방식 및 그 용도를 다룬다.

- **3장 - 지능형 검색**   2장의 초기 검색 알고리즘보다 최적 솔루션을 찾고 경쟁 환경에서 솔루션을 찾기 위한 검색 알고리즘을 소개한다.
- **4장 - 진화 알고리즘**   자연의 진화를 모방하여 문제에 대한 솔루션을 반복해서 생성하고 개선하는 유전 알고리즘의 작동 방식을 살펴본다.
- **5장 - 고급 진화 방식**   4장 유전 알고리즘의 후속으로, 알고리즘의 단계를 조정해서 여러 유형의 문제를 최적으로 해결하는 방법과 관련한 고급 개념을 다룬다.
- **6장 - 군집 지능: 개미**   군집 지능에 대한 직관적인 부분을 상세히 살펴보고 '어려운 문제 해결을 위한 개미의 삶과 일에 관한 이론'을 이용한 개미 군집 최적화 알고리즘을 살펴본다.
- **7장 - 군집 지능: 입자**   6장 군집 알고리즘의 후속으로, 입자가 대규모 검색 공간에서 좋은 솔루션을 찾고자 할 때 최적화 문제를 정의하고 입자 군집 최적화를 이용하여 그러한 최적화 문제를 해결하는 방법을 살펴본다.
- **8장 - 머신러닝**   선형 회귀를 이용한 회귀 문제 및 의사 결정 트리를 이용한 분류 문제를 해결하기 위해 데이터 준비, 처리, 모델링, 테스트를 위한 머신러닝 작업 순서를 살펴본다.
- **9장 - 인공 신경망**   인공 신경망을 훈련하고, 이를 이용해서 데이터에서 패턴을 찾고 예측하는 데 필요한 직관, 논리적 단계, 수학적 계산 방법을 알아본다. 그리고 8장의 머신러닝 작업 순서에서의 인공 신경망 위치를 강조해서 보여준다.
- **10장 - Q-러닝을 통한 강화학습**   행동 심리학 관점에서 강화학습의 직관적인 면을 보여주고, 에이전트가 환경에서 좋은 결정과 나쁜 결정을 배우기 위한 Q-러닝 알고리즘을 살펴본다.

각 장은 처음부터 끝까지 순차적으로 읽어야 한다. 각 장을 따라 진행하면서 개념을 잡고 점차 이해를 높여 나간다. 각 장을 읽은 후, 코드 저장소에서 파이썬 코드를 참조하여 각 알고리즘을 어떻게 구현할 수 있는지 실험하고 실질적인 통찰력을 얻는 것이 유용하다.

코드 정보

이 책은 알고리즘 이면에 있는 직관적인 부분과 논리적 사고에 초점을 맞추고, 프로그래밍 언어와 관계없이 누구나 코드에 접근하도록 도와주는 의사코드pseudocode를 포함하고 있다. 의사코드는 코드를 구성하는 명령어를 설명하는 비공식적인 방법으로, 더 읽기 쉽고 이해하기 쉽게 만들어졌고, 기본적으로 더 인간 친화적이다.

이 책에서 설명한 모든 알고리즘을 실행해 볼 수 있는 파이썬 예제 코드가 깃허브(http://mng.bz/Vgr0)를 통해 제공된다. 학습 시 필요한 안내를 위해 소스 코드에 설치 지침과 주석을 제공한다. 각 장을 읽은 후 코드를 참조하여 각 알고리즘에 대한 이해를 높이는 학습 방법을 추천한다.

파이썬 소스 코드는 알고리즘 구현 방법을 참조할 수 있도록 작성했다. 이 예제는 학습 용도로만 최적화하고 제품 생산 용도로는 최적화하지 않았다. 즉, 해당 코드는 교육 도구로 사용하기 위해 작성했기 때문에 제품 생산을 위한 과제에는 일반적으로 성능에 최적화되고 테스트와 지원이 잘 되는 검증된 라이브러리와 프레임워크*를 사용하는 것이 좋다.

참고로, 예제 코드를 제대로 작동하기 위해서는 다음 사항을 참고하기 바란다.

요구 조건

- 파이썬 3.7.0 이상이 설치되어 있는지 확인한다.
- pip3는 macOS 및 Windows에서 파이썬 3.7.0+와 함께 설치되어야 한다.
- Linux를 사용한다면 pip3를 별도로 설치해야 할 수 있다.
- Ubuntu 또는 Debian Linux를 사용하는 경우는 `sudo apt-get install python3-pip` 명령을 사용한다.
- Fedora Linux를 사용하는 경우는 `sudo yum install python3-pip` 명령을 사용한다.

실행 준비

- 다음 주소의 저장소를 복제(git clone)한다.
  http://mng.bz/Vgr0
- 터미널/콘솔/명령줄을 사용하여 저장소가 포함된 디렉터리로 이동한다.
- 다음의 명령을 실행하여 필요한 종속성 라이브러리를 설치한다.
  `pip3 install -r requirements.txt`
- 실행할 예제가 포함된 디렉터리로 이동하여 다음의 명령을 실행한다.
  `python3 <file_name.py>`

★   옮긴이 대표적인 프레임워크로는 텐서플로(TensorFlow), 파이토치(PyTorch) 등이 있음

베타리더 후기

강찬석(LG전자)

특정 프로그래밍 언어에 한정된 내용이 아닌, 의사코드를 통한 구조 설명으로 대표적인 인공지능 알고리즘들을 간단한 예제와 함께 소개하고 있습니다. 뭔가 구현을 해야 한다는 강박관념에서 벗어나 플로차트를 통해서 원리를 이해할 수 있는 좋은 책입니다.

공민서

《Hello Coding 그림으로 개념을 이해하는 알고리즘》이 Manning 출판사의 'grokking' 시리즈의 번역서 중 하나였고, 그 책을 만족스럽게 보아서인지 'grokking' 시리즈에 대한 좋은 인상을 갖고 있었습니다. 그런데 이번 책에 대한 번역은 썩 만족스럽지 못한 편입니다. 출간 전에 좀 더 교정과 교열을 거쳐 출간되기를 바랍니다.

사지원(현대오토에버)

인공지능이라고 하면 머신러닝이나 딥러닝만을 생각하기가 쉬운데, 많은 분량을 적절한 예시로 잘 설명한 것 같습니다. 특히, 각 알고리즘에 대해 전체적인 흐름을 순서대로 설명하고, 의사코드 또한 파이썬스럽게 작성되어 공부하는 데 많은 도움이 되었습니다.

송헌(루닛)

인공지능에 대해 자세히 알지 못하는 분들에게 추천해 드리고 싶은 책입니다. 머신러닝보다는 유전 알고리즘 등을 포함한, 쉽게 설명할 수 있으면서도 여전히 강력한 방법론들을 소개하고 있습니다. 최근 국내에서는 머신러닝에 대한 자료들이 주류를 이루고 있어서 새로운 접근법을 배우거나 인공지능이라는 넓은 분야에 입문하기에 좋은 책이라고 생각합니다. 구성도 좋았고, 설명도 만족하는 책이었습니다. 전반적으로 번역도 전공자분이 해주신 것처럼 깔끔하게 되어 있었고, 옮긴이의 여러 주석도 독자에게 편의를 제공해 줄 수 있을 것 같습니다. 다만, 번역서 특유의 딱딱함과 문장 간의 부자연스러운 흐름이 더러 보여서 조금은 아쉬웠습니다.

 신진규

제목과 표지만 보고 가벼운 입문서가 아닐까 생각했습니다. 하지만 조금 읽다 보니 전문적이고 깊이 있는 내용에 깜짝 놀랐습니다. AI, ML의 소개와 간단한 자료구조에서 출발해서 딥러닝, 강화학습까지 설명합니다. 이해하기 쉬운 예시와 해당 알고리즘의 적용 분야를 소개하는 것이 이 책의 가장 좋은 점이었습니다. 책에는 의사코드만 소개되어 있지만, 저자의 깃허브에 파이썬으로 구현한 실제로 동작하는 코드도 제시하고 있습니다. 전체적인 내용은 아주 훌륭하다고 느꼈습니다!

 이동욱(한국오라클)

이 책의 전체를 이해하겠다는 마음보다는 이 책에서 설명하고 있는 알고리즘 중 몇 개라도 기존보다 좀 더 이해하겠다는 의도로 보기에 적절한 책인 것 같습니다. 가능한 한 쉬운 말과 그림을 사용해서 설명하고 있지만, 설명하고자 하는 개념 자체가 어려워 완전 초보자 대상의 책은 아닌 것 같습니다.

 이지현

다양한 알고리즘의 개념을 실질적인 예를 통해 설명해 주는 책입니다. 각 알고리즘이 단계별로 시각화되어 있어 다소 어렵게 느껴졌던 개념들도 쉽게 이해할 수 있었습니다. 책 초반부의 번역 문장이 다소 어색했는데 뒤로 갈수록 매끄러워지는 것 같습니다. 중요 개념을 설명하는 부분은 쉽게 잘 읽혔던 것 같습니다.

《쏙쏙 들어오는 인공지능 알고리즘》 지도

AI의 직관적 이해
AI 알고리즘은 데이터를 처리하여 어려운 문제를 해결한다. 다양한 알고리즘은 제각각 서로 다른 유형의 문제에 더 적합하다. 복잡한 문제를 해결하기 위해 서로 다른 알고리즘을 함께 활용할 수도 있다.

검색의 기초
정보 없는 검색 알고리즘은 가능한 모든 경로를 검색하여 최상의 솔루션을 찾지만 계산 비용이 높다. AI 알고리즘에 유용한 데이터 구조가 중요하다.

고급 검색
정보에 입각한 검색 알고리즘은 휴리스틱을 사용하여 더 나은 솔루션을 검색하도록 안내하고 에이전트와 상대해야 하는 적대적 문제에 사용할 수 있다.

군집 지능: 개미
개미 군집 최적화는 실세계에서의 개미 행동을 바탕으로 하며, 새로운 경로를 탐색하지만 과거에 탐색한 보다 최적의 경로를 기억한다는 개념을 사용한다.

진화 알고리즘
유전 알고리즘은 진화 개념을 사용하여 가능한 솔루션을 인코딩하고 더 나은 성능의 솔루션을 찾기 위해 여러 세대에 걸쳐 진화한다.

군집 지능: 입자
입자 군집 최적화는 실세계에서 무리의 움직임을 바탕으로 하며, 군집이 발견한 좋은 솔루션을 추적하면서 지역 솔루션 공간을 탐색하는 개념을 사용한다.

머신러닝
회귀 및 분류 알고리즘은 데이터의 패턴을 학습하여 변숫값 또는 견본의 범주를 예측한다. 데이터에 대한 깊은 이해와 올바른 데이터 준비가 좋은 머신러닝 모델의 핵심이다.

인공 신경망
인공 신경망은 뇌와 신경계가 작동하는 방식을 개략적으로 모델링한다. 수신 신호에 가중치를 적용하여 처리하고, 입력 신호에서 발견한 상관관계를 바탕으로 결과를 제공한다.

Q-러닝을 통한 강화학습
강화학습은 목표 달성을 위해 취해야 할 좋은 행동을 배우기 위해 환경에서 취한 행동에 대한 보상 및 벌칙과 함께 시행착오의 개념을 사용한다.

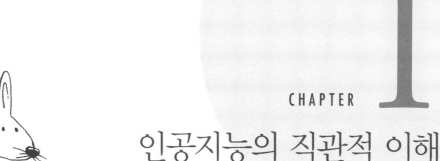

CHAPTER 1

인공지능의 직관적 이해

. . . .

이 장에서 다루는 것들

- 인공지능의 일반적 정의
- 인공지능에 적용할 수 있는 개념의 직관적인 요소
- 컴퓨터 과학과 인공지능에서의 문제 유형과 그 속성
- 이 책에서 다루는 인공지능 알고리즘의 개요
- 인공지능의 실제 사용 예

. . . .

인공지능이란 무엇인가?

지능은 여전히 수수께끼처럼 베일에 싸여 있고, 아직 합의된 정의가 없는 개념이다. 철학자, 심리학자, 과학자, 공학자는 모두 인공지능의 정의와 기원에 대해서 서로 다른 견해를 갖고 있다. 우리 주변의 자연에서 함께 협력하여 일하는 생물 집단과 인간이 생각하고 행동하는 방식에서 지능을 발견할 수 있다. 일반적으로 자율적이고 적응적인 사물을 지능적이라고 생각할 수 있다. 여기서 **자율적**autonomous이라는 것은 계속 지시하지 않아도 되는 것을 의미하고, **적응적**adaptive이라는 것은 환경이나 문제가 정의되는 공간이 변하면 이에 따라 행동을 변경하는 것을 말한다. 한편, 살아 있는 유기체나 기계를 운영하는 가장 중요한 요소는 데이터이고, 우리가 보는 시각 자료, 우리가 듣는 소리, 우리 주위 사물의 측정치가 모두 데이터다. 우리는 데이터를 모아서 이를 처리하고, 그 결과를 바탕으로 결정을 내린다. 따라서 데이터의 개념에 관한 근본적인 이해가 인공지능artificial intelligence, AI 알고리즘algorithm을 이해하는 데 중요하다.

인공지능 정의

혹자는 지능 자체를 정의하려고 하기 때문에 인공지능이 무엇인지 이해하지 못한다고 주장한다. 살바도르 달리Salvador Dalí는 야망이 지능의 한 속성이라고 믿었는데, "야망 없는 지능은 날개 없는 새와 같다."라는 말을 남겼다. 알버트 아인슈타인Albert Einstein은 상상력이야말로 지능의 가장 중요한 요소라고 믿었고, "지능을 나타내는 진정한 신호는 지식이 아니라 상상력이다."라고 말했다. 스티븐 호킹Stephen Hawking은 "지능은 적응할 수 있는 능력이다."라는 말로 세상의 변화에 적응하는 데 초점을 맞췄다. 이처럼 3명의 위인은 지능에 대해서 서로 다른 견해를 갖고 있었다. 아직 지능에 대해 확정적인 답은 없지만, 적어도 우리의 지능에 대한 이해가 지배적인 (그리고 가장 지능적인) 종으로서의 인간에 기반한다는 것을 알고 있다.

이 책에서는 혼란을 줄여주고 이 책을 실용적으로 응용하기 위해서, 인공지능을 '지능적인' 행동을 보이는 합성 시스템으로 느슨하게 정의한다. 어떤 것을 인공지능이냐 인공지능이 아니냐로 정의하려 하지 말고 인공지능과의 유사함AI-likeness을 찾아보자. 어떤 것은 어려운 문제 해결을 돕고 가치와 유용성을 제공하기 때문에 지능의 몇몇 측면을 보여준다. 일반적으로 시각, 청각, 다른 자연적인 감각을 흉내내는 인공적인 구현물은 인공지능과 비슷해 보인다. 그리고 새로운 데이터와 환경에 적응하면서 자율적인 학습이 가능한 솔루션 또한 인공지능과 유사해 보인다.

인공지능 같음AI-likeness을 보여주는 몇 가지 예는 다음과 같다.

- 다양한 유형의 복잡한 게임을 성공적으로 수행하는 시스템
- 암 종양 검출 시스템
- 적은 양의 입력으로 예술작품을 만들어 내는 시스템
- 자율주행차

더글라스 호프스태터Douglas Hofstadter는 "인공지능은 아직 이루어지지 않은 모든 것이다."라고 말했다.

방금 언급한 예에서 자율주행차는 아직 완성되지 않았기 때문에 지능적으로 보일지도 모른다.* 마찬가지로 숫자 덧셈 연산을 하는 컴퓨터는 예전에는 지능적으로 보였지만, 지금은 당연한 것으로 간주한다.

결론은 인공지능이 사람마다, 산업 분야마다, 학문 분야마다 서로 다른 의미를 가질 만큼 아직 모호한 용어라는 것이다. 이 책에서 소개하는 알고리즘은 일부는 과거에 또 다른 일부는 최근에 인공지능 알고리즘으로 분류되었는데, 그 알고리즘이 인공지능의 특정한 정의를 가능하게 하는

★ [옮긴이] 자율주행차가 완벽해지면 당연한 것으로 간주될 것이고 '자율주행차 = 자동차'인 시대가 될 것임

지 여부는 중요하지 않다. 중요한 것은 그런 알고리즘이 어려운 문제를 해결하는 데 유용하다는 것이다.

데이터는 인공지능 알고리즘의 핵심

데이터는 마치 마술처럼 멋진 성과를 보여주는 알고리즘의 입력이 된다. 하지만 데이터를 잘못 선택하거나 데이터 표현이 부실하거나 누락된missing(결측) 데이터를 사용하면 알고리즘의 성능이 저하된다. 즉, 주어진 데이터가 결과물의 수준을 결정하는 것이다. 세상은 데이터로 가득 차 있고, 그러한 데이터는 우리가 감지할 수 없는 형태로도 존재한다. 데이터는 북극의 현재 기온, 연못 안 물고기의 수, 당신의 현재 나이와 같이 수치로 측정한 값을 표현한다. 이러한 모든 예는 사실에 근거해서 정확한 수치적인 값을 측정한 것이다. 이러한 데이터에는 오해의 소지가 별로 없다. 즉, 특정 지역의 특정 시점에서의 온도는 절대적인 사실에 가깝고 여기에는 어떤 편향도 적용되지 않는다. 이러한 유형의 데이터를 **정량적 데이터**quantitative data라고 한다.

또한 데이터는 꽃의 향기, 정치인의 정책에 대한 동의 수준 같은 관찰값을 나타내기도 하는데, 이런 유형의 데이터를 **정성적 데이터**qualitative data라고 한다. 이것은 절대적인 진실이 아니고 진실에 대한 개개인의 인식이기 때문에 때때로 해석하기가 어렵다. 그림 1.1은 우리 주변에서 볼 수 있는 정량적 데이터와 정성적 데이터의 몇 가지 예를 보여준다.

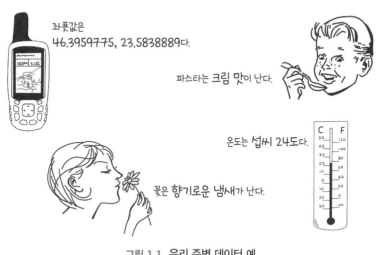

좌푯값은
46.3959775, 23.5838889다.

파스타는 크림 맛이 난다.

온도는 섭씨 24도다.

꽃은 향기로운 냄새가 난다.

그림 1.1 우리 주변 데이터 예

데이터는 사물에 대한 가공하지 않는 사실이므로 데이터 기록에는 보통 편향bias이 없다. 하지만 현실에서는 데이터 사용과 관련한 특정 이해관계에 있는 사람이 자신이 처한 환경에 따라 데이터를 수집하고, 기록하고, 분류한다. 데이터를 기반으로 새로운 질문에 답을 하기 위한 의미있는 통찰력을 키우다보면 **정보**information가 만들어진다. 더 나아가, 경험과 함께 정보를 활용해서 **지식**knowledge을 만드는데, 이것이 부분적인 측면에서 인공지능 알고리즘을 이용해서 시뮬레이션하려는 것과 같다.

그림 1.2는 정량적 데이터와 정성적 데이터를 해석하는 방법을 보여준다. 정량적 데이터는 시계, 계산기, 저울과 같은 표준화된 도구를 사용해서 측정하는 반면, 정성적 데이터는 자신만의 생각 뿐만 아니라 후각, 청각, 미각, 촉각, 시각을 사용해서 만들어 낸다.

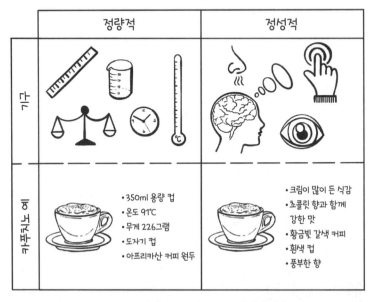

그림 1.2 정량적 데이터와 정성적 데이터 비교

사람마다 데이터, 정보, 지식을 다르게 해석한다. 그 이유는 사람마다 해당 도메인domain(분야)에 대한 이해도나 그것을 바라보는 시각이 다르기 때문이다. 그리고 이러한 사실은 솔루션의 품질에 영향을 주고 이로 인해 데이터를 다루는 기술 개발의 과학적 측면이 매우 중요해진다. 반복가능한 과학적 절차에 따라 데이터를 수집하고, 실험하고, 정확하게 결과를 보고함으로써 알고리즘으로 데이터를 처리할 때 더 정확한 결과를 얻고 문제에 대한 더 나은 솔루션을 제공할 수 있다.

알고리즘을 레시피로 이해하기

이제 인공지능에 대한 느슨한 정의와 데이터의 중요성을 이해하게 되었다. 이 책에서 여러 인공지능 알고리즘을 살펴보기 전에, 우선 알고리즘이 무엇인지 정확히 이해하는 것이 중요하다. **알고리즘**algorithm은 특정한 목표를 달성하는 데 필요한 명령과 규칙의 집합이다. 일반적으로 알고리즘은 입력을 받아서 상태 변화를 수반하는 몇 단계 절차를 거친 후에 출력을 만들어 낸다. 심지어 독서와 같은 간단한 일도 하나의 알고리즘으로 표현할 수 있다. 이 책을 읽는 것과 관련한 단계의 예를 들어보면 다음과 같다.

1. 《쏙쏙 들어오는 인공지능 알고리즘》 책을 찾는다.

2. 책을 펼친다.

3. 아직 읽지 않은 페이지가 남아 있는 동안

   a. 해당 페이지를 읽는다.

   b. 다음 페이지로 넘긴다.

   c. 학습한 내용을 생각해 본다.

4. 학습한 내용을 현실 세계에서 어떻게 적용해 볼 수 있을지 생각해 본다.

그림 1.3에서 볼 수 있듯이, 몇 가지 요리 재료, 도구, 특정 요리를 만들기 위한 조리 방법이 주어지면 식사를 만들 수 있는 것처럼 알고리즘을 레시피recipe(요리법)에 비유해 볼 수 있다.

피타 빵 만들기 알고리즘

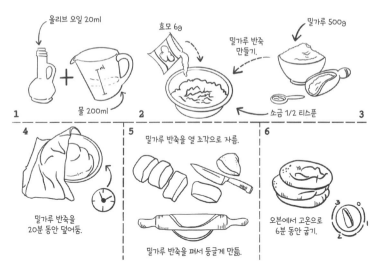

그림 1.3 알고리즘과 요리법의 유사함을 보여주는 예

다양한 솔루션에 알고리즘을 사용한다. 예를 들어, 압축 알고리즘 덕분에 전 세계를 연결하는 라이브 비디오 채팅을 할 수 있고, 실시간 라우팅routing(길찾기) 알고리즘을 이용하는 지도 애플리케이션을 통해 여러 도시를 탐색하면서 길을 찾을 수 있다. 'Hello World' 같은 간단한 프로그램에도 사람이 이해하기 쉬운 프로그램 언어로 작성한 코드를 기계 코드로 변환하고 하드웨어에서 명령을 실행하기 위한 많은 알고리즘이 적용되어 있다. 이처럼 주위를 세심히 살펴보면, 어디에나 알고리즘이 적용되어 있음을 발견할 수 있다.

그림 1.4는 이 책에서 알고리즘과 관련한 것을 좀 더 자세한 예시로 보여주기 위한 숫자 추측 게임 알고리즘의 순서도다. 컴퓨터는 주어진 범위에서 임의의 숫자를 생성하고 플레이어는 그 숫자를 추측한다. 이 알고리즘에는 다음 작업으로 이동하기 전에 작업을 수행하거나 결정을 내리는 개별 단계가 있다.

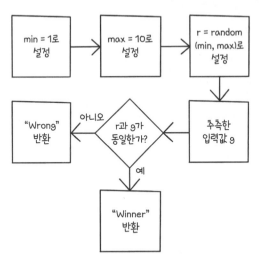

그림 1.4 숫자 추측 게임 알고리즘 흐름도

앞에서 살펴본 기술, 데이터, 지능, 알고리즘에 대한 이해를 바탕으로 요약해 보면, 인공지능 알고리즘은 데이터를 사용해서 지능적으로 행동하고 어려운 문제를 해결하는 시스템을 만들기 위한 일련의 명령 집합이라고 할 수 있다.

인공지능의 간략한 역사

인공지능의 발전 과정을 간략히 살펴보면 오래된 기술과 새로운 아이디어를 결합한 혁신적인 방법으로 문제를 해결할 수 있다는 것을 쉽게 이해할 수 있다. 인공지능은 새로운 아이디어가 아니다. 역사는 기계 인간과 자율적으로 '사고'하는 기계에 대한 신화로 가득하다. 돌이켜보면, 이들 덕분에 우리가 거인의 어깨에 올라타고 있으며, 어쩌면 우리도 지금까지 축적된 지식에 조금은 기여할 수 있을지도 모른다.

과거의 발전을 살펴보면 인공지능에 대한 기본 사항을 이해하는 것이 정말로 중요하다는 것을 알 수 있다. 수십 년 전에 개발한 알고리즘은 지금도 많은 현대적인 인공지능 구현에 매우 중요하다. 이 책은 문제 해결을 위한 직관력을 키우는 데 도움이 되는 기본적인 알고리즘으로 시작해서 점차 좀 더 흥미롭고 현대적인 접근 방식으로 전개해 나간다.

그림 1.5는 인공지능의 간략한 역사를 보여준다. 이는 인공지능을 통해 성취한 것들의 모든 목록은 아니고 단지 일부의 사례일 뿐이다. 역사는 좀 더 많은 혁신으로 가득 차 있다!

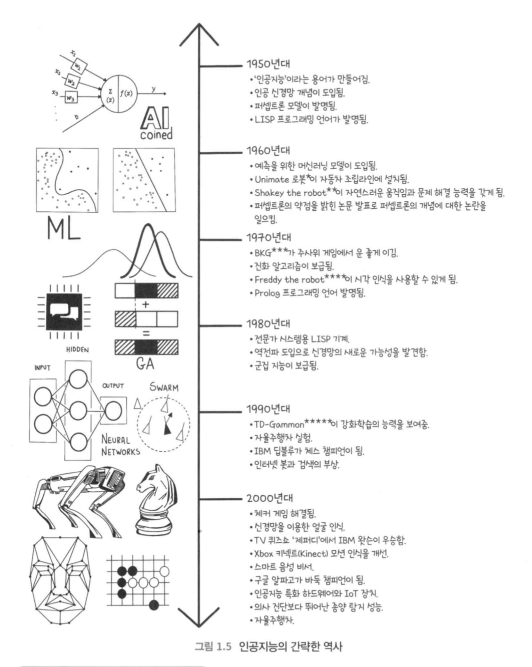

1950년대
- '인공지능'이라는 용어가 만들어짐.
- 인공 신경망 개념이 도입됨.
- 퍼셉트론 모델이 발명됨.
- LISP 프로그래밍 언어가 발명됨.

1960년대
- 예측을 위한 머신러닝 모델이 도입됨.
- Unimate 로봇*이 자동차 조립라인에 설치됨.
- Shakey the robot**이 자연스러운 움직임과 문제 해결 능력을 갖게 됨.
- 퍼셉트론의 약점을 밝힌 논문 발표로 퍼셉트론의 개념에 대한 논란을 일으킴.

1970년대
- BKG***가 주사위 게임에서 운 좋게 이김.
- 진화 알고리즘이 보급됨.
- Freddy the robot****이 시각 인식을 사용할 수 있게 됨.
- Prolog 프로그래밍 언어 발명됨.

1980년대
- 전문가 시스템용 LISP 기계.
- 역전파 도입으로 신경망의 새로운 가능성을 발견함.
- 군집 지능이 보급됨.

1990년대
- TD-Gammon*****이 강화학습의 능력을 보여줌.
- 자율주행차 실험.
- IBM 딥블루가 체스 챔피언이 됨.
- 인터넷 봇과 검색의 부상.

2000년대
- 체커 게임 해결됨.
- 신경망을 이용한 얼굴 인식.
- TV 퀴즈쇼 '제퍼디'에서 IBM 왓슨이 우승함.
- Xbox 키넥트(Kinect) 모션 인식을 개선.
- 스마트 음성 비서.
- 구글 알파고가 바둑 챔피언이 됨.
- 인공지능 특화 하드웨어와 IoT 장치.
- 의사 진단보다 뛰어난 종양 탐지 성능.
- 자율주행차.

그림 1.5 인공지능의 간략한 역사

---

* [옮긴이] 최초의 산업용 로봇
** [옮긴이] 자신의 행동을 추론할 수 있는 최초의 범용 모바일 로봇
*** [옮긴이] 70년대 말 카네기 멜론 대학의 한스 베르리너가 개발한 주사위 게임을 하는 프로그램
**** [옮긴이] 눈과 손을 결합한 세계 최초의 사고 로봇
***** [옮긴이] 1992년 Gerald Tesauro가 IBM의 Thomas J. Watson Research Center에서 개발한 컴퓨터 주사위 게임 프로그램

문제 유형과 문제 해결 패러다임

인공지능 알고리즘은 강력하지만, 어떤 문제든 해결할 수 있는 은색 총알silver bullet*은 아니다. 그렇다면 문제problem란 무엇일까? 이번 절에서는 컴퓨터 과학 분야에서 일반적으로 경험할 수 있는 다양한 유형의 문제를 살펴보고 이를 통해서 직관을 얻을 수 있는 방법을 알려준다. 이러한 직관은 실제 세계에서 문제를 식별하고 솔루션에 사용할 수 있는 알고리즘을 선택하는 데도 도움이 된다.

지금부터 컴퓨터 과학과 인공지능의 몇 가지 용어를 사용해서 문제를 기술하고, 문제를 **맥락**context과 **목표**goal에 따라서 분류해 보자.

검색 문제: 해법을 찾기 위한 경로 찾기

검색 문제search problem에는 여러 가지 가능한 솔루션이 있다. 각 솔루션은 목표를 찾아가는 일련의 단계(경로)를 나타낸다. 일부 솔루션에는 경로 중에 중복되는 부분집합이 있고, 일부 솔루션은 다른 솔루션보다 성능이 더 우수하고, 일부 솔루션은 다른 솔루션보다 비용이 더 저렴하다. '더 나은' 솔루션은 당면한 특정 문제에 따라 결정되고, '더 저렴한' 솔루션은 더 적은 계산량으로 실행할 수 있음을 의미한다. 지도상에서 도시 간 최단 거리를 결정하는 것이 한 예다. 거리와 교통 상황이 다른 다수의 경로가 있을 수 있고, 그 조건에 따라 일부 경로가 다른 경로보다 낫다. 많은 인공지능 알고리즘이 솔루션을 찾기 위한 공간 검색 개념을 바탕으로 한다.

최적화 문제: 좋은 솔루션 찾기

최적화 문제optimization problem에는 수많은 유효한 솔루션이 있고 때때로 가장 좋은 솔루션을 찾아내기 어려운 상황을 수반한다. 대개 최적화 문제에는 엄청나게 많은 가능성이 있고 각각의 가능성은 문제를 얼마나 잘 해결할 수 있는가 하는 점에서 서로 차이가 있다. 예를 들어, 자동차 트렁크 안의 공간을 최대한 사용하게 짐을 싸는 문제를 생각해 보자. 이 문제를 해결할 수 있는 다양한 조합이 가능한데, 트렁크 안의 공간을 효율적으로 사용하면 좀 더 많은 짐을 넣을 수 있다.

---

*   옮긴이 은으로 만들어진 탄환. 서구 전설에 따르면 늑대 인간, 악마 등을 격퇴할 때 쓰이는 무기로 알려져 있음. 현대에 와서는 문자 그대로의 탄환을 의미하는 것이 아니라, 어떤 일에 대한 해결책, 특효약, 스포츠에서는 팀의 중심 선수를 일컫는 말로 사용되기도 함. 소프트웨어 공학 분야에서는 프레드릭 브룩스가 1986년에 출간한 《The Mythical Man-Month(맨먼스 미신)》에 **No Silver Bullet**이라는 말을 사용하여, 모든 문제에 통용되는 만능 해결책 따위는 존재하지 않는다고 논하였는데, 이는 이상적인 소프트웨어 설계에 대해 부정적인 의미로 사용되는 경우가 많음

지역 최고 대 전역 최고

최적화 문제에는 여러 가지 솔루션이 있고, 이러한 솔루션이 검색 공간의 서로 다른 위치에 존재하기 때문에 지역 최고와 전역 최고라는 개념이 생긴다. 지역 최고(local best) 솔루션은 검색 공간 내 특정 영역 안에서 가장 좋은 솔루션이고, 전역 최고(global best) 솔루션은 전체 검색 공간에서 가장 좋은 솔루션이다. 일반적으로 다수의 지역 최고 솔루션과 하나의 전역 최고 솔루션이 있다. 예를 들어 최고의 레스토랑 찾기를 고려해 보자. 인근 지역에서 최고의 레스토랑을 찾을 수도 있지만, 그 레스토랑이 반드시 그 나라 또는 전 세계에서 가장 좋은 레스토랑이 아닐 수도 있다.

예측 및 분류 문제: 데이터 패턴에서 학습

예측 문제prediction problem는 해당 문제와 관련한 데이터를 바탕으로 문제 해결에 필요한 데이터의 패턴을 찾는 문제다. 예를 들어, 여러 종류의 차량에 대한 데이터 즉, 각 차량의 연료 소모량과 엔진 크기에 관한 데이터가 있을 때 새로운 차량 모델의 엔진 크기가 주어지면 연료 소모량을 예측할 수 있을까? 만약 엔진 크기와 연료 소모량에 관한 데이터 간 상관관계가 있다면, 그러한 예측이 가능할 것이다.

분류 문제classification problem는 예측 문제와 비슷하지만, 연료 소모량처럼 정확한 예측값을 찾는 것이 아니라 특징에 따라 해당 카테고리를 찾는 것이다. 차량 크기, 엔진 크기, 좌석 수가 주어졌을 때 그 차량이 모터사이클인지 세단인지 스포츠 차량인지 예측할 수 있을까? 분류 문제는 데이터에 있는 패턴을 찾아서 이를 바탕으로 주어진 대상을 카테고리로 묶는 것이다. 보간interpolation은 데이터에 내재하는 패턴을 찾을 때 사용하는 중요한 개념인데, 이는 이미 알고 있는 데이터를 기반으로 새로운 데이터를 추정하는 것을 의미한다.

군집화 문제: 데이터 패턴 식별

군집화 문제clustering problem는 데이터로부터 추세와 관계를 찾아내는 시나리오를 포함한다. 즉, 데이터에는 다양한 측면이 있는데, 각각에 해당하는 특징 기준에 따라 서로 다른 방식으로 데이터를 그룹화한다. 예를 들어, 레스토랑의 음식 가격과 위치에 대한 데이터가 있으면, 젊은 사람들이 음식값이 좀 더 싼 장소를 자주 찾는 경향이 있다는 것을 발견할 수 있다.

군집화는 정확한 질문이 없을 때에도 데이터에서 관계를 찾는 것을 목표로 하는데, 이러한 접근 방식은 데이터로 무엇을 할 수 있을지 알기 위해 데이터를 좀 더 잘 이해하는 데에도 유용하다.

결정론적 모델: 계산할 때마다 동일한 결과 반환

결정론적 모델deterministic model은 특정 입력이 주어졌을 때 항상 동일한 출력을 반환하는 모델이다. 예를 들어, 특정한 도시의 정오 시간에는 항상 햇살을 기대할 수 있고, 마찬가지로 자정에는 어둠을 기대할 수 있다. 참고로, 북극이나 남극에서는 그렇지 않다고 반문할 수도 있는데, 앞의 예에서는 극점 근처에서의 비정상적인 일광 시간은 고려하지 않았다.

확률적/확률 모델: 계산할 때마다 잠재적으로 다른 결과 반환

확률 모델probabilistic model은 특정한 입력이 주어졌을 때 몇 가지 가능한 범주 내에서 서로 다른 출력값을 반환하는 모델이다. 확률 모델에는 보통 제어할 수 있는 무작위성 요소randomness가 있어서 이를 통해 몇몇 가능한 출력 중 하나를 얻는다. 예를 들어, 정오 시간이 주어졌을 때 날씨가 맑거나 흐리거나 비가 올 것이라고 예상할 수 있다. 즉, 해당 시간에 확정된 날씨는 없다.

인공지능 개념의 직관적 이해

머신러닝, 딥러닝 등 인공지능이 뜨거운 화두다. 하지만 서로 얼핏 달라 보이면서도 비슷해 보이는 이 개념들을 정확하게 구분하도록 이해하는 것은 매우 힘들다. 또한, 인공지능의 도메인 domain(영역)에는 다양한 수준의 지능이 존재한다.

이번 절에서는 이런 개념 중 일부를 설명하는데, 이는 또한 이 책 전체에서 다루는 주제의 로드맵이기도 하다.

이제 그림 1.6에 소개된 것과 같이 다양한 수준의 인공지능을 살펴본다.

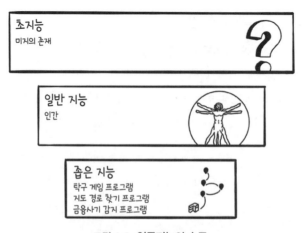

그림 1.6 인공지능의 수준

좁은 지능: 특정 목적의 솔루션

좁은 지능narrow intelligence 시스템은 특정한 맥락이나 도메인 안에서 문제를 해결한다. 이러한 시스템은 보통 하나의 맥락에서 문제를 해결하지만, 해당 문제에 대한 이해를 다른 문제로 적용할 수는 없다. 예를 들어, 고객과의 상호 작용, 소비 행동을 이해하기 위해 개발한 시스템은 이미지에서 고양이를 식별할 수 없다. 보통, 문제를 효율적으로 해결하기 위해서는 해당 문제 도메인에 특화되도록 만들어야 하고, 이것은 다른 문제에 적용하기 어렵다.

서로 다른 좁은 지능 시스템을 잘 통합해서 좀 더 일반적인 지능을 갖는 것처럼 보이는 큰 시스템을 만들 수 있다. 음성 안내가 바로 그 예다. 이 시스템은 자연어를 이해할 수 있다. 자연어 인식 하나만 놓고 보면 좁은 문제지만, 웹 검색이나 음악 추천 기능과 같은 다른 좁은 지능 시스템과의 통합으로 한 단계 위의 일반 지능 수준을 보여줄 수 있다.

일반 지능: 인간다운 솔루션

일반 지능general intelligence은 인간과 유사한 지능이다. 인간은 다양한 경험과 세상과의 상호 작용을 통해서 배울 수 있고, 이 과정에서 습득한 이해를 다른 문제에 적용할 수 있다. 예를 들어, 어렸을 때 뜨거운 물건에 덴 경험이 있다면 이러한 경험으로부터 다른 뜨거운 물건도 해를 끼칠 수 있다는 것을 알게 된다. 하지만 인간의 일반 지능은 '뜨거운 것은 해로울 수 있다'와 같은 단순 추론 그 이상이다. 일반 지능은 기억, 시각적인 입력을 통한 공간 추론, 지식 사용 등을 포함한다. 비록 기계가 단기간에 일반 지능을 습득할 수는 없겠지만, 양자 컴퓨팅, 데이터 처리, 인공지능 알고리즘 분야에서의 기술적 진보로 미래에는 가능할 것이다.

초지능: 위대한 미지의 영역

초지능super intelligence에 관한 일부 아이디어가 포스트 아포칼립스postapocalyptic*를 배경으로 한 공상 과학 영화에 등장하는데, 여기서는 모든 기계가 연결되고, 인간 수준 이상의 추론을 할 수 있고 인간을 지배한다. 인간을 뛰어넘은 지능을 만들어 낼 수 있을지, 그리고 만약 그것이 가능하다고 할 때 그러한 방법까지도 알 수 있을지에 대해서는 많은 철학적 이견이 있다. 하지만 아직 초지능은 위대한 미지의 영역이고, 앞으로 오랫동안 어떻게 정의하더라도 그것은 추측에 불과할 것이다.

★ 　[옮긴이] 사이언스 픽션의 하위 장르로서 세계 종말을 테마로 하는 장르. 인류 문명이 거의 멸망한 뒤의 세계관, 또는 그런 세계를 배경으로 삼는 픽션 작품을 뜻함

오래된 인공지능과 새로운 인공지능

때때로 오래된 인공지능old AI과 새로운 인공지능new AI이라는 개념을 사용한다. 오래된 인공지능은 알고리즘이 지능적으로 보이도록 하는 규칙을 사람이 직접 표현encode(부호화)해 주는 시스템으로 이해할 수 있다. 이런 규칙은 문제에 대한 심층적인 지식과 다수의 시행착오를 통해서 구할 수 있다. 이런 오래된 인공지능의 예는 수동으로 의사 결정 트리를 만들고 전체 결정 트리의 규칙과 선택사항을 수동으로 만드는 것이다. **새로운 인공지능**new AI은 데이터로부터 학습하고 인간이 만든 규칙보다 더 정확하게 작동하는 규칙을 스스로 만드는 알고리즘과 모델을 만드는 것을 목표로 한다. 차이점은 후자가 인간이 찾아낼 수 없거나 찾아내는 데 더 오랜 시간이 걸리는 데이터에 내재된 중요한 패턴을 찾을 수 있다는 것이다. 일반적으로 검색 알고리즘은 오래된 인공지능으로 간주하지만, 이를 확실하게 이해하면 좀 더 복잡한 접근 방법을 배우는 데 유용하다. 이 책은 가장 인기 있는 인공지능 알고리즘을 소개하고 각 개념을 바탕으로 점진적으로 해당 내용을 설명해 나간다. 그림 1.7은 인공지능 분야에 속하는 일부 다른 개념 간 관계를 보여준다.

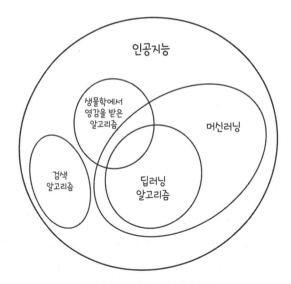

그림 1.7 인공지능의 개념 분류

검색 알고리즘

검색 알고리즘search algorithm은 미로를 빠져나가는 경로를 찾거나 게임에서 최적의 이동을 결정하는 것과 같은 목적 달성을 위해 여러 차례 조치가 필요한 문제 해결에 유용하다. 검색 알고리즘은 미래의 상태를 평가하고 가장 가치 있는 목표에 도달하기 위한 경로를 찾으려고 한다. 일반적으로 문제마다 가능한 솔루션이 너무 많기 때문에 각 솔루션을 무차별로 대입해서는 문제를 풀 수 없다. 아주 작은 검색 공간에 대해서도 최적 솔루션을 찾는 데 수천 시간 이상의 계산이 필요하기 때문이다. 검색 알고리즘은 검색 공간을 평가하는 영리한 방법을 제공한다. 예를 들어, 온라인 검색 엔진, 지도 라우팅routing(길 찾기) 애플리케이션, 게임 플레이 에이전트에서도 사용한다.

생물학에서 영감을 얻은 알고리즘

우리 주변의 세상을 보면, 다양한 생물, 식물, 그 밖의 살아 있는 유기체에서 놀라운 것을 발견하게 된다. 먹이를 구하기 위해 협력하는 개미, 떼 지어 이동하는 새, 뇌의 작동 방식 추정, 더 강한 자손을 남기기 위한 다양한 유기체의 진화 같은 것이 그러한 사례다. 다양한 현상을 관찰하고 학습함으로써 이러한 유기 시스템이 작동하는 법과 새로운 지능적인 행동을 보이도록 하는 몇 가지 간단한 규칙에 대한 지식을 얻을 수 있다. 이러한 현상 중 일부는 진화 알고리즘과 군집 지능 알고리즘과 같은 인공지능의 유용한 알고리즘에 영감을 주었다.

진화 알고리즘evolutionary algorithm은 찰스 다윈Charles Darwin의 진화론에서 영감을 받았다. 하나의 모집단이 새로운 개체를 만들기 위해 번식하고, 이 과정에서 유전자 혼합과 돌연변이를 통해 그들의 조상보다 더 나은 후손을 남긴다는 것이 그 개념이다. **군집 지능**swarm intelligence은 겉보기에 '멍청'해 보이지만 지능적인 행동을 보이는 개체들의 집합이다. 개미 군집 최적화ant-colony optimization와 입자 군집 최적화particle-swarm optimization는 이 책에서 살펴볼 인기 있는 알고리즘이다.

머신러닝 알고리즘

머신러닝machine learning(기계학습)은 통계적인 접근 방식을 통해 데이터로부터 모델을 학습시킨다. 머신러닝의 범주에는 다양한 알고리즘이 있는데, 이를 통해 데이터의 관계에 대한 이해를 높이고 의사 결정하고 데이터를 바탕으로 예측한다.

머신러닝에는 세 가지 주요 접근 방식이 있다.

- **지도학습**supervised learning은 질문에 대한 훈련 데이터와 그 결괏값을 알고 있을 때 알고리즘을 이용해 모델을 훈련한다. 예를 들어, 각 과일 데이터의 무게, 색깔, 질감, 과일 이름을 포함한 데이터 세트가 있을 때 과일의 종류를 결정하는 것이다.

- **비지도학습**unsupervised learning은 데이터 내부에 숨겨진 관계와 구조를 찾아내서 데이터 세트로부터 질문을 도출한다. 예를 들어, 데이터 세트에서 유사한 과일의 속성 패턴을 찾아서 그 패턴에 따라 그룹을 나누고 그 데이터에 대해서 묻고 싶은 정확한 질문을 알려준다. 이러한 핵심 개념과 알고리즘은 향후 고급 알고리즘을 찾기 위한 기반을 조성하는 데 도움이 된다.*

★ 　옮긴이 밀도 추정, 표본 추출, 잡음 제거, 다양체(manifold) 학습 등 다양한 응용에 사용됨

- **강화학습**reinforcement learning은 행동 심리학에서 영감을 받았다. 간단히 말해서, 유익한 행동을 했을 때 보상을 주고, 바람직하지 않은 행동을 했을 때 벌칙을 주는 것이다. 인간의 경우를 예로 들면, 아이가 성적이 좋으면 상을 주지만 성적이 나쁘면 벌을 주어 좋은 성적을 받도록 하는 행동을 강화하는 것이다. 강화학습은 컴퓨터 프로그램이나 로봇이 동적인 환경에서 상호 작용하는 방식을 탐험하는 데 유용하다. 문을 여는 과제를 수행하는 로봇을 예로 들어보자. 로봇이 문을 열지 못하면 벌칙을 받고 문을 열면 보상을 받는다. 일정 시간 후, 여러 번의 시도 끝에 로봇은 문을 열기 위해 필요한 일련의 행동을 '학습'하게 된다.

딥러닝 알고리즘

머신러닝에서 비롯한 딥러닝deep learning(심층학습)은 더욱 광범위한 접근 방식과 알고리즘을 포괄하는데, 이미 좁은 지능을 달성하고 일반 지능을 실현하기 위해 활발히 연구되고 있다. 일반적으로 딥러닝은 공간 추론과 같이 좀 더 일반적인 방식으로 문제를 풀려는 접근 방식으로서, 컴퓨터 비전이나 음성인식 같은 좀 더 일반화가 필요한 문제에 적용한다. 일반적인 문제general problem는 인간이 잘 풀 수 있는 문제로, 예를 들어 인간은 거의 모든 맥락에서 시각적인 패턴을 인식할 수 있다. 또한, 딥러닝에는 지도학습, 비지도학습, 강화학습이 있고, 보통 여러 층을 가진 인공 신경망artificial neural network을 사용한다. 서로 다른 지능형 구성요소 층layer을 활용하여 각 층은 특화된 문제를 해결하고, 이것을 여러 층으로 쌓아서 더 큰 목표를 위한 복잡한 문제를 해결한다. 예를 들어, 이미지에서 객체를 식별하는 것은 일반적인 문제지만, 이는 목표를 달성하기 위해 색을 이해하고 객체의 모양을 인식하고 객체 간 관계를 알아내는 하위 문제로 나눌 수 있다.

인공지능 알고리즘의 사용

인공지능 기술의 사용 가능성은 잠재적으로 무궁무진하다. 해결하고자 하는 문제와 이에 적합한 데이터만 있으면, 어디에나 인공지능을 응용할 수 있다. 끊임없이 변하는 환경, 사람들 간 상호 작용의 진화, 사람과 산업의 요구사항에 변화가 있을 때 혁신적인 방식으로 인공지능을 적용해서 현실적 문제를 해결할 수 있다. 이번 절에서는 다양한 산업에 인공지능을 적용한 사례를 살펴본다.

농업: 최적의 농작물 재배

인간 삶을 지탱하는 중요한 산업 중 하나는 농업인데, 대량 소비를 위한 양질의 작물을 경제적으로 재배해야 한다. 현대 사회에서는 많은 농부가 상업적 규모로 농작물을 재배해서 공급해 줌으로써 소비자가 상점에서 과일과 채소를 편리하게 구매할 수 있다. 농작물은 해당 작물의 종류, 토양의 영양분, 토양의 수분 함량, 물속의 박테리아, 그 지역의 물 공급 조건에 따라 다르게 자란다. 또한, 어떤 작물은 특정한 계절에만 잘 자라기 때문에 해당 기간에 최대한 많은 양질의 작물을 재배해야 한다.

농부와 농업 기관들은 수년에 걸쳐 농장과 작물의 자료를 수집해 왔다. 이 데이터를 바탕으로 시스템을 활용하여 작물 재배 과정의 여러 변수 간 패턴과 관계를 찾고, 성공적으로 작물을 재배하는 데 가장 큰 영향을 미치는 요소를 찾아낸다. 또한, 최신 디지털 센서로 기후 조건, 토양 속성, 수질 상태, 농작물 성장을 실시간으로 기록하고, 이렇게 수집한 데이터를 지능형 알고리즘과 결합하여 실시간으로 최적의 성장을 위한 추천과 조절을 할 수 있다(그림 1.8).

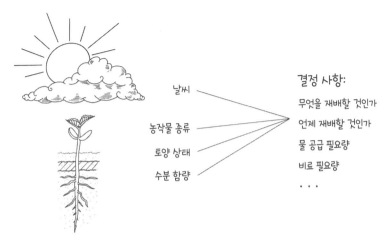

그림 1.8 데이터를 이용한 농작물 재배 최적화

뱅킹(은행 업무): 금융사기 검출

상품과 서비스 거래를 위한 공통의 안전한 통화가 필요할 때 은행업의 중요성이 분명해진다. 오랫동안 은행은 돈을 저장하고 투자하고 지불하기 위한 다양한 선택권을 제공하기 위해 변화해왔다. 하지만 시간이 지나도 변하지 않은 한 가지는, 사람들이 시스템을 속이기 위한 창의적인 방법을 찾아왔다는 것이다. 은행뿐만 아니라 보험회사와 같은 금융기관에서도 가장 큰 문제는 금융사기다. **사기**fraud는 누군가가 정직하지 않거나 무언가를 얻기 위해 불법을 저지를 때 발생하는데, 보통 과정상 허점을 이용하거나 누군가를 속여 정보를 누설할 때 발생한다. 금융 서비스 산업은 인터넷과 개인 기기를 통해 고도로 연결되어 있기 때문에 개인 간 물리적인 화폐 거래보다 컴퓨터 네트워크상에서의 거래가 더 많다. 막대한 거래 데이터를 이용해서 정상적이지 않은 개인 소비 형태의 전형적인 거래 패턴을 실시간으로 찾아낼 수 있다. 이런 데이터는 금융기관이 막대한 비용을 아낄 수 있게 해주고 순진한 소비자가 자금을 도난당하지 않도록 보호해 준다.

사이버 보안: 공격 탐지 및 처리

인터넷 붐의 흥미로운 부작용 중 하나가 사이버 보안이다. 항상 인터넷상에서 인스턴트 메시지, 신용카드 세부 정보, 이메일, 다른 중요한 기밀 정보 같은 민감한 정보를 주고받는다. 이 정보가 나쁜 의도를 가진 사람에게 넘어가면 악용될 수 있다. 전 세계에 수많은 서버가 데이터를 받아서 처리하고 저장하는데, 공격자는 이 시스템을 손상시켜 데이터, 장치, 설비에 접근한다.

인공지능을 이용해서 서버에 대한 잠재적 공격을 식별하고 차단할 수 있다. 일부 대형 인터넷 회사는 장치 식별자, 지리적 위치 정보, 이용 행태 등 특정 개인이 서비스와 상호 작용하는 방식에 대한 데이터를 저장하고 있으며, 정상적이지 않은 행위를 검출하면 보안 조치를 해서 접근을 제한한다. 일부 인터넷 회사는 서버를 다운시키거나 인증된 사용자의 접근을 막기 위한 가짜 요청을 보내 서비스에 과부하를 가하는 분산 서비스 거부DDoS 공격이 있을 때 악의적인 트래픽을 차단하고 다시 돌려보낸다redirect. 즉, 사용자의 사용 데이터, 시스템, 네트워크에 대한 이해를 바탕으로 이러한 인증되지 않은 요청을 찾아내고 다시 경로를 변경함으로써 공격에 대한 영향을 최소화한다.

건강 관리(헬스케어): 환자 진단

건강 관리는 인간 역사를 통틀어 늘 관심사였다. 문제가 좀 더 심각해지거나 치명적 상태에 이르기 전에 여러 시간대의 서로 다른 장소에서 발생하는 여러 질병을 진단하고 치료해야 한다. 환자를 진찰할 때에는 인체, 이미 알고 있는 문제, 이런 문제를 다룬 경험, 무수히 많은 신체 스캔 사진과 같이 방대한 양의 기록된 지식을 검토한다. 전통적으로 의사가 종양의 유무를 찾아내기 위해 스캔 영상을 분석하지만, 이런 방식으로는 크기가 크고 이미 많이 진행된 종양밖에는 검출할 수 없었다. 딥러닝의 발전으로 스캔 영상에서 종양을 검출하는 성능을 많이 개선했다. 이제 의사가 암을 좀 더 조기에 발견할 수 있게 되었다. 이 덕분에 환자는 적기에 필요한 치료를 받을 수 있어서 회복 가능성을 더 높일 수 있게 되었다. 더 나아가, 인공지능을 통해서 증상, 질병, 유전적인 요인, 지리적 위치 등에 대한 패턴을 찾을 수 있다. 이를 통해, 누가 잠재적으로 특정 질병에 걸릴 확률이 더 높은지 알 수 있고 그 질병이 발병하기 전에 관리할 수 있다. 그림 1.9는 딥러닝을 이용한 뇌 스캔 사진의 특징 인식을 보여준다.

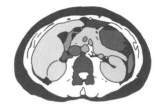

뇌 스캔 사진   뇌 스캔 사진의 특징 인식

그림 1.9 머신러닝을 이용한 뇌 스캔 사진의 특징 인식

물류: 경로 관리 및 최적화

물류 산업은 서로 다른 종류의 물건을 여러 장소로 운반하는 다양한 차량으로 운영되는 거대한 시장으로 수요와 마감일이 서로 다르다는 특성이 있다. 대형 전자 상거래 사이트의 배달 계획이 얼마나 복잡한지 생각해 보자. 소비재, 건설장비, 기계부품, 연료 등 운반하는 것이 무엇이든 수요를 충족하고 비용을 최소화하기 위해 가능한 한 시스템을 최적화해야 한다.

아마도 외판원 문제traveling-salesperson problem*를 들어보았을 것이다. 외판원이 판매를 위해 여러 장소를 방문하는데 이 업무를 달성하기 위한 최단 경로를 찾는 것이 목표다. 물류 문제는 보통 이와 비슷하지만 현실 세계의 변화하는 환경 때문에 훨씬 더 복잡하다. 인공지능을 이용해서 시간과 거리 측면에서 운송 지점 간 최적 경로를 찾을 수 있고, 더 나아가 교통 패턴, 공사로 인한 길막힘, 심지어 운송 차량과 도로 형태에 따른 최적 경로를 찾을 수도 있다. 또한, 운송을 최적화할 수 있도록 차량에 짐을 싣는 최적의 방법과 각 차량에 무엇을 실을지도 계산할 수 있다.

통신: 네트워크 최적화

통신 산업은 세계를 연결하는 데 큰 역할을 해왔다. 통신 회사는 케이블, 송신탑, 위성과 같은 값비싼 기반 시설에 투자해서 많은 소비자와 기관이 인터넷이나 사설 통신망을 통해 연락을 주고받을 수 있는 네트워크를 구축한다. 이런 장비를 운용하는 데는 비용이 많이 들기 때문에 좀 더 많은 연결을 해주는 네트워크 최적화로 많은 사람이 고속 네트워크에 연결할 수 있게 한다. 인공지능을 통해 네트워크 상황을 관찰하고 라우팅routing(전달 경로)을 최적화한다. 또한, 이러한 네트워크는 요청과 응답을 기록하는데, 이런 데이터를 이용해서 특정 개인, 지역, 특정 지역 네트워크로부터의 네트워크 부하를 알아내고 이에 따라 네트워크를 최적화한다. 또한, 네트워크 데이터는 사용자가 어디에 있고 그들이 누구인지를 알 수 있는 데 도움이 되며, 이는 도시 계획에 유용하다.

★   옮긴이 조합 최적화 문제의 일종. 이 문제는 NP-난해에 속하며, 흔히 계산 복잡도 이론에서 해를 구하기 어려운 문제의 대표적인 예로 많이 다룸

게임: 인공지능 에이전트 생성

가정과 개인용 컴퓨터가 처음으로 널리 보급된 이후, 게임은 컴퓨터 시스템의 주요 판매 포인트가 되어왔다. 개인용 컴퓨터 역사상 게임은 매우 초기부터 인기가 있었는데, 아케이드 게임, 텔레비전 콘솔, 게임 기능이 있는 개인용 컴퓨터가 떠오를지 모르겠다. 이제 체스, 주사위 놀이, 다른 종류의 게임은 인공지능 기계가 지배하게 되었다. 게임의 복잡도가 충분히 낮으면, 컴퓨터가 잠재적으로 가능한 모든 경우의 수를 찾고 그러한 지식을 바탕으로 인간보다 빨리 결정을 내릴 수 있다. 최근 들어서는, 바둑과 같은 전략 게임에서도 컴퓨터가 인간 챔피언을 이겼다.* 바둑은 영역을 지키고 뺏기 위한 간단한 규칙만 갖고 있지만, 승리하기 위한 시나리오에 필요한 의사 결정 측면에서는 매우 복잡하다. 검색 영역이 너무 넓어서 컴퓨터는 최고의 인간 플레이어를 이기기 위한 모든 가능성을 만들 수 없기 때문에 추상적으로 '생각'하고, 전략을 수립하고, 계획을 세워 목표를 향해 나아갈 수 있는 좀 더 일반적인 알고리즘이 필요하다. 이미 이런 알고리즘이 개발되어서 컴퓨터가 세계 챔피언을 물리치는 데 성공했고, 또한 아타리 게임이나 최근의 멀티 플레이어 게임에도 적용되었다. 알파고가 바로 그 시스템이다.

몇몇 연구기관에서 매우 복잡한 게임을 인간 플레이어나 팀보다 더 잘할 수 있는 인공지능 시스템을 개발했다. 이 연구의 목표는 다양한 맥락에 적응할 수 있는 일반적인 접근 방식을 개발하는 것이다. 액면 그대로 보자면, 이러한 게임을 할 수 있는 인공지능 알고리즘은 별로 중요하지 않게 보일 수도 있지만, 이런 시스템 개발의 중요성은 이와 비슷한 접근법을 다른 중요한 문제에 효과적으로 적용할 수 있다는 것이다. 그림 1.10은 강화학습 알고리즘을 이용해서 고전 비디오 게임인 마리오를 배우는 방법을 보여준다.

예술: 걸작 만들기

독특하고 흥미로운 화가는 아름다운 그림을 창작한다. 이는 주위 세계를 표현하기 위한 자신만의 방법을 갖고 있기 때문이다. 또한, 대중이 높이 평가하는 놀라운 작곡가도 있다. 두 경우 모두 예술의 질을 정량적으로 측정할 수는 없지만, 대신 (사람들이 얼마나 잘 즐기느냐 따라) 정성적으로 측정할 수 있다. 이와 관련한 요소를 이해하고 포착하기는 어려운데, 그러한 개념이 주로 감정에 좌우되기 때문이다.

---

* [옮긴이] 알파고 대 이세돌 혹은 딥마인드 챌린지 매치는 2016년 3월 9일부터 15일까지 하루 한 차례의 대국으로 총 5회에 걸쳐 서울의 포시즌스 호텔에서 진행된 이세돌과 알파고 간 바둑 대결이었고, 알파고가 4승 1패로 이세돌 9단을 이김

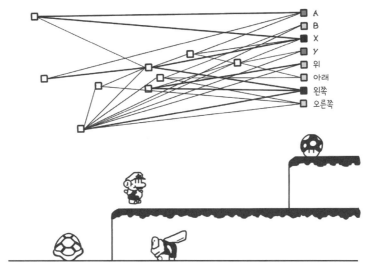

그림 1.10 신경망을 이용한 게임 방법 배우기

최근 들어, 많은 연구 과제에서 예술 작품을 생성할 수 있는 인공지능을 개발하고 있다.* 이런 연구는 일반화라는 개념을 포함한다. 즉, 어떤 주제에 관한 광범위하고 일반적인 이해를 바탕으로 일반화가 가능한 알고리즘이 매개변수를 조절하여 그 주제에 관한 새로운 것을 생성할 수 있다. 예를 들어, 반 고흐Van Gogh 인공지능은 반 고흐의 모든 작품을 이해하여 반 고흐의 스타일과 '느낌'을 표현하는 특징을 추출하고, 이러한 특징을 다른 그림에 적용하여 반 고흐 화풍의 그림을 생성할 수 있다. 또한, 건강 관리, 사이버 보안, 금융과 같은 다른 영역에서 숨겨진 패턴을 추출하는 데에도 동일한 생각을 적용할 수 있다.

이번 장에서는 인공지능의 개념, 인공지능 영역 내 주제 분류, 해결하려는 문제, 일부 사용 사례에 대한 추상적인 직관을 얻었다. 다음 장에서는 지능을 모방하는 가장 오래되고 단순한 형태인 검색 알고리즘을 알아본다. 검색 알고리즘은 이 책 전체에서 살펴볼 좀 더 정교한 인공지능 알고리즘에서 사용하는 일부 개념의 기본이 된다.

★ [옮긴이] 구글에서 만든 딥드림(Deep Dream)이 그린 그림이 최근 경매에서 판매됨. https://deepdreamgenerator.com/에서 간단히 경험해 볼 수 있음

인공지능의 직관적 이해 요약

인공지능은 정의하기 어렵고, 따라서 아직 명확한 합의가 없다.

지능적으로 보이도록 구현한 것을 인공지능과 유사한 것으로 간주한다.

인공지능에는 많은 분야가 있다.

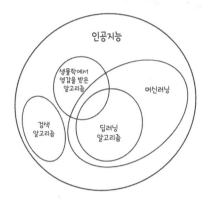

인공지능의 구현에는 항상 오차의 여지가 있다. 이 중요성을 간과하지 않도록 주의한다.

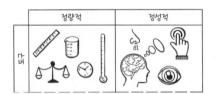

양질의 데이터를 준비하는 것이 중요하다.

인공지능에는 많은 응용 사례가 있다. 당신의 생각을 적용해 보라!

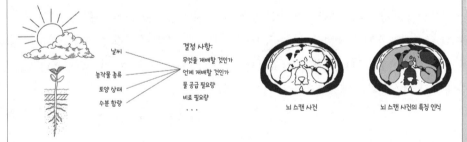

기술 개발에는 책임이 따른다.

CHAPTER 2

검색의 기초

이 장에서 다루는 것들

- 계획과 검색의 직관적 이해
- 검색 알고리즘으로 해결할 수 있는 문제 식별
- 검색 알고리즘으로 처리하기에 적합한 문제 공간 표현
- 문제 해결을 위한 기본적인 검색 알고리즘 이해 및 설계

계획 및 검색*이란?

우리를 지적으로 만드는 것이 무엇일까? 아마도 미리 계획을 세우고 행동할 수 있는 능력이 두드러진 속성 중 하나일 것이다. 예를 들어, 해외여행을 떠나기 전, 새로운 과제를 시작하기 전, 함수 코드를 작성하기 전에 계획을 세운다. 일반적으로 **계획**planning은 목표 달성과 관련한 작업을 수행할 때 최적의 결과를 얻기 위해 서로 다른 맥락과 세부 수준에서 이루어진다(그림 2.1).

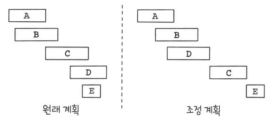

그림 2.1 과제 계획 변경의 예

---

* [옮긴이] 검색의 사전적 의미는 '컴퓨터에서, 목적에 따라 필요한 자료들을 찾아내는 일'이지만, 알고리즘 분야에서는 검색, 탐색이라는 용어가 혼용되어 사용되고 있음. 3장, 4장에서 일반적인 의미에서는 검색이란 용어를 사용했고, 일부 좀 더 익숙하게 사용되는 용어인 너비 우선 탐색, 깊이 우선 탐색, A* 탐색, 최소-최대 탐색을 사용함(절대적인 구분은 아님)

시작 단계에서 구상한 대로 계획이 완벽하게 실행되는 경우는 거의 없다. 환경이 끊임없이 변하는 세상에 살고 있어 그 과정에서 모든 변수와 미지수를 고려하는 것은 불가능하기 때문이다. 시작할 때의 계획과는 무관하게 문제 공간에서의 변화로, 항상 계획에서 벗어나게 된다. 몇 차례 조치를 취한 후, 예기치 않은 사건이 발생하면 목표를 달성하기 위해 현재 시점에서 새로운 계획을 다시 세워야 한다. 결과적으로 실행에 옮기는 최종 계획은 보통 원래 계획과는 달라진다.

검색searching은 단계적으로 계획을 세우는 것을 안내해 주는 방법이다. 예를 들어, 여행 계획을 세울 때는 우선 경로를 검색하고, 검색한 경로에 어떤 경유지가 있는지 찾아보고, 취향과 예산에 맞는 숙박시설과 활동을 검색하고, 검색 결과에 따라 계획을 변경한다.

500km 떨어진 해변으로 여행을 떠난다고 가정해 보자. 여행 경로에 페팅 동물원petting zoo*, 피자 식당 이렇게 두 군데 경유지가 있다. 도착지 해변 근처의 오두막집에서 숙박할 것이고, 세 가지 활동에 참여할 것이다. 목적지까지는 대략 8시간이 걸린다. 두 번째 경유지인 피자 식당 이후로는 사유지 도로를 통과하는 지름길로 갈 건데, 그 도로는 2시까지만 이용할 수 있다.

드디어 여행이 시작되고, 모든 것은 계획대로 순조롭게 진행된다. 페팅 동물원에 들러 멋진 동물들을 구경하고 계속해서 운전한 탓에 허기가 지기 시작한다. 이제 음식점에 들를 시간인데, 음식점에 도착해서야 최근에 이 음식점이 문을 닫았다는 것을 알게 된다. 부랴부랴 계획을 수정해서 인근에 마음에 드는 음식점을 찾아야 한다.

잠시 주위에 있는 음식점을 둘러본 후, 마음에 드는 음식점을 골라서 피자를 맛있게 먹는다. 다시 계획한 경로로 돌아와서 지름길로 이용하려던 도로에 도착하니 시간이 2시 20분이다. 도로는 닫혀 버렸고, 또다시 계획을 수정해야만 한다. 우회도로를 찾아보니 120km를 더 운전해야만 하고, 해변에 도착하기 전에 하룻밤을 묵어갈 숙소를 찾아야만 한다. 잠잘 곳을 찾고 새로운 경로를 계획한다. 시간이 더 걸린 탓에 도착지에서는 두 가지 활동에만 참여할 수 있다. 새로운 상황에 맞도록 다양한 선택지를 검색한 결과로 계획은 크게 조정되었지만, 해변으로 가는 도중에 멋진 모험을 하게 되었다.

이 예는 계획 수립에 검색을 어떻게 이용하는지, 바람직한 결과를 얻기 위한 계획 수립에 어떻게 영향을 미치는지를 보여준다. 환경이 변함에 따라 목표를 약간 변경할 수 있으며, 이에 따라 그러한 목표에 도달하기 위한 경로를 불가피하게 조정해야 한다(그림 2.2). 계획의 조정은 거의 예측할 수 없으며, 필요에 따라 조정해야 한다.

★　[옮긴이] 우리 안에 들어가 동물을 직접 만질 수 있는 동물원

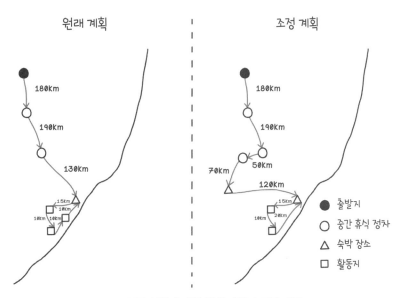

그림 2.2 도로 여행에 대한 원래 계획과 조정 계획

검색은 목표 달성을 위한 미래 상태 평가를 포함한다. 이는 목표에 도달할 때까지 상태의 최적 경로를 찾기 위한 목적하에 수행한다. 이번 장에서는 다양한 종류의 문제에 적용할 수 있는 검색의 다양한 접근 방식을 중점적으로 살펴본다. 검색은 문제 해결에 필요한 지능형 알고리즘을 개발하기 위한 오래되고 강력한 도구다.

계산 비용: 스마트한 알고리즘이 필요한 이유

프로그램을 작성할 때 함수는 연산으로 구성되며, 전통적인 컴퓨터의 동작 방식으로 인해 각각의 함수 수행에 필요한 처리 시간이 서로 다르다. 더 많은 계산이 필요할수록 함수를 처리하기 위한 비용이 커진다. **빅 오 표기법**Big O notation은 함수나 알고리즘의 복잡도를 설명하기 위해 사용하는데, 입력 크기가 커짐에 따라 필요한 연산 횟수를 모델링한다. 다음은 접근 표기법에 대한 몇 가지 예와 그것과 관련한 복잡도다.

- **Hello World를 화면에 출력하는 단일 연산** — 이 작업은 단일 연산이고, 계산 비용은 $O(1)$이다.
- **목록에 있는 항목들을 출력하는 함수** — 연산의 횟수는 목록 내의 항목 수에 따라 달라지고, 이때의 비용은 $O(n)$이다.
- **한 목록의 각 항목과 다른 목록의 각 항목을 비교하는 함수** — 이 연산의 비용은 $O(n^2)$이다.

그림 2.3은 알고리즘의 다양한 비용을 보여준다. 입력 크기(n)에 비례해서 연산 횟수도 늘어나는 알고리즘은 좋지 않고 최악의 경우 연산 횟수가 기하급수적으로 늘어난다. 따라서 입력 크기가 증가해도 연산 횟수가 제한적으로 늘어나거나 일정한 알고리즘이 좋다.

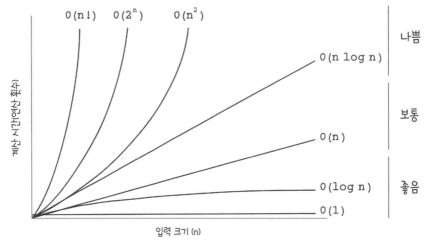

그림 2.3 빅 오 복잡도(Big O complexity)

알고리즘마다 계산 비용이 다르다는 것을 이해하는 것이 중요한데, 이는 계산 비용을 최소화하는 것이 문제를 빠르게 잘 해결하기 위한 지능형 알고리즘의 중요한 목적이기 때문이다. 이론적으로는 최적 솔루션을 찾을 때까지 모든 가능한 선택지를 무차별적으로 대입함으로써 거의 모든 문제를 해결할 수는 있다. 하지만 계산 시간이 몇 시간 심지어 몇 년이 걸릴 수 있기 때문에 현실적으로 실세계에서의 시나리오에 적용하기는 불가능하다.

검색 알고리즘을 적용할 수 있는 문제

일련의 의사 결정이 필요한 거의 모든 문제는 검색 알고리즘으로 해결할 수 있다. 문제와 검색 공간의 크기에 따라 이를 해결하기 위해 다양한 알고리즘을 사용할 수 있는데, 선택한 검색 알고리즘과 사용한 구성 조건에 따라 최적 솔루션 또는 가장 적합한 솔루션을 찾을 수 있다. 다시 말해, 좋은 솔루션을 찾을 수는 있지만 그것이 반드시 최적의 솔루션이라고 할 수는 없다. 여기서 '좋은 솔루션' 또는 '최적 솔루션'이라는 것은 당면한 문제를 해결하는 데 있어서의 솔루션 성능을 말하는 것이다.

검색 알고리즘을 유용하게 사용하는 대표적인 시나리오는 미로에서 목표 지점까지 가는 최단 경로를 찾는 것이다. 10블록 × 10블록의 영역으로 구성된 정사각형 미로가 있다고 가정해 보자

(그림 2.4). 미로에는 도달하려는 목표 지점이 있고 들어갈 수 없도록 막혀 있는 장벽이 있다. 목적은 동서남북으로 이동해서 가능한 한 가장 적은 단계로 장벽을 피해 가면서 목표 지점까지의 경로를 찾는 것이다. 단, 이 예에서 플레이어는 대각선으로 이동할 수는 없다.

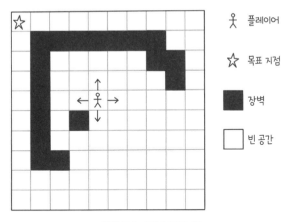

그림 2.4 미로 문제 예

어떻게 하면 장벽을 피해 가면서 목표 지점까지의 최단 경로를 찾을 수 있을까? 인간은 문제를 평가해 보고, 각 가능성을 시도해 보고 움직인 횟수를 계산할 수 있다. 미로의 크기가 상대적으로 작다면 몇 차례 시행착오를 통해서 최단 경로를 찾을 수도 있다.

그림 2.5는 예제 미로에서 목표 지점에 도달할 수 있는 몇 가지 경로를 보여준다. 이 중에 시도 ①은 목표 지점에 도달하지 못하는 경우다.

미로를 보고 다양한 방향에서 블록의 수를 세어 보면 문제에 대한 몇 가지 솔루션을 찾을 수 있다. 얼마나 많은 수의 솔루션이 있을지 미리 알 수는 없지만, 그림 2.5에서는 다섯 번의 시도 끝에 네 개의 성공적인 솔루션을 찾았다. 하지만 가능한 솔루션을 모두 직접 계산하려면 많은 노력이 필요하다.

- 시도 ①은 유효한 솔루션이 아니다. 4회 이동했지만 목표 지점을 찾지 못했다.
- 시도 ②는 17회 이동해서 목표 지점을 찾은 유효한 솔루션이다.
- 시도 ③은 23회 이동해서 목표 지점을 찾은 유효한 솔루션이다.
- 시도 ④는 17회 이동해서 목표 지점을 찾은 유효한 솔루션이다.
- 시도 ⑤는 15회 이동해서 목표 지점을 찾은 가장 효과적인 솔루션이다. 비록 이 시도가 최선이지만, 이는 우연히 찾은 것이다.

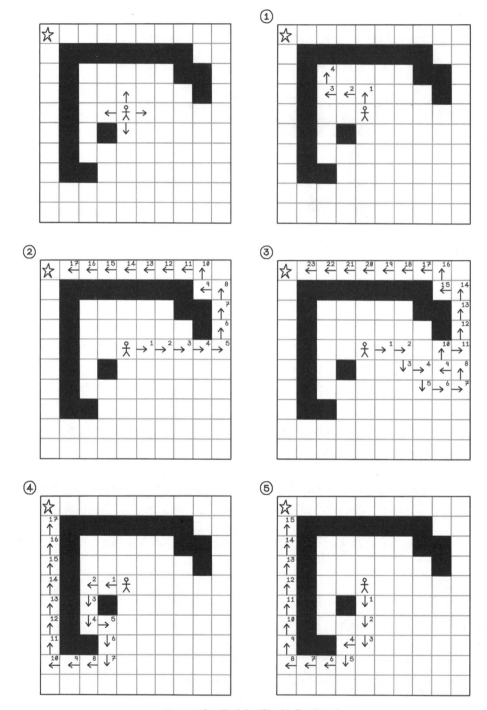

그림 2.5 미로 문제에 대한 가능한 경로 예

만약 미로가 그림 2.6에 보는 것과 같이 훨씬 크다면, 가능한 경로를 손으로 계산하는 데는 엄청난 시간이 필요할 것이다. 이런 경우에 검색 알고리즘이 도움이 된다.

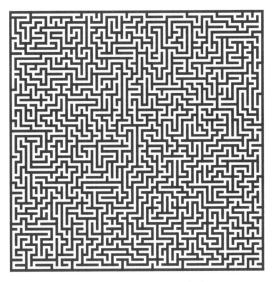

그림 2.6 복잡한 미로 문제 예

인간이 가진 능력은 문제를 시각적으로 인식하고, 그것을 이해해서 주어진 매개변수에 따른 솔루션을 찾는 것이다. 즉, 인간은 추상적인 방법으로 데이터와 정보를 이해하고 해석한다. 반면에 컴퓨터는 아직 인간처럼 자연스러운 형태의 일반화된 정보를 이해할 수 없다. 따라서 문제 공간을 계산에 적용할 수 있는 형태로 표현해야 검색 알고리즘으로 처리할 수 있다.

상태 표현: 문제 공간과 솔루션 표현을 위한 프레임워크 생성

컴퓨터가 이해할 수 있는 방식으로 데이터와 정보를 표현하려면 논리적으로 인코딩encoding(부호화)해야 한다. 비록 작업을 수행하는 사람이 데이터를 주관적으로 인코딩하더라도 이를 표현하는 간결하고 일관된 방법이 있어야 한다.

데이터와 정보의 차이를 명확히 해보자. **데이터**data는 가공되지 않은 어떤 사실인 반면, **정보**information는 특정 도메인에서 데이터에 대한 통찰력을 제공하는 해당 사실의 해석이다. 정보는 의미를 제공하기 위한 맥락context과 데이터의 처리processing가 필요하다. 예를 들어, 미로의 예에서 개별 거리는 데이터이고, 총 이동 거리의 합은 정보가 된다. 관점, 세부 수준, 원하는 결과에 따라 어떤 것을 데이터나 정보로 분류하는 것은 상황, 사람, 같이 일하는 팀의 영향을 받는다(그림 2.7).

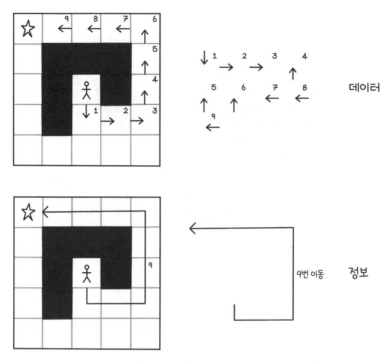

그림 2.7 데이터와 정보의 비교

자료구조data structure는 알고리즘이 효율적으로 처리할 수 있도록 데이터를 표현하는 데 사용하는 컴퓨터 과학 분야의 개념이다. 자료구조는 추상화된 데이터 유형이며, 특정한 방식으로 구조화된 데이터와 연산으로 구성된다. 어떤 자료구조를 사용할지는 문제의 맥락과 원하는 목표에 따라 달라진다.

자료구조의 한 예로 **배열**array이 있는데, 이는 단순히 데이터를 모아 놓은 것이다. 배열은 유형마다 속성이 다르므로 용도에 따라 효율적으로 사용할 수 있다.* 참고로, 사용하는 프로그래밍 언어에 따라 배열의 값이 서로 다른 유형일 수도 있고, 동일한 유형이어야 하거나 중복 값을 허용하지 않을 수도 있다.** 이러한 다양한 유형의 배열은 일반적으로 다른 이름을 갖는다. 또한, 이처럼 다양한 자료구조의 특징과 제약조건은 알고리즘을 좀 더 효율적으로 계산할 수 있도록 해준다 (그림 2.8).

---

* (옮긴이) 배열의 자료형에 따라 숫자 배열, 문자 배열 등이 있음

** (옮긴이) 일반적으로 프로그래밍 언어에서 배열은 동일한 데이터 타입의 원소들로 구성되지만, 파이썬에서는 각 원소의 데이터 타입이 동일하지 않아도 되고 심지어 다른 배열을 원소로 갖는 것도 허용됨

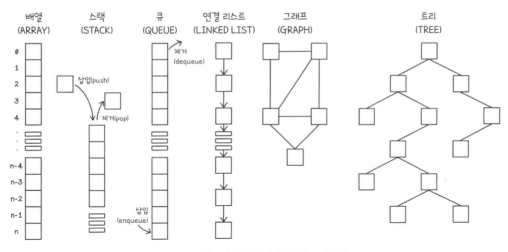

그림 2.8 알고리즘 구현에 사용하는 자료구조

또 다른 자료구조도 계획과 검색에 유용한데, 특히 트리와 그래프는 검색 알고리즘에 적합한 방식으로 데이터를 표현하는 데 최적이다.

그래프: 검색 문제와 솔루션 표현

그래프graph는 연결 관계를 갖는 몇몇 상태를 포함하는 자료구조다. 그래프의 각 상태는 **노드**node(때로는 **정점**vertex)라고 하고, 두 상태 간 연결은 **에지**edge(간선)라고 한다. 그래프는 수학의 그래프 이론에서 파생했는데, 객체 간 관계를 모델링하는 데 사용한다. 그래프는 강력한 논리적인 특성이 있을 뿐만 아니라 시각적으로 쉽게 표현할 수 있어서 사람이 이해하기 쉬운 유용한 자료구조이고, 이로 인해 다양한 알고리즘을 적용하고 처리하기에 이상적이다(그림 2.9).

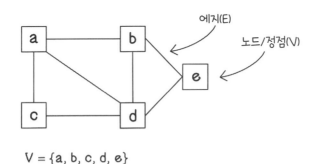

V = {a, b, c, d, e}

E = {ab, ac, ad, bd, be, cd, de}

그림 2.9 그래프 표기법

그림 2.10은 이번 장의 첫 번째 절에서 논의한 해변 여행 그래프다. 그래프상 노드는 각 경유지, 노드 간 에지는 여행한 지점을 나타낸다. 각 에지의 가중치는 여행한 거리를 나타낸다.

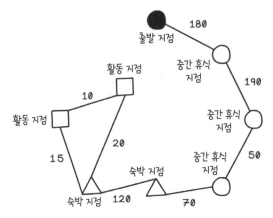

그림 2.10 그래프로 표현한 도로 여행 예

그래프의 자료구조 표현

알고리즘을 효율적으로 처리하기 위해서 그래프를 다양한 방법으로 표현할 수 있다. 그림 2.11에서 볼 수 있듯이, 그래프를 노드 간 관계를 나타내는 배열의 배열로 나타낼 수 있다. 단순히 그래프의 모든 노드를 나열하는 다른 배열을 사용해서 그래프 노드 간 관계로부터 별개의 노드를 유추할 필요가 없도록 하는 것이 때로는 유용하다.

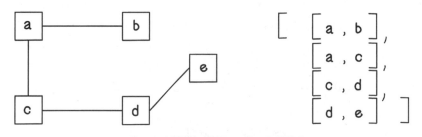

그림 2.11 배열의 배열로 그래프 표현하기

그래프를 다른 방식으로 표현하는 방법으로는 근접 행렬incidence matrix, 인접 행렬adjacency matrix, 인접 리스트adjacency list가 있다. 이러한 표현의 이름에서 알 수 있듯이, 그래프에서는 노드의 인접성이 중요하다. **인접 노드**adjacent node는 다른 노드에 직접 연결된 노드다.

에지 배열을 사용해서 다음의 그래프를 어떻게 표현할 수 있을까?

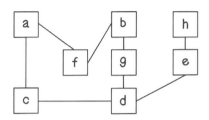

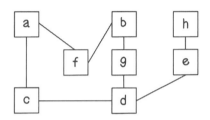

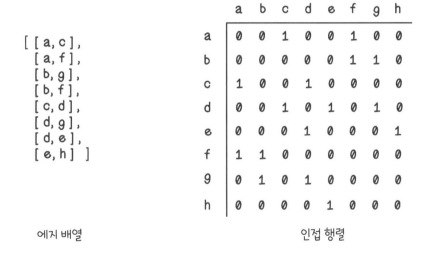

```
[ [ a,c ],
  [ a,f ],
  [ b,g ],
  [ b,f ],
  [ c,d ],
  [ d,g ],
  [ d,e ],
  [ e,h ] ]
```

	a	b	c	d	e	f	g	h
a	0	0	1	0	0	1	0	0
b	0	0	0	0	0	1	1	0
c	1	0	0	1	0	0	0	0
d	0	0	1	0	1	0	1	0
e	0	0	0	1	0	0	0	1
f	1	1	0	0	0	0	0	0
g	0	1	0	1	0	0	0	0
h	0	0	0	0	1	0	0	0

에지 배열   인접 행렬

트리: 검색 솔루션 표현에 적합한 자료구조

트리tree는 값이나 객체의 계층 구조를 나타내는 데 많이 사용하는 자료구조다. **계층**hierarchy은 하나의 객체와 그와 관련한 몇몇 객체를 그 객체 아래에 위치하도록 배치하는 것이다. 트리는 연결된

비순환 그래프connected acyclic graph인데, 모든 노드는 다른 노드와 연결된 에지를 가지며 사이클이 존재하지 않는다.

트리에서 특정 지점에 표시된 값 또는 객체를 **노드**node라고 한다. 트리는 하나의 루트 노드와 그 밑에 자식 노드를 갖는데, 보통 자식 노드는 서브 트리를 가질 수 있다. 이제 잠시 심호흡을 하고 몇 가지 용어를 살펴보자. 우선 두 노드가 연결되어 있을 때 루트 노드를 **부모**parent라고 하고, 이런 방식으로 생각을 확장해 나가면, 자식 노드는 서브 트리를 포함하는 자식 노드를 가질 수 있고, 각 자식 노드는 하나의 부모 노드를 가질 수 있다.

가족 구성원의 관계를 나타내는 용어를 트리에 많이 사용하는데, 이런 유사성을 염두에 두고 보면 트리 자료구조의 개념을 이해하는 데 도움이 된다. 그림 2.12에 보면, 트리에는 **전체 높이**total height와 **깊이**depth라고 하는 특정 노드의 레벨이 있는데, 높이와 깊이는 루트 노드에서 0부터 인덱싱indexing(색인화)한다.

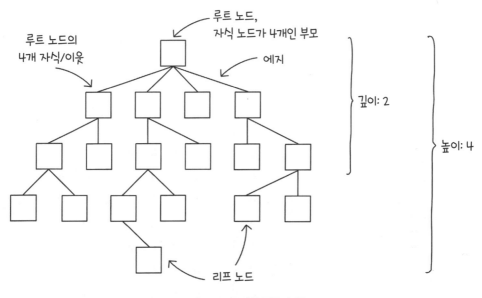

그림 2.12 트리의 주요 속성

트리의 최상위 노드를 **루트 노드**root node라고 하고, 하나 이상의 다른 노드에 직접 연결되어 있는 노드를 **부모 노드**parent node라고 한다. 부모 노드에 연결되어 있는 노드는 **자식 노드**child node 또는 **이웃**neighbor이라고 한다. 같은 부모 노드를 갖는 노드를 **형제**sibling라고 한다. 두 노드 간 연결을 에지(간선)라고 한다.

경로path는 직접 연결되어 있지 않은 노드를 연결하는 일련의 노드와 에지를 말한다. 루트 노드로부터 경로를 따라 연결된 노드를 **후손**descent이라고 하고, 루트 노드를 향한 경로를 따라 연결된 노드를 **조상**ancestor이라고 한다. 자식이 없는 노드를 **리프 노드**leaf node라고 한다. **차수**degree는 하나의 노드가 가진 자식의 수인데, 리프 노드의 차수는 0이다.

그림 2.13은 미로 문제의 출발점에서 목표 지점까지의 경로를 나타낸다. 이 경로에는 9개의 노드가 있는데, 이는 미로에서 목표 지점까지 가기 위한 9번의 이동을 나타낸다.

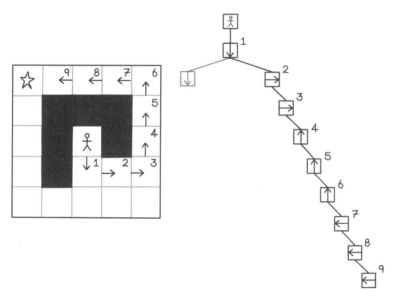

그림 2.13 트리로 표현한 미로 문제 솔루션

트리는 다음에 살펴볼 검색 알고리즘의 기본 데이터 구조다. 참고로, 정렬 알고리즘 또한 특정 문제를 해결하거나 솔루션을 좀 더 효과적으로 계산하는 데 유용하다. 검색 알고리즘에 대해 좀 더 알고 싶다면 《Hello Coding 그림으로 개념을 이해하는 알고리즘》(한빛미디어)을 참고하라.

정보 없는 검색: 맹목적으로 솔루션 찾기

정보 없는 검색uninformed search은 **가이드 없는 검색**unguided search, **맹목적 검색**blind search, **무차별 대입 검색**brute-force search이라고도 한다. 정보 없는 검색 알고리즘은 일반적으로 트리로 표현하는데, 이때 문제 도메인domain(영역)에 대한 추가적인 정보가 없다.

배우고 싶은 것을 탐험하는 경우를 생각해 보자. 어떤 사람은 먼저 다양한 주제의 넓은 범위를 살펴보고 그 후에 각각의 기본 사항을 배우는 반면, 다른 사람은 우선 하나의 좁은 주제를 선택하고 그 하위 주제를 심도 있게 탐험한다. 이것은 각각 너비 우선 탐색breadth-first search, BFS, 깊이 우선 탐색depth-first search, DFS과 관련된다. **너비 우선 탐색**breadth-first search은 특정 깊이에서 모든 선택 가능한 탐색을 한 후에 트리의 더 깊은 선택지를 탐색한다. 반면, **깊이 우선 탐색**depth-first search은 출발점으로부터 특정 경로의 가장 깊은 지점에 있는 목표를 찾을 때까지 탐색한다.

그림 2.14의 미로 시나리오를 고려해 보자. 목표 지점에 도달하기 위한 최적 경로를 찾기 위해서 다음과 같은 간단한 제약 조건 – **플레이어는 이전에 방문했던 블록으로 이동할 수 없음** – 을 가정한다. 이로써 플레이어가 무한 루프에 갇히는 것을 방지할 수 있는데, 트리 관점에서 보면 순환cycle을 방지하는 것과 같다. 정보가 주어지지 않는 알고리즘은 모든 노드에서 가능한 모든 선택지를 시도하기 때문에 순환이 만들어지면 알고리즘이 무한 루프에 빠져서 문제 해결에 실패한다.

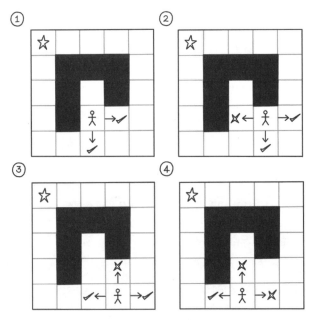

그림 2.14 미로 문제에 대한 제약 조건

이 제약은 시나리오에서 목표 지점까지의 경로에 있는 순환을 방지해 준다. 그러나 제약이나 규칙이 다른 미로에서 최적 솔루션을 찾기 위해서 이전에 방문한 블록으로 한 번 이상 이동해야 한다면 이런 제약이 문제를 야기한다.

그림 2.15는 사용 가능한 다양한 선택지를 강조하기 위해 트리의 모든 가능한 경로를 표현한다. 이전에 방문한 곳으로는 이동하지 않는다는 제약조건하에서 이 트리에는 목표 지점까지 가는 7개의 경로가 있고, 그중 하나의 경로는 잘못된 솔루션이다. 모든 가능성을 표현하는 것은 이처럼 작은 미로에서나 가능함을 이해하는 것이 중요하다. 왜냐하면 가능성 있는 모든 경우의 트리를 미

리 생성하는 것은 계산 비용이 많이 들고 비효율적이기 때문이다. 전체 범위 검색을 위한 알고리즘에서는 이런 트리를 반복해서 검색하거나 생성한다.

방문visiting이라는 용어를 서로 다른 것을 나타내는 데 사용한다는 점도 유념한다. 즉, 플레이어는 미로의 블록을 '방문'하고, 알고리즘 또한 트리의 노드를 '방문'한다. 선택의 순서는 트리에서 방문하는 노드의 순서에 영향을 미친다. 미로의 예에서 이동의 우선순위는 북쪽, 남쪽, 동쪽, 서쪽이다.

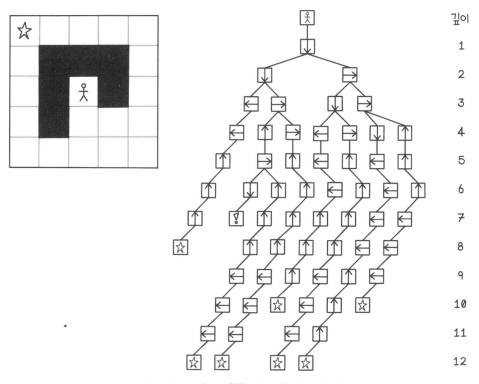

그림 2.15 트리로 표현한 모든 이동 가능 선택지

트리의 의미와 미로 예를 이해했으므로 검색 알고리즘이 어떻게 목표 지점에 도달하는 경로를 찾는 트리를 생성할 수 있는지를 알아보자.

너비 우선 탐색: 깊게 보기 전에 넓게 보기

너비 우선 탐색breadth-first search은 트리를 이동하거나 생성하는 데 사용하는 알고리즘이다. 이 알고리즘은 **루트**root라고 하는 특정 노드에서 시작해서 다음 깊이의 노드를 탐색하기 전에 먼저 해당 깊이에 있는 모든 노드를 탐색한다. 기본적으로 **목표**_{goal} 리프 노드를 찾을 때까지 다음 깊이에 있는 자식 노드를 방문하기 전에 특정 깊이에 있는 노드의 모든 자식 노드를 먼저 방문한다.

너비 우선 탐색 알고리즘은 선입선출_{first-in first out, FIFO} 방식의 큐_{queue}를 사용하여 가장 효율적으로 구현할 수 있다. 즉, 현재 깊이에 있는 노드를 먼저 처리하고 자식 노드는 나중에 처리하기 위해 큐의 대기열에 저장해 놓는, 이러한 처리 순서는 너비 우선 탐색 알고리즘을 구현할 때 필요한 처리 순서와 정확히 일치한다.

그림 2.16은 너비 우선 탐색 알고리즘의 각 단계를 설명하는 순서도다.

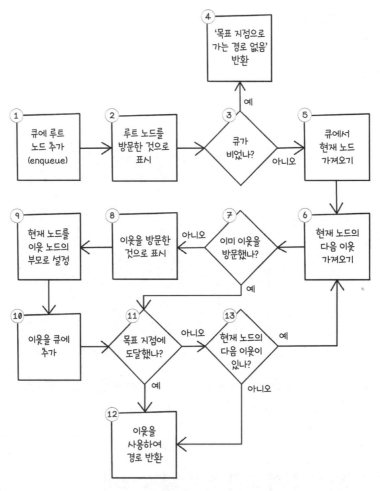

그림 2.16 너비 우선 탐색 알고리즘 흐름도

다음은 너비 우선 탐색 과정의 각 단계에 대한 몇 가지 참고 사항 및 추가 설명이다.

① **큐에 루트 노드 추가** 너비 우선 탐색 알고리즘은 큐queue를 이용하여 가장 효율적으로 구현할 수 있다. 큐에 추가한 순서대로 객체를 처리하는 이 과정은 선입선출 방식으로 알려져 있다. 첫 단계는 루트 노드를 큐에 추가하는 것인데, 이 노드는 지도에서 플레이어의 출발점을 나타낸다.

② **루트 노드를 방문한 것으로 표시** 루트 노드를 처리하기 위해 큐에 추가하고, 루트 노드를 재방문하는 것을 방지하기 위해 방문한 것으로 표시해 놓는다.

③ **큐가 비었나?** 만약 큐가 비어 있고(반복 처리를 통해 모든 노드를 처리한 후에) 단계 12에서 경로가 반환되지 않았으면, 목표 지점에 도달하기 위한 경로가 없는 것이다. 만약 큐에 노드가 남아 있다면, 알고리즘은 목표 지점을 찾기 위한 검색을 계속해 나간다.

④ **'목표 지점으로 가는 경로 없음' 반환** 목표 지점에 대한 경로가 없는 경우는 이 메시지를 남기고 알고리즘을 종료한다.

⑤ **큐에서 현재 노드 가져오기** 큐에서 다음 객체를 가져와서 현재 관심 노드로 설정한 후 다음 가능성을 탐색한다. 참고로, 알고리즘을 시작할 때의 현재 노드는 루트 노드다.

⑥ **현재 노드의 다음 이웃 가져오기** 이 단계는 미로를 참조하여 북쪽, 남쪽, 동쪽, 서쪽으로 이동 가능한지를 확인하고 미로의 현 위치로부터 움직일 수 있는 다음 위치를 가져온다.

⑦ **이미 이웃을 방문했나?** 현재 이웃을 방문하지 않은 경우, 이 노드는 아직 탐색하지 않은 것이므로 지금 처리할 수 있다.

⑧ **이웃을 방문한 것으로 표시** 이 단계는 이웃을 방문했다는 것을 표시하는 것이다.

⑨ **현재 노드를 이웃 노드의 부모로 설정** 원본 노드를 현재 이웃의 부모로 설정한다. 이 단계는 현재 이웃으로부터 루트 노드로의 경로를 추적하는 데 중요하다. 지도 관점에서 원점은 플레이어가 이동을 시작한 지점이고, 현재 이웃은 플레이어가 이동한 지점이다.

⑩ **이웃을 큐에 추가** 이웃은 나중에 탐색할 자식 노드이므로 큐에 추가한다. 이러한 큐 처리 방법을 통해 각 깊이의 노드를 해당 순서로 처리할 수 있다.

⑪ **목표 지점에 도달했나?** 이 단계는 현재 이웃이 알고리즘이 검색하는 목표 지점을 포함하고 있는지를 확인한다.

⑫ **이웃을 사용하여 경로 반환** 이웃의 부모를 반복해서 참조하여 목표 지점으로부터 루트까지의 경로를 반환한다. 참고로, 루트 노드는 부모가 없는 노드다.

⑬ **현재 노드의 다음 이웃이 있나?** 미로의 현재 노드에서 이동할 수 있으면 단계 6으로 가서 해당 방향으로 이동한다.

이제 간단한 트리를 통해서 앞에서 설명한 내용을 살펴본다. 트리를 탐색하면서 노드를 선입선출 방식의 큐에 추가하면, 큐를 활용하여 원하는 순서대로 노드를 처리할 수 있다(그림 2.17, 2.18).

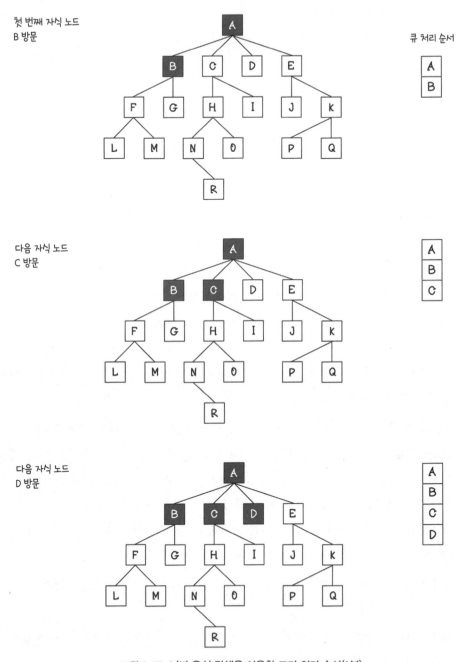

그림 2.17 너비 우선 탐색을 이용한 트리 처리 순서(1부)

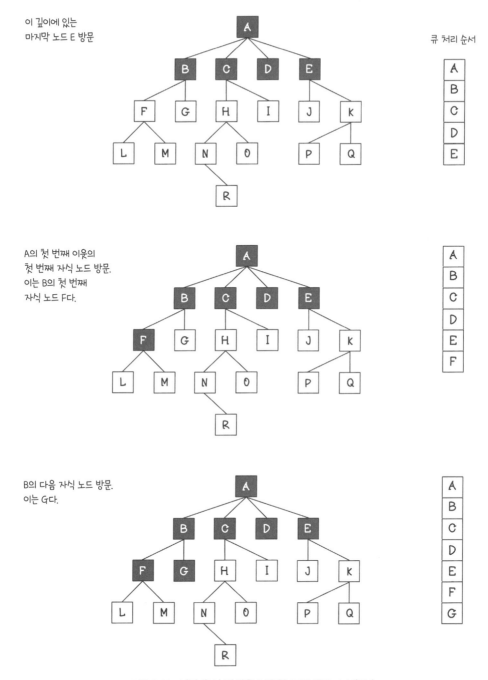

이 깊이에 있는
마지막 노드 E 방문

큐 처리 순서

A의 첫 번째 이웃의
첫 번째 자식 노드 방문.
이는 B의 첫 번째
자식 노드 F다.

B의 다음 자식 노드 방문.
이는 G다.

그림 2.18 너비 우선 탐색을 이용한 트리 처리 순서(2부)

다음 트리에 대한 너비 우선 탐색을 사용한 방문 순서는 무엇인가?

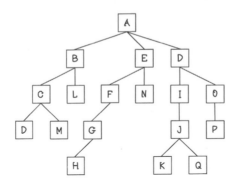

해법: 솔루션을 구하기 위한 경로 결정

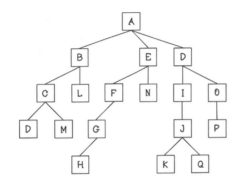

너비 우선 탐색 순서:
A, B, E, D, C, L, F, N, I, O, D, M, G, J, P, H, K, Q

미로 예에서 알고리즘은 미로에서 플레이어의 현재 위치를 파악하고, 선택 가능한 모든 이동 방향에 대해서 평가하고, 목표 지점에 도달할 때까지 선택한 각각의 이동에 대해서 이 논리를 반복해야 한다. 이렇게 함으로써 알고리즘은 목표 지점에 도달하는 하나의 경로가 있는 트리를 생성한다.

트리에서는 노드를 방문하는 과정을 통해 노드를 생성하고, 이를 통해 관련 노드를 찾는다.

목표 지점까지의 경로$_{path}$는 목표 지점에 도달하기 위한 일련의 이동으로 구성된다. 경로에서 이동 횟수는 해당 경로에 대해서 목표 지점에 도달하기 위한 거리로, **비용**$_{cost}$이라고도 한다. 이동 횟수는 경로에서 방문한 노드의 개수와 같은데, 이는 루트 노드로부터 목표 지점을 포함하는 리프 노드까지에 해당한다. 알고리즘은 목표 지점을 찾을 때까지 트리 깊이를 따라 아래 방향으로 이동한 후에 목표 지점에 도착한 첫 번째 경로를 솔루션으로 반환한다. 목표 지점에 도달하기 위한 더 최적의 경로가 있을 수 있지만, 너비 우선 탐색에는 추가적인 정보가 없기 때문에 해당 최적 경로를 찾는 것을 보장할 수는 없다.

그림 2.19는 미로에서의 이동을 이용해서 트리를 생성하는 것을 보여준다. 너비 우선 탐색을 이용해서 트리를 생성하기 때문에 각 깊이에 있는 노드를 모두 생성한 다음에 다음 깊이로 넘어간다 (그림 2.20).

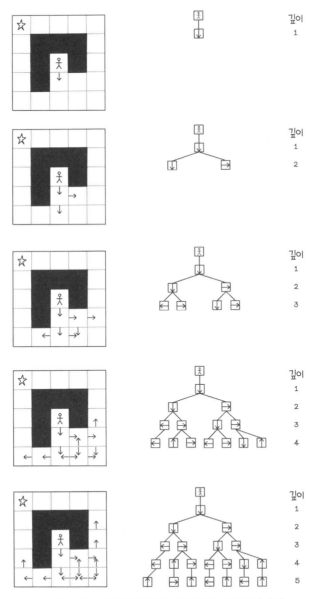

그림 2.19 너비 우선 탐색을 통한 미로 이동 트리 생성

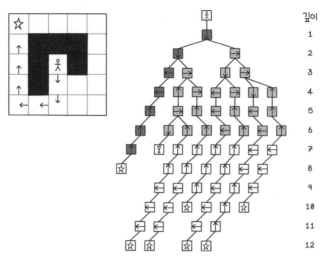

그림 2.20 너비 우선 탐색 후 전체 트리에서 방문한 노드

의사코드*

앞에서 언급했듯이, 너비 우선 탐색 알고리즘은 큐를 사용하여 한 번에 한 깊이씩 트리를 생성한다. 순환 루프에 갇히는 것을 방지하기 위해 방문한 노드를 저장하는 구조를 갖는 것이 매우 중요하다. 그리고 미로에서 출발점으로부터 목표 지점까지의 경로를 결정하기 위해 각 노드의 부모를 설정해야 한다.

```
run_bfs(maze, current_point, visited_points):
  let q equal a new queue
  push current_point to q
  mark current_point as visited
  while q is not empty:
    pop q and let current_point equal the returned point
    add available cells north, east, south, and west to a list neighbors
    for each neighbor in neighbors:
      if neighbor is not visited:
        set neighbor parent as current_point
        mark neighbor as visited
        push neighbor to q
        if value at neighbor is the goal:
          return path using neighbor
  return "No path to goal"
```

★ [옮긴이] 해당 코드는 다음의 주소에서 다운로드할 수 있음. http://mng.bz/Vgr0

깊이 우선 탐색: 넓게 보기 전에 깊게 보기

깊이 우선 탐색depth-first search은 트리를 이동하거나 트리의 노드와 경로를 생성하는 데 사용하는 또 다른 알고리즘이다. 이 알고리즘은 특정 노드에서 시작하여 첫 번째 자식 노드에 연결된 경로를 검색하고, 또다시 그 노드의 첫 번째 자식 노드의 경로를 검색하는 방식으로 첫 번째 자식 노드로부터 가장 먼 리프 노드에 도달할 때까지 반복해서 검색을 수행한다. 리프 노드까지 도달한 다음에는 이미 방문한 리프 노드의 부모 노드를 역추적backtracking해서 방문하지 않은 다른 자식 노드가 있으면 그 노드에 대해서 같은 방식으로 리프 노드에 도달하는 경로를 다시 검색한다. 그림 2.21은 깊이 우선 탐색 알고리즘의 일반적인 흐름을 보여준다.

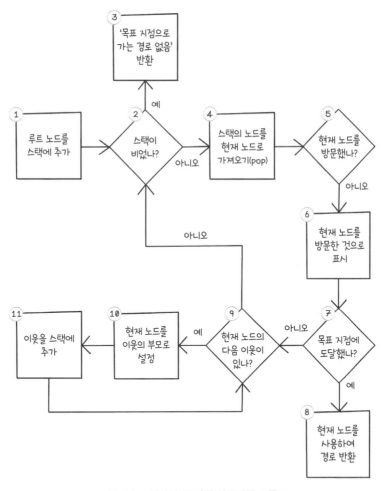

그림 2.21 깊이 우선 탐색 알고리즘 흐름도

깊이 우선 탐색 알고리즘의 흐름을 단계별로 살펴본다.

① **루트 노드를 스택에 추가**　깊이 우선 탐색 알고리즘은 마지막에 추가한 객체를 먼저 처리하는 스택stack을 이용하여 구현할 수 있다. 이 과정을 후입선출last in first out, LIFO 방식이라고 한다. 첫 단계는 루트 노드를 스택에 추가하는 것이다.

② **스택이 비었나?**　스택이 비어 있고 알고리즘의 단계 8에서 반환한 경로가 없으면 목표 지점에 도달하기 위한 경로가 없다.

③ **'목표 지점으로 가는 경로 없음' 반환**　목표 지점에 대한 경로가 없으면 이것이 알고리즘이 반환하고 종료할 수 있는 유일한 방법이다.

④ **스택의 노드를 현재 노드로 가져오기**　스택에서 다음 객체를 가져와서 현재 관심 노드로 설정하고 객체의 가능성을 탐색한다.

⑤ **현재 노드를 방문했나?**　현재 노드를 방문한 적이 없으면 아직 탐색하지 않은 것이므로 지금 처리할 수 있다.

⑥ **현재 노드를 방문한 것으로 표시**　이 단계는 불필요한 반복 처리를 방지하기 위해 이 노드를 방문했다는 것을 표시해 놓는 것이다.

⑦ **목표 지점에 도달했나?**　이 단계는 현재 이웃이 알고리즘이 검색하는 목표 지점을 포함하고 있는지를 확인한다.

⑧ **현재 노드를 사용하여 경로 반환**　현재 노드의 부모, 그 부모 노드의 부모를 반복해서 참조하여 목표 지점으로부터 루트까지의 경로를 반환한다. 참고로, 루트 노드는 부모가 없는 노드다.

⑨ **현재 노드의 다음 이웃이 있나?**　미로의 현재 노드에서 더 이동할 수 있을 때는 각각의 이동에 해당하는 노드를 스택에 추가하여 처리한다. 그렇지 않으면 알고리즘은 단계 2로 이동하여 스택이 비어 있지 않으면 스택에 있는 다음 객체를 처리한다. 후입선출 방식의 스택 특성으로 알고리즘은 루트 노드의 다른 자식을 방문하기 위해 역추적하기 전에 모든 노드를 리프 노드 깊이까지 처리한다.

⑩ **현재 노드를 이웃의 부모로 설정**　원본 노드를 현재 이웃의 부모로 설정한다. 이 단계는 현재 이웃으로부터 루트 노드까지 경로를 추적하는 데 중요하다. 지도에서 원점은 플레이어가 이동을 시작한 지점이고, 현재 이웃은 플레이어가 이동한 지점이다.

⑪ **이웃을 스택에 추가**　나중에 자식 노드를 탐색하기 위해 이웃을 스택에 추가한다. 이런 스택 처리 방법을 통해 얕은 깊이에 있는 이웃을 처리하기 전에 최대 깊이에 있는 노드까지 처리할 수 있다.

그림 2.22와 2.23은 후입선출 방식의 스택을 이용하여 깊이 우선 탐색에서 필요한 순서로 노드를 방문하는 방법을 보여준다. 방문한 노드의 깊이가 깊어짐에 따라 노드를 스택에 추가_{push}하고 제 거_{pop}하는 것을 볼 수 있다. **푸시**_{push}라는 용어는 객체를 스택에 추가하는 것을 말하고, **팝**_{pop}이라 는 용어는 스택에서 최상위 객체를 제거하는 것을 말한다.

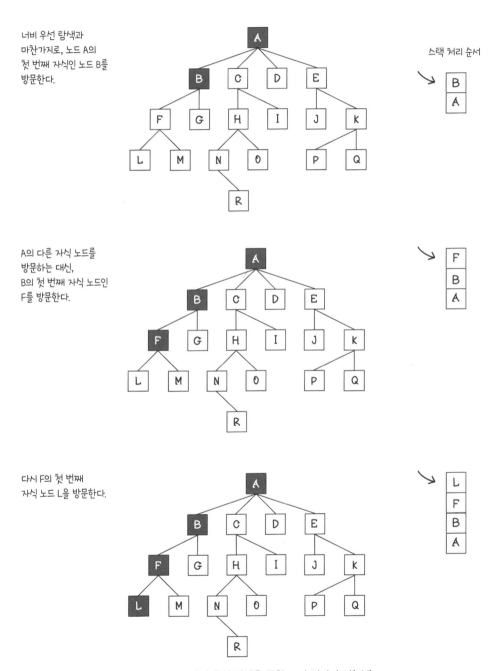

그림 2.22 깊이 우선 탐색을 통한 트리 처리 순서(1부)

L은 자식이 없는
리프 노드이므로 알고리즘은
F의 다음 자식 노드인 M을
방문하기 위해 역추적한다.

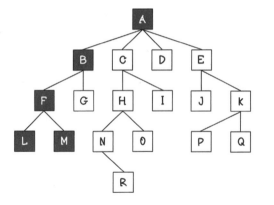

스택 처리 순서

M은 리프 노드이기 때문에
알고리즘은 B의 다음 자식
노드를 방문하기 위해
역추적한다. F의 자식 노드는
모두 방문했기 때문에
자식 노드는 G가 된다.

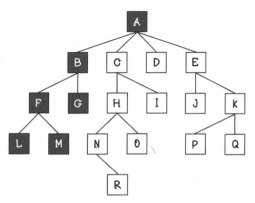

마지막으로, B의 자식 노드를
모두 방문했으므로
알고리즘은 A의 다음 자식
노드인 C까지 역추적한다.

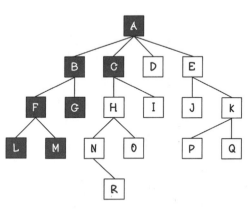

그림 2.23 깊이 우선 탐색을 통한 트리 처리 순서(2부)

다음 트리에 대한 깊이 우선 탐색을 사용한 방문 순서는 무엇인가?

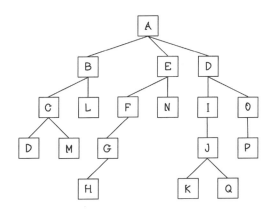

해법: 솔루션을 구하기 위한 경로 결정

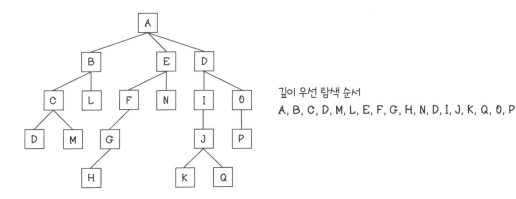

깊이 우선 탐색 순서
A, B, C, D, M, L, E, F, G, H, N, D, I, J, K, Q, O, P

깊이 우선 탐색을 할 때는 자식 노드의 순서가 상당히 중요하다. 알고리즘이 역추적 전에 리프 노드를 찾을 때까지 첫 번째 자식 노드를 탐색하기 때문이다.

미로 예에서 이동 순서(북, 남, 동, 서)는 알고리즘이 찾은 목표 지점에 대한 경로에 영향을 미친다. 따라서 순서가 바뀌면 솔루션도 달라진다. 그림 2.24와 2.25에 표시된 갈림길은 중요하지 않다. 중요한 것은 미로 예에서 선택한 이동의 순서다.

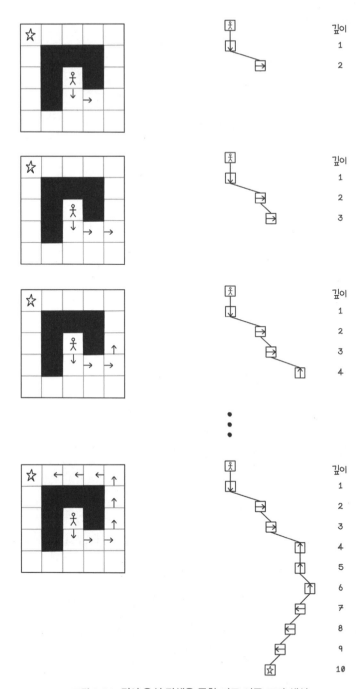

그림 2.24 깊이 우선 탐색을 통한 미로 이동 트리 생성

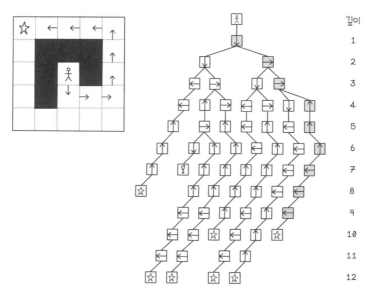

그림 2.25 깊이 우선 탐색 후 전체 트리에서 방문한 노드

깊이 우선 탐색 알고리즘은 재귀함수로 구현할 수도 있지만, 노드를 방문하고 처리하는 순서를 좀 더 잘 표현하기 위해 스택 구현을 살펴본다. 같은 노드를 불필요하게 방문하여 순환 루프를 만들지 않도록 방문한 지점을 기록해 두는 것이 중요하다.

```
run_dfs(maze, root_point, visited_points):
  let s equal a new stack
  add root_point to s
  while s is not empty:
    pop s and let current_point equal the returned point
    if current_point is not visited:
      mark current_point as visited
      if value at current_node is the goal:
        return path using current_point
      else:
        add available cells north, east, south, and west to a list neighbors
        for each neighbor in neighbors:
          set neighbor parent as current_point
          push neighbor to s
  return "No path to goal"
```

정보 없는 검색 알고리즘 사용 사례

정보 없는 검색 알고리즘은 다음과 같은 여러 사용 사례에서 유용하다.

- **네트워크에서 노드 간 경로 찾기** — 두 컴퓨터가 네트워크를 통해 통신할 때 많은 컴퓨터와 장치를 통해서 연결된다. 검색 알고리즘을 이용하여 두 장치 간 해당 네트워크 경로를 설정할 수 있다.
- **웹 페이지 크롤링** — 웹 검색을 통해 인터넷상 방대한 수의 웹 페이지에서 정보를 찾는다. 이러한 웹 페이지의 인덱스index(색인)를 생성하기 위해 일반적으로 크롤러는 각 페이지의 정보를 읽고 해당 페이지에 있는 링크로 이동하는 과정을 반복해서 수행한다. 검색 알고리즘은 크롤러, 메타 데이터 구조, 콘텐츠 간 관계를 생성하는 데 유용하다.
- **소셜 네트워크 연결 찾기** — 소셜 미디어 애플리케이션은 많은 사람과 그들의 관계를 알고 있다. 예를 들어, 밥Bob과 앨리스Alice는 친구이지만 존John과는 직접적인 친구는 아니다. 그래서 밥과 존은 앨리스를 통해 간접적으로 연결된다. 밥과 존이 앨리스와의 상호 우정을 통해 서로 알 수 있기 때문에 소셜 미디어 애플리케이션은 밥과 존에게 서로를 친구 추천할 수 있다.

선택 사항: 그래프 유형에 대한 추가 정보*

그래프는 많은 컴퓨터 과학과 수학 문제에 유용하며, 다양한 유형의 그래프의 특성으로 인해 서로 다른 원리와 알고리즘을 특정한 유형의 그래프에 적용할 수 있다. 그래프는 전체 구조, 노드 수, 에지 수, 노드 간 상호 연결에 따라 분류한다.

이러한 그래프의 유형은 일반적이고 검색 및 다른 인공지능 알고리즘에서 참조하기 때문에 알아두면 좋다.

- **무향 그래프**undirected graph — 에지edge에 방향이 없고, 두 노드 간 관계는 상호적이다. 도시 간 도로처럼 양방향으로 주행하는 도로와 같다.
- **유향 그래프**directed graph — 에지에 방향이 있고, 두 노드 간 관계는 명시적이다. 부모의 자식을 나타내는 그래프에서와 같이 자식은 부모의 부모가 될 수 없다.
- **연결이 끊긴 그래프**disconnected graph — 하나 이상의 노드가 에지로 연결되어 있지 않다. 대륙 간 물리적 연결을 나타내는 그래프에서와 같이 일부 노드가 연결되어 있지 않다. 대륙과 마찬가지로 일부는 육지로 연결되고 다른 일부는 바다로 분리된 것과 같다.

★ [옮긴이] 이 책에서 지금 당장 필요는 없지만 알아두면 좋음

- **비순환 그래프**acyclic graph — 순환cycle이 없는 그래프다. 시간과 마찬가지로 그래프는 과거의 어느 지점으로도 되돌아가지 않는다.
- **완전 그래프**complete graph — 모든 노드는 에지를 통해 다른 모든 노드와 연결된다. 소규모 팀의 의사소통 방식과 마찬가지로 모든 사람이 다른 사람과 협력하기 위해 대화하는 것과 같다.
- **완전 이분 그래프**complete bipartite graph — **정점 파티션**vertex partition은 정점을 그룹으로 나눠 놓은 것이다. 주어진 정점 파티션에 대해서, 한 파티션의 모든 노드는 다른 파티션의 모든 노드와 에지로 연결된다. 치즈 시식 행사에서처럼 일반적으로 모든 사람이 모든 종류의 치즈를 맛보는 것과 같다.
- **가중 그래프**weighted graph — 노드 간 에지에 가중치가 있는 그래프다. 도시 간 거리처럼 일부 도시는 다른 도시보다 먼데, 이 경우 더 먼 도시와의 연결에 더 큰 가중치를 할당한다.

문제를 가장 잘 표현하고 알고리즘을 효율적으로 처리하려면 다양한 유형의 그래프를 이해해 두는 것이 좋다(그림 2.26). 이러한 유형의 그래프 중 일부는 이 책의 다음 장인 6장 '개미 군집 최적화'와 8장 '신경망'에서 논의한다.

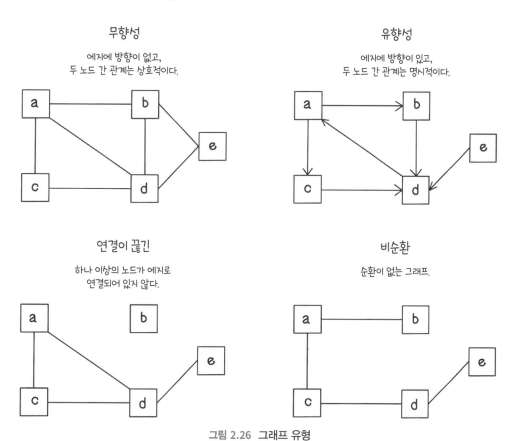

그림 2.26 그래프 유형

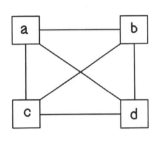

완전한

모든 노드는 에지를 통해
다른 모든 노드와 연결된다.

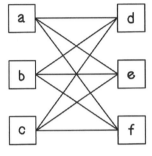

완전 이분의

한 파티션의 모든 노드는
다른 파티션의 모든 노드와
연결된다.

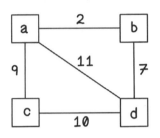

가중치가 있는

노드 간 에지에
가중치가 있는 그래프.

그림 2.26 그래프 유형(계속)

선택 사항: 다양한 그래프 표현 방법

상황과 사용하는 프로그래밍 언어 및 도구에 따라 다른 그래프 표현이 처리하기에 더 효율적이거나 더 작업하기 쉽다.

근접 행렬

근접 행렬incidence matrix은 높이가 그래프의 노드 개수이고 너비가 에지 개수인 행렬이다. 각 행은 특정 에지와 노드의 관계를 나타낸다. 노드가 특정 에지로 연결되지 않은 경우는 0 값으로 설정한다. 유향 그래프의 경우 노드가 특정 에지를 통해 수신 노드로 연결되면 -1 값으로 설정하고, 노드가 특정 에지를 통해 나가는 노드로 연결되거나 무향 그래프로 연결된 경우는 1 값으로 설정한다. 근접 행렬은 유향 및 무향 그래프 모두를 나타내는 데 사용할 수 있다(그림 2.27).*

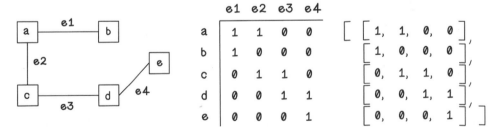

그림 2.27 근접 행렬로 표현한 그래프

★ [옮긴이] 그림 2.27의 경우는 무향 그래프이므로 근접 행렬에 -1 값이 없음

인접 리스트

인접 리스트~adjacency list~는 초기 리스트의 크기가 그래프의 노드 수이고, 각 값이 특정 노드에 연결된 노드를 나타내는 연결 리스트~linked list~를 사용한다. 인접 리스트를 사용하여 유향 및 무향 그래프를 모두 나타낼 수 있다(그림 2.28).

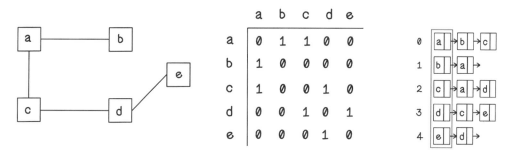

그림 2.28 인접 리스트로 표현한 그래프

또한, 그래프는 모든 알고리즘을 뒷받침하는 수학 방정식으로 쉽게 표현할 수 있기 때문에 흥미롭고 유용한 데이터 구조다. 이 주제에 대한 자세한 내용은 이 책 전체를 통해서 확인할 수 있다.

검색 기본 사항 요약

자료구조는 문제 해결에 중요하다.

검색 알고리즘은 변화하는 환경에서 계획을 수립하고 솔루션을 찾는 데 유용하다.

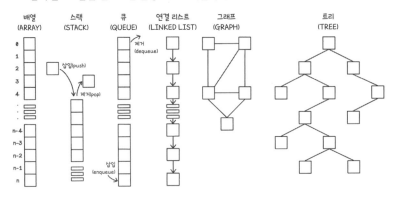

그래프와 트리 자료구조는 인공지능에 유용하다.

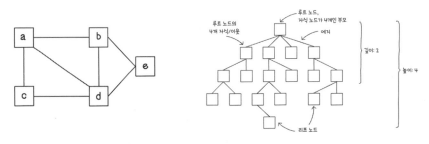

정보 없는 검색은 맹목적으로 수행하기 때문에 계산 비용이 많이 든다.

그리고 적절한 자료구조를 사용하는 것이 도움이 된다.

깊이 우선 탐색은 넓게 살펴보기 전에 깊이 살펴본다.

너비 우선 탐색은 깊게 살펴보기 전에 넓게 살펴본다.

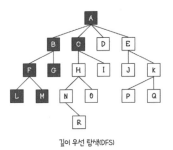

깊이 우선 탐색(DFS)

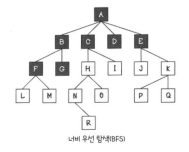

너비 우선 탐색(BFS)

지능형 검색

이 장에서 다루는 것들

- 가이드 검색을 위한 휴리스틱 이해 및 설계
- 가이드 검색 방식으로 해결하기에 적합한 문제 식별
- 가이드 검색 알고리즘 이해 및 설계
- 2인 게임을 위한 검색 알고리즘 설계

휴리스틱 정의: 학습된 추측 설계

2장에서 정보 없는uninformed 검색 알고리즘의 작동방식에 대한 아이디어를 바탕으로, 문제에 대한 추가 정보를 이용하여 정보 없는 검색 알고리즘을 개선할 방법을 살펴본다. 이를 위해, 정보 있는 검색을 사용한다. **정보 있는 검색**informed search(정보에 입각한 검색)은 해결하려는 특정 문제에 대한 맥락을 알고리즘이 갖고 있다는 것을 의미한다. 휴리스틱heuristic(발견법, 경험적 접근법)은 이러한 맥락을 표현하는 방법이다. **경험 법칙**rule of thumb이기도 한 휴리스틱은 상태를 평가하는 데 사용하는 규칙 또는 규칙의 집합이다. 휴리스틱은 상태가 충족해야 하는 기준을 정의하거나 특정 상태의 성능을 측정하는 데 사용하고, 최적 솔루션을 찾을 수 있는 명확한 방법이 없을 때도 사용할 수 있다. 사회적 용어로는 휴리스틱을 학습된 추측educated guess으로 해석할 수 있으며 해결 중인 문제에 대한 과학적 진실이라기보다는 지침으로 보아야 한다.

예를 들어, 레스토랑에서 피자를 주문할 때 피자가 얼마나 맛있는지에 대한 휴리스틱은 사용한 재료와 베이스 유형에 따라 정의할 수 있다. 바삭바삭한 크러스트가 있는 두꺼운 베이스에 여분의 토마토소스, 여분의 치즈, 버섯, 파인애플을 좋아하는 경우 이러한 특성이 더 많은 피자가 더 매력적이고 휴리스틱 점수가 더 높다. 반면, 이러한 속성이 더 적은 피자는 덜 매력적이고 휴리스틱 점수가 더 낮다.

또 다른 예는 GPS 라우팅 문제를 해결하기 위해 알고리즘을 작성하는 것이다. 이 경우, 휴리스틱 은 '좋은 경로는 교통 시간과 이동 거리를 최소화한다' 또는 '좋은 경로는 통행료를 최소화하고 좋은 도로 상태를 최대화한다'는 것이다. 반면, GPS 라우팅 프로그램에 대한 허술한 휴리스틱은 두 지점 사이의 직선거리를 최소화하는 것이다. 이는 새나 비행기의 경우에나 적용할 수 있다. 왜냐 하면 걷거나 운전하는 경우에 최소 직선거리로 이동하려면 건물과 장애물로 막혀 있어 갈 수가 없기 때문이다. 이처럼 휴리스틱은 사용하는 맥락에 타당해야 한다.

업로드한 오디오 클립이 콘텐츠 라이브러리에 있는 오디오 클립의 저작권을 침해하는지 확인하는 예를 살펴보자. 오디오 클립은 소리의 파형이므로 이 목표를 달성하는 한 가지 방법은 업로드한 클립의 모든 시간 조각을 라이브러리에 있는 모든 클립과 비교해서 검색하는 것이다. 하지만 이 작업에는 엄청난 양의 계산이 필요하다. 그림 3.1에서 왼쪽 그림을 보면 두 오디오 클립 간에 서로 시차만 있고 오른쪽 그림을 보면 서로 주파수 성분이 동일하다는 것을 알 수 있다. 주파수 분포에 차이가 없으므로 더 나은 검색을 위한 시작은 두 오디오 클립 간 주파수 분포 차이를 최소화하는 휴리스틱을 정의하는 것이다. 이 솔루션은 완벽하지는 않지만, 비용이 더 낮은 알고리즘 개발을 위한 좋은 출발점이 될 수 있다.

그림 3.1 주파수 분포를 이용한 두 오디오 클립 비교

휴리스틱은 상황에 따라 다르며, 우수한 휴리스틱은 솔루션을 최적화하는 데 상당 부분 도움을 준다. 이제 흥미로운 새로운 역학을 도입하여 2장의 미로 시나리오를 조정해서, 휴리스틱을 만드는 개념을 알아보자. 2장에서처럼 모든 이동 방향에 대한 비용이 동일하다는 가정하에 목표 지점까지 더 적은 이동 횟수(트리 관점에서는 얕은 깊이*)를 가진 경로를 더 나은 솔루션이라고 평가

★　[옮긴이] 깊이 우선 탐색의 경우

하는 대신, 이제 중력에 이상한 변화가 생겨서 미로의 각 방향에 대한 이동 비용이 서로 다르다고 가정한다. 이제 북쪽이나 남쪽으로 이동하는 비용이 동쪽이나 서쪽으로 이동하는 것보다 5배 더 비싸다(그림 3.2).

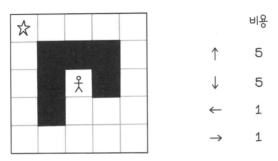

그림 3.2 미로 예제 조정: 중력

중력을 조정한 미로 시나리오에서 목표에 대한 최적 경로에 영향을 미치는 요소는 수행한 이동 수와 각 경로에서 수행한 이동 비용의 합계다.

그림 3.3에, 사용 가능한 선택지를 강조하기 위해서 트리의 모든 가능한 경로를 각 이동 비용과 함께 표시하고 있다. 다시 말하지만, 이 예는 간단한 미로 시나리오의 검색 공간을 보여주는데, 실제 시나리오에서는 이런 식으로 모든 가능한 경로를 보여주는 방법을 적용할 수가 없다. 알고리즘은 검색의 일부에 해당하는 트리만 생성한다.

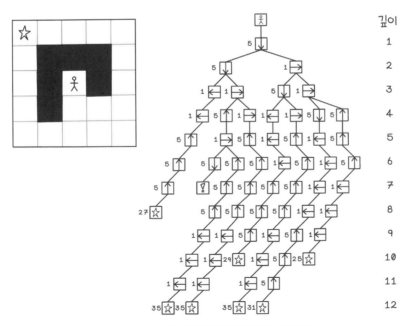

그림 3.3 트리로 표현한 모든 이동 가능 선택지

미로 문제에 대한 휴리스틱은 다음과 같이 정의할 수 있다. '좋은 경로는 이동 비용을 최소화하고 목표에 도달하기 위한 총 이동 횟수를 최소화한다.' 이 같이 간단한 휴리스틱으로 문제 해결을 위한 일부 도메인 지식을 적용하고 있기 때문에 방문할 노드로 안내하는 데 도움이 된다.

> **사고 실험: 다음과 같은 시나리오가 주어졌을 때 어떤 휴리스틱을 상상할 수 있을까?**

몇몇 광부는 다이아몬드, 금, 백금을 포함한 다양한 유형의 채굴을 전문으로 한다. 모든 광부는 어느 광산에서나 생산성이 높지만 각자 전문 분야에 맞는 광산에서 더 빨리 채굴한다. 다이아몬드, 금, 백금을 함유하는 여러 광산은 한 지역에 분산되어 있으며, 창고는 각 광산으로부터 서로 다른 거리만큼 떨어져 있다. 광부를 분산시켜 효율성을 극대화하고 이동 시간을 줄이는 것이 문제라면, 이때의 휴리스틱은 무엇인가?

> **사고 실험: 가능한 솔루션**

합리적인 휴리스틱은 각 광부를 자신의 전문 광산에 배치하고 광산에서 가장 가까운 창고로 이동하도록 업무를 할당하는 것이다. 또한, 이것은 자신의 전문 분야가 아닌 광산에 광부를 배치하는 것을 최소화하고 창고까지 이동하는 거리를 최소화하는 것으로 해석할 수 있다.

정보 있는 검색: 지침이 있는 솔루션 찾기

휴리스틱 검색heuristic search으로도 알려져 있는 **정보 있는 검색**informed search(정보에 입각한 검색)은 너비 우선 탐색과 깊이 우선 탐색 접근 방식을 일부 지능과 결합한 알고리즘이다. 즉, 당면한 문제에 대한 사전 지식이 있으면 휴리스틱으로 검색을 안내하는 것이다.

문제의 특성에 따라 최적 우선 탐색best-first search으로도 알려져 있는 탐욕 탐색greedy search*을 포함하여 여러 가지 정보 있는 검색 알고리즘을 사용할 수 있다. 그러나 가장 인기 있고 유용한 정보 있는 검색 알고리즘은 A*이다.

★　[옮긴이] 최적해를 구하는 데에 사용되는 근사적인 방법으로, 여러 경우 중 하나를 결정해야 할 때마다 그 순간에 최적이라고 생각되는 것을 선택해 나가는 방식으로 진행하여 최종적인 해답에 도달함

A* 탐색

A* 탐색A* search은 '에이 스타 탐색'으로 발음한다. A* 알고리즘은 일반적으로 다음 방문 노드의 비용을 최소화하기 위해 휴리스틱을 추정하여 성능을 향상시킨다.

총 비용은 두 가지 수치의 합으로 계산하는데, 각각의 수치는 시작 노드에서 현재 노드까지의 총거리와 휴리스틱에 의해 특정 노드로 이동하는 데 따른 예상 비용이다. 참고로, 비용을 최소화하려고 할 때는 값이 낮을수록 더 나은 성능의 솔루션을 나타낸다(그림 3.4).

$$f(n) = g(n) + h(n)$$

g(n): 시작 노드에서 n번 노드까지의 경로 비용

h(n): n번 노드에 대한 휴리스틱 함수 비용

f(n): 시작 노드에서 n번 노드까지의 경로 비용과
n번 노드에 대한 휴리스틱 함수 비용의 합

그림 3.4 A* 탐색 알고리즘의 비용 함수

다음의 처리 예는 검색 안내를 위한 휴리스틱을 이용하여 트리를 방문하는 방법의 추상적인 예로, 트리에서 서로 다른 노드에 대한 휴리스틱 계산에 초점을 두고 있다.

너비 우선 탐색은 다음 깊이로 이동하기 전에 해당 깊이의 모든 노드를 방문하고, 깊이 우선 탐색은 최종 깊이까지 모든 노드를 방문한 후에 루트로 다시 이동하여 다음 경로를 방문한다. 반면, A* 탐색은 너비 우선이나 깊이 우선과 같이 미리 정의한 검색 패턴이 없다는 점에서 다른데, 대신 휴리스틱의 비용에 따라 노드를 순서대로 방문한다. A* 탐색 알고리즘은 모든 노드의 비용을 미리 알지 못하기 때문에 트리를 탐색하거나 생성할 때 비용을 계산하고 방문한 각 노드를 스택에 추가한다. 그리고 이때 이미 방문한 노드보다 비용이 더 많이 드는 노드를 무시하므로 계산 시간이 절약된다(그림 3.5, 3.6, 3.7).

노드와 그 휴리스틱 점수를
나타내는 트리가 주어지면
A*는 비용이 가장 낮은
첫 번째 자식을 방문한다.
이는 C이고 이때 비용은
2이다.

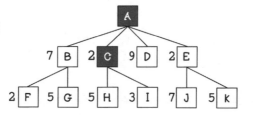

스택 처리 순서

두 노드의 비용이 같은 경우, 점수가 먼저 계산된 노드가 선택된다.

E의 비용도 2이고
A의 자식이므로
다음 방문할 노드가 된다.

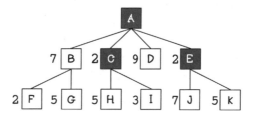

그런 다음 A*는 A의
자식 노드 또는 이미 방문한
노드의 자식 노드 중에서
가장 비용이 낮은 노드를
방문한다.

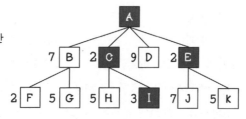

그림 3.5 A* 탐색을 통한 트리 처리 순서(1부)

다음으로 가장 비용이
낮은 노드는 K인데,
이는 E의 자식 노드다.

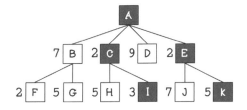
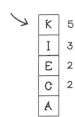

다음으로 가장 비용이
낮은 노드는 H이고,
이는 C의 자식 노드다.

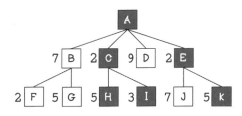

A의 직계 자식 노드를
방문한다. 이 노드가 A의
자식 노드 중에 가장 비용이
낮고 이미 다른 모든 노드의
자식 노드를 방문했기
때문이다.

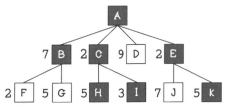

현재 최저 비용 솔루션 경로보다 비용이 많이 드는 노드는 무시할 수 있다.
이러한 노드를 방문하는 경로의 솔루션은 비용이 더 비싸기 때문이다.

그림 3.6 A* 탐색을 통한 트리 처리 순서(2부)

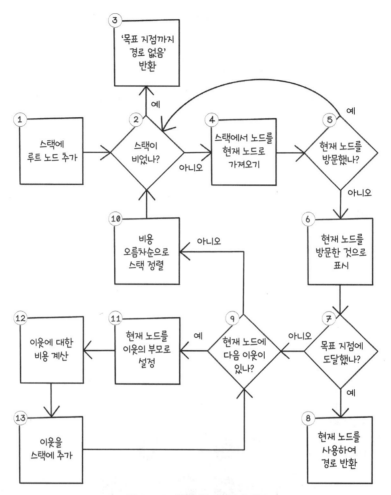

그림 3.7 A* 탐색 알고리즘 순서도

A* 탐색 알고리즘을 단계별로 살펴보면 다음과 같다.

① **스택에 루트 노드를 추가** A* 탐색 알고리즘은 마지막으로 추가한 객체를 먼저 처리하는 스택(후입선출 또는 LIFO)으로 구현한다. 첫 번째 단계는 스택에 루트 노드를 추가하는 것이다.

② **스택이 비었나?** 스택이 비었고 알고리즘의 단계 8에서 반환한 경로가 없으면 목표 지점에 대한 경로가 없다. 대기열에 여전히 노드가 있는 경우 알고리즘은 검색을 계속할 수 있다.

③ **'목표 지점까지 경로 없음' 반환** 목표 지점에 대한 경로가 없으면, 유일한 방법은 알고리즘이 이것을 반환하고 종료하는 것이다.

④ **스택에서 노드를 현재 노드로 가져오기** 스택에서 다음 객체를 가져와서 현재 관심 노드로 설정한 후에 다음 가능성을 탐색한다.

⑤ **현재 노드를 방문했나?** 현재 노드를 방문한 적이 없으면, 아직 탐색하지 않은 것이므로 지금 처리할 수 있다.

⑥ **현재 노드를 방문한 것으로 표시** 이 단계는 불필요한 반복 처리를 방지하기 위해 이 노드를 방문했다는 것을 표시한다.

⑦ **목표 지점에 도달했나?** 이 단계는 현재 이웃이 알고리즘이 검색하는 목표 지점을 포함하고 있는지 확인한다.

⑧ **현재 노드를 사용하여 경로 반환** 현재 노드의 부모, 그 부모 노드의 부모를 반복해서 참조하여, 목표 지점으로부터 루트까지의 경로를 반환한다. 참고로, 루트 노드는 부모가 없는 노드다.

⑨ **현재 노드에 다음 이웃이 있나?** 미로 예의 경우, 현재 노드에서 더 이동할 수 있다면, 각각의 이동에 해당하는 노드를 스택에 추가하여 처리한다. 그렇지 않으면, 알고리즘은 단계 2로 이동하여 스택이 비어 있지 않으면 스택에 있는 다음 객체를 처리한다. 후입선출 방식의 스택의 특성으로 알고리즘은 모든 노드를 리프 노드 깊이까지 처리한 후에 루트 노드의 다른 자식을 방문하기 위해 역추적한다.

⑩ **비용 오름차순으로 스택 정렬** 스택의 각 노드를 비용 오름차순으로 정렬하면, 비용이 가장 낮은 노드를 바로 다음에 처리하게 되므로 항상 비용이 가장 낮은 노드를 먼저 방문할 수 있다.

⑪ **현재 노드를 이웃의 부모로 설정** 원본 노드를 현재 이웃의 부모로 설정한다. 이 단계는 현재 이웃으로부터 루트 노드로의 경로를 추적하는 데 중요하다. 참고로, 지도에서 원점은 플레이어가 이동을 시작한 지점이고 현재 이웃은 플레이어가 이동한 지점이다.

⑫ **이웃에 대한 비용 계산** 비용 함수는 A* 알고리즘을 안내하는 데 중요하다. 비용은 루트 노드로부터의 거리와 다음 이동에 대한 휴리스틱 점수를 합산하여 계산한다. 더 지능적인 휴리스틱은 A* 알고리즘의 좀 더 나은 성능에 직접 영향을 준다.

⑬ **이웃을 스택에 추가** 나중에 자식 노드를 탐색하기 위해 이웃을 스택에 추가한다. 이러한 스택 처리 방법을 통해 얕은 깊이에서 이웃을 처리하기 전에 최대 깊이에 있는 노드까지 처리할 수 있다.

깊이 우선 탐색과 비슷하게 자식 노드의 순서는 선택한 경로에 영향을 주지만 덜 심각하다. 그리고 두 노드의 비용이 동일하면 첫 번째 노드를 두 번째 노드보다 먼저 방문한다(그림 3.8, 3.9, 3.10).

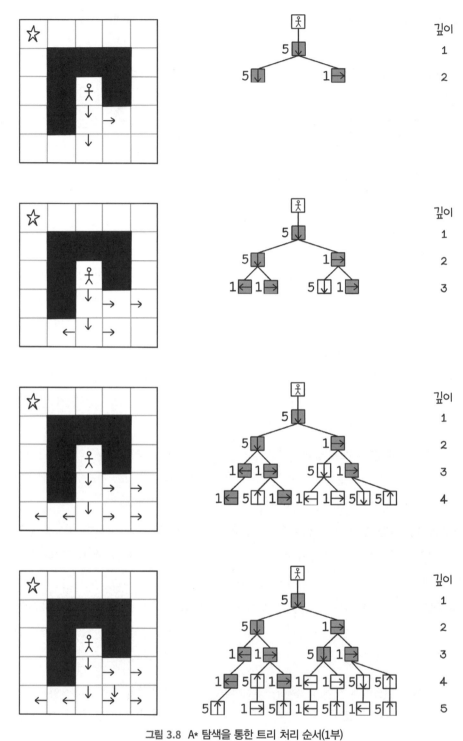

그림 3.8 A* 탐색을 통한 트리 처리 순서(1부)

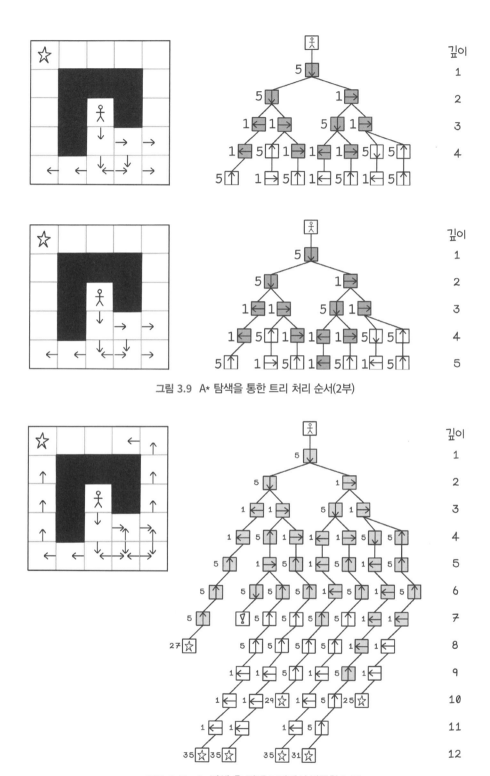

그림 3.9 A* 탐색을 통한 트리 처리 순서(2부)

그림 3.10 A* 탐색 후 전체 트리에서 방문한 노드

목표 지점에 이르는 여러 경로 중에, A* 알고리즘은 목표 달성 비용을 최소화하는 경로를 찾는다. 이렇게 찾은 경로는, 북쪽과 남쪽 이동 비용이 더 비싼 조건에서 더 적은 이동 횟수와 더 싼 이동 비용이 드는 경로다.

의사코드

A* 알고리즘은 깊이 우선 탐색 알고리즘과 유사한 접근 방식을 사용하지만 방문 비용이 더 낮은 노드를 우선 찾는다. 노드를 처리하기 위해 스택을 사용하는데, 새로운 계산을 할 때마다 비용 오름차순으로 스택을 정렬한다. 정렬 후에 가장 비용이 낮은 객체가 스택의 첫 번째에 위치하기 때문에 항상 스택에서 가장 비용이 낮은 객체를 가져올 수 있다.

```
run_astar(maze, root_point, visited_points):
  let s equal a new stack
  add root_point to s
  while s is not empty:
    pop s and let current_point equal the returned point
    if current_point is not visited:
      mark current_point as visited
      if value at current_node is the goal:
        return path using current_point
      else:
        add available cells north, east, south, and west to a list neighbors
        for each neighbor in neighbors:
          set neighbor parent as current_point
          set neighbor cost as calculate_cost(current_point, neighbor)
          push neighbor to s
        sort s by cost ascending
  return "No path to goal"
```

A* 탐색 연산에서는 비용을 계산하는 함수가 매우 중요하다. 알고리즘에서 비용 함수를 통해 비용이 가장 낮은 경로를 찾기 위한 정보를 알 수 있기 때문이다. 중력을 조정한 미로 예에서는 위, 아래 이동 비용이 더 높다. 비용 함수에 문제가 있으면 알고리즘이 제대로 작동하지 않는다.

다음 두 함수는 비용 계산 방법을 보여주는데, 루트 노드로부터의 거리를 다음 번 이동 비용에 추가한다. 가상의 예에서 북쪽 또는 남쪽 이동 비용은 해당 노드를 방문하는 총 비용에 더 큰 영향을 준다.

```
calculate_cost(origin, target):
  let distance_to_root equal length of path from origin to target
  let cost_to_move equal get_move_cost(origin, target)
  return distance_to_root + cost_to_move

move_cost(origin, target):
  if target is north or south of origin:
    return 5
  else:
    return 1
```

너비 우선 탐색, 깊이 우선 탐색과 같은 정보 없는 검색 알고리즘은 모든 가능성을 검색하여 최적 솔루션을 제공한다. 반면, A* 탐색은 검색을 안내하기 위한 합리적인 휴리스틱을 만들 수 있는 경우에 좋은 접근 방식이다. 이미 방문한 노드보다 비용이 더 많이 드는 노드를 무시하기 때문에 정보 없는 검색 알고리즘보다 더 효율적으로 계산할 수 있다. 그러나 휴리스틱에 결함이 있고 문제와 상황에 맞지 않으면 오히려 최적 솔루션은커녕 잘못된 솔루션을 찾게 된다.

정보 있는 검색 알고리즘 사용 사례

정보 있는 검색 알고리즘은 다음과 같은 휴리스틱을 정의할 수 있는 여러 사용 사례에 유용하게 적용할 수 있다.

- **비디오 게임에서 자율 게임 캐릭터에 대한 경로 찾기** — 게임 개발자는 종종 이 알고리즘을 이용하여 환경 내에서 인간 플레이어를 찾는 게임에서 적 유닛의 움직임을 제어한다.

- **자연어 처리에서 단락 구문 분석** — 단락paragraph의 의미는 구문phrase 구성으로 나눌 수 있고, 이는 또다시 여러 유형의 단어 구성 (예를 들어 명사, 동사)으로 나눌 수 있다. 이를 통해서 단락 구문을 평가할 수 있는 트리 구조를 생성할 수 있다. 이처럼 정보 있는 검색은 의미를 추출하는 데에도 유용하다.

- **통신 네트워크 라우팅** — 가이드 검색 알고리즘을 이용하여 통신 네트워크에서 네트워크 트래픽의 최단 경로를 찾아 성능을 향상시킨다. 서버/네트워크 노드, 연결은 각각 검색 가능한 그래프의 노드, 에지로 표시할 수 있다.

- **싱글 플레이어 게임, 퍼즐** — 정보 있는 검색 알고리즘을 이용하여 싱글 플레이어 게임, 루빅스 큐브_{Rubik's Cube}* 같은 퍼즐을 풀 수 있다. 목표 상태를 발견할 때까지 가능성 트리에서 각 동작을 결정하여 문제를 해결하기 때문이다.

적대적 탐색: 변화하는 환경에서 솔루션 찾기

미로 게임은 단일 플레이어 검색 예로, 단일 플레이어만 환경에 영향을 주고, 모든 가능성을 생성한다. 지금까지의 목표는 플레이어의 이익을 극대화하는 것으로, 가장 짧은 거리와 비용으로 목표 지점에 이르는 경로를 선택하는 것이었다.

적대적 탐색_{adversarial search}의 특징은 반대 또는 갈등이다. 적대적 문제에서는 목표 달성을 위해 상대의 행동을 예측하며 이해하고 대응한다. 적대적 문제의 예로는 틱-택-토_{Tic-Tac-Toe}**, 커넥트포_{Connect Four}***와 같이 두 명의 플레이어가 번갈아 참여하는 게임이 있다. 플레이어는 자신의 차례가 되면 게임 환경의 상태를 자신에게 유리하게 변경할 수 있는 기회를 얻는다. 이 같은 게임에서는 일련의 규칙을 통해 환경을 어떻게 변경할 수 있는지, 승리 및 최종 상태가 무엇인지를 알려준다.

간단한 적대적 문제

이번 절에서는 커넥트포 게임을 통해 적대적 문제를 살펴본다. 커넥트포(그림 3.11)는 플레이어가 자신의 차례가 되면 토큰을 특정 열에 던질 수 있는 그리드로 구성된 게임이다. 특정 열에 토큰이 쌓이고, 4개의 토큰이 인접하는 시퀀스(세로, 가로, 대각선)를 만드는 플레이어가 승리한다. 그리고 그리드가 가득 찰 때까지 승자가 없으면 게임은 무승부로 처리한다.

---

* [옮긴이] 6색의 플라스틱 주사위 27개로 된 정 6면체의 각 면을 동일 색깔로 맞추는 장난감. 상품명에서 온 말임. 헝가리의 건축가 루빅이 고안함
** [옮긴이] 두 명이 번갈아 가며 O와 X를 3×3 판에 써서 같은 글자를 가로, 세로, 혹은 대각선상에 놓이도록 하는 놀이
*** [옮긴이] 밀턴 브래들리(Milton Bradley) 사에서 1974년에 출시한 보드게임

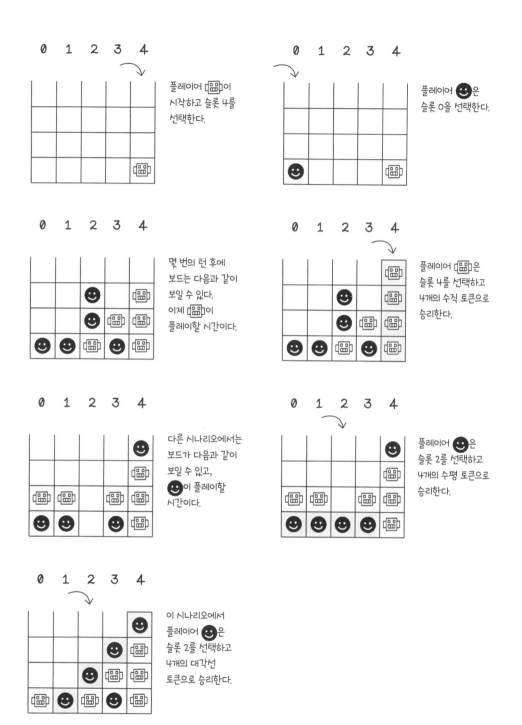

그림 3.11 커넥트포 게임

최소-최대 탐색: 행동 시뮬레이션과 최선의 미래 선택하기

최소-최대 탐색min-max search은 각 플레이어가 상대에게 유리한 경로를 피하면서 에이전트agent*에게 유리한 경로를 만들도록 하는 행동에 따라 가능한 결과를 바탕으로 트리를 생성한다. 따라서 이런 유형의 검색에서는 가능한 행동의 경우를 시뮬레이션해 보고 휴리스틱을 기반으로 각각의 행동을 수행한 후의 상태 점수를 계산한다. 최소-최대 탐색에서는 가능한 한 많은 미래의 상태를 검색하지만, 메모리와 계산능력의 제한으로 전체 게임 트리를 검색하는 것은 현실적이지 않으므로 지정한 깊이까지만 검색한다. 최소-최대 탐색은 각 플레이어의 턴turn(차례)을 시뮬레이션하므로 지정한 깊이는 두 플레이어 간 턴 수와 직접 관련된다. 예를 들어, 깊이 4는 각 플레이어가 두 번의 턴을 가졌다는 것을 의미한다. 즉, 플레이어 A가 행동하고, 플레이어 B가 행동하고, 플레이어 A가 다시 행동하고, 플레이어 B가 또다시 행동한다.

휴리스틱

최소-최대 알고리즘은 휴리스틱 점수로 의사 결정한다. 이 점수는 공들여 만든 휴리스틱으로 정의하며 알고리즘으로 학습하지는 않는다. 게임의 특정한 상태에서 이동할 수 있는 모든 유효한 결과는 게임 트리의 자식 노드다.

양수가 음수보다 더 좋다는 데에 점수를 주는 휴리스틱이 있다고 가정하자. 가능한 모든 유효한 이동의 경우를 시뮬레이션함으로써 최소-최대 탐색 알고리즘은 상대가 우위 또는 승리 상태를 가질 수 있는 이동을 최소로 하고 에이전트에게 이점 또는 승리 상태를 제공하는 이동을 최대로 한다.

그림 3.12는 최소-최대 탐색 트리를 보여준다. 이 그림에서 리프 노드에서만 휴리스틱 점수를 계산하고, 이러한 리프 노드의 상태는 승자 또는 무승부를 나타낸다. 반면, 트리의 다른 노드는 진행 중인 상태를 나타낸다. 휴리스틱을 계산하고 상위의 깊이로 이동할 때 다음 시뮬레이션 상태에서의 차례가 누구인지에 따라 최소 점수를 가진 자식 노드 또는 최대 점수를 가진 자식 노드를 선택한다.** 맨 위top에서 시작할 때는 에이전트가 점수를 최대화하려고 하지만, 각 교대 턴이 끝날 때마다 에이전트의 점수를 최대화하고 상대의 점수를 최소화하도록 의도가 바뀐다.

★ [옮긴이] 여기서는 플레이어 자기 자신

★★ [옮긴이] 승패 정보를 밑에서부터 위로 전파하는 데 따라야 할 규칙이 있는데, 이를 최소-최대 정리(min-max theorem)라고 함. 플레이어는 항상 점수가 가장 높은 수를 선택하고 상대방은 항상 플레이어의 점수가 낮아지는 수를 선택하는 것을 가리킴

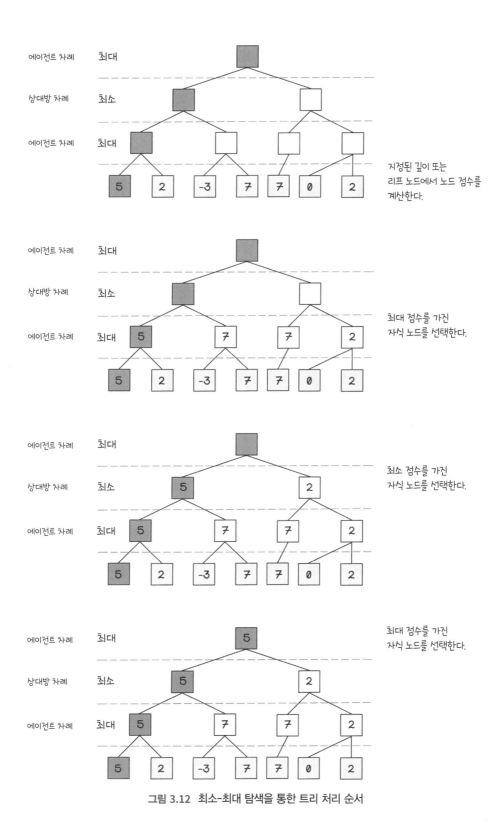

에이전트 차례 최대

상대방 차례 최소

에이전트 차례 최대

지정된 깊이 또는
리프 노드에서 노드 점수를
계산한다.

에이전트 차례 최대

상대방 차례 최소

에이전트 차례 최대

최대 점수를 가진
자식 노드를 선택한다.

에이전트 차례 최대

상대방 차례 최소

에이전트 차례 최대

최소 점수를 가진
자식 노드를 선택한다.

에이전트 차례 최대

상대방 차례 최소

에이전트 차례 최대

최대 점수를 가진
자식 노드를 선택한다.

그림 3.12 최소-최대 탐색을 통한 트리 처리 순서

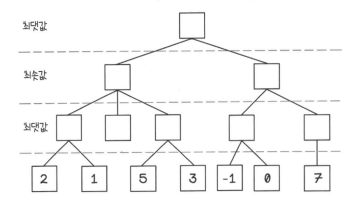

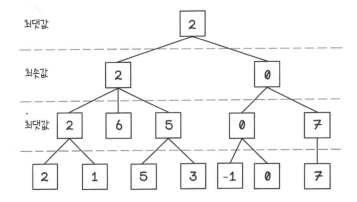

최소-최대 탐색 알고리즘은 가능한 결과를 시뮬레이션하기 때문에 다양한 선택을 제공하는 게임에서는 게임 트리의 크기가 기하급수적으로 커져서 전체 트리를 탐색하기에는 계산 비용이 너무 커진다. 5×4 블록 보드 정도의 커넥트포 같은 간단한 예에서조차도, 이미 턴마다 가능성의 수가 너무 많아져서 전체 게임 트리를 탐색하는 것은 비효율적이다(그림 3.13).

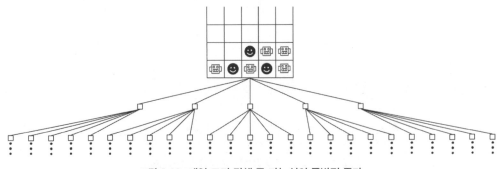

그림 3.13 게임 트리 탐색 중 가능성의 폭발적 증가

커넥트포 예에서 최소-최대 탐색을 사용하려면, 기본적으로 알고리즘이 현재 게임 상태에서 가능한 모든 행동을 수행한 다음 가장 유리한 경로를 찾을 때까지 각 상태에서 가능한 모든 행동을 결정한다. 에이전트가 승리하는 게임 상태는 10점을 반환하고, 상대가 승리하는 게임 상태는 -10점을 반환하므로 최소-최대 탐색에서는 에이전트에 대한 양의 점수를 최대화하려고 한다(그림 3.14, 3.15).

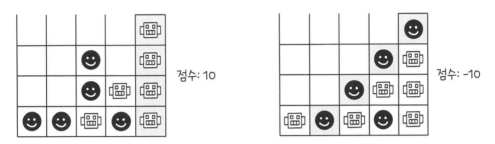

그림 3.14 에이전트 점수 대 상대 점수

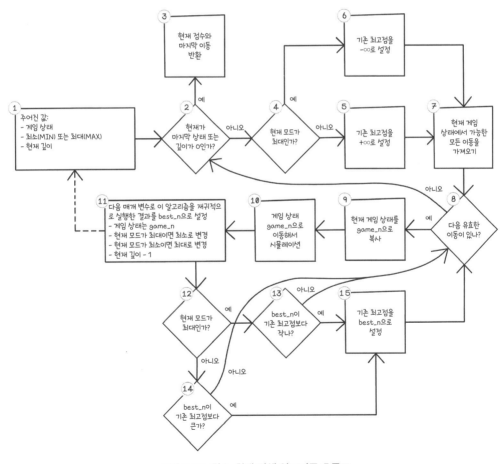

그림 3.15 최소-최대 탐색 알고리즘 흐름도

최소-최대 탐색 알고리즘의 순서도는 크고 복잡해 보이지만 실제로는 그렇지 않다. 현재 상태가 최대화 모드인지 최소화 모드인지를 확인하는 조건의 수 때문에 차트가 커져서 복잡해 보일 뿐이다.

최소-최대 알고리즘의 흐름을 상세히 살펴보자.

① **게임 상태, 현재 모드(최소화 또는 최대화), 현재 깊이가 주어지면, 알고리즘 시작** 최소-최대 탐색 알고리즘은 재귀적이므로 알고리즘에 대한 입력을 이해하는 것이 중요하다. 재귀 알고리즘은 하나 이상의 단계에서 자신을 호출한다. 재귀 알고리즘이 자신을 영원히 호출하는 것을 방지하기 위해 중지 조건이 중요하다.

② **현재가 마지막 상태 또는 깊이가 0인가?** 이 조건은 게임의 현재 상태가 최종 상태인지 또는 원하는 깊이에 도달했는지 여부를 확인한다. 최종 상태는 플레이어 중 한 명이 이겼거나 게임이 무승부로 끝난 상태다. 10점은 에이전트의 승리를 나타내고 -10점은 상대의 승리를 나타내고 0점은 무승부를 나타낸다. 전체 가능성 트리를 모든 최종 상태까지 순회하는 것은 계산 비용이 많이 들고 보통의 컴퓨터에서는 너무 오래 걸리기 때문에 깊이를 지정한다. 깊이를 지정하면 알고리즘이 몇 턴을 미리 살펴보고 최종 상태가 존재하는지 확인할 수 있다.

③ **현재 점수와 마지막 이동 반환** 현재 상태가 게임 종료 상태이거나 지정된 깊이에 도달하면, 현재 상태에서의 점수를 반환한다.

④ **현재 모드가 최대인가?** 알고리즘이 현재 반복$_{iteration}$에서 최대화 상태이면 에이전트의 점수를 최대화하려고 한다.

⑤ **기존 최고점을 +∞로 설정** 현재 모드가 점수를 최소화하는 것이라면, 게임 상태에서 반환하는 점수가 항상 더 작다는 것을 알고 있으므로 최고점을 양의 무한대로 설정한다. 실제 구현에서는 충분히 큰 수를 사용한다.

⑥ **기존 최고점을 -∞로 설정** 현재 모드가 점수를 최대화하는 것이라면 게임 상태에서 반환하는 점수가 항상 더 크다는 것을 알고 있으므로 최고점은 음의 무한대로 설정한다. 실제 구현에서는 충분히 작은 음수를 사용한다.

⑦ **현재 게임 상태에서 가능한 모든 이동을 가져오기** 이 단계는 현재 주어진 게임 상태에서 만들 수 있는 가능한 이동 목록을 보여준다. 게임을 진행함에 따라 시작 시점에서 사용할 수 있었던 이동 중에 더 이상 사용할 수 없는 것도 생긴다. 커넥트포 예에서는 열이 채워질 수 있으므로 해당 열을 선택하는 이동은 유효하지 않다.

⑧ **다음 유효한 이동이 있나?** 가능한 이동 중에 아직 시뮬레이션하지 않은 것이 있고 더 이상 유효한 이동이 없으면, 알고리즘은 해당 함수 호출 인스턴스에서 최적의 이동을 반환하도록

바로 리턴한다.

⑨ **현재 게임 상태를 game_n으로 복사** 현재 게임 상태의 복사본은 향후 가능한 이동 시뮬레이션을 수행하는 데 필요하다.

⑩ **게임 상태 game_n으로 이동해서 시뮬레이션** 이 단계에서는 현재 관심 있는 이동을 복사한 게임 상태에 적용한다.

⑪ **이 알고리즘을 재귀적으로 실행한 결과를 best_n으로 설정** 여기서 재귀를 시작한다. best_n은 차선책을 저장하는 데 사용하는 변수이고, 알고리즘은 이 이동으로부터 향후 가능성을 탐색한다.

⑫ **현재 모드가 최대인가?** 재귀 호출이 최적의 후보를 반환할 때 이 조건은 현재 모드가 점수를 최대화하기 위한 것인지 여부를 결정한다.

⑬ **best_n이 기존 최고점보다 더 작나?** 점수를 최대화하는 모드이면, 이 단계에서는 알고리즘이 이전에 찾은 점수보다 더 나은 점수를 찾았는지 여부를 결정한다.

⑭ **best_n이 기존 최고점보다 더 큰가?** 점수를 최소화하는 모드이면, 이 단계에서는 알고리즘이 이전에 찾은 점수보다 더 나은 점수를 찾았는지 여부를 결정한다.

⑮ **기존 최고점을 best_n으로 설정** 새로운 최고점을 찾으면, 기존 최고점을 새로운 최고점으로 설정한다.

그림 3.16은 커넥트포의 어떤 특정 상태에서 최소-최대 탐색 알고리즘이 생성한 트리를 보여준다. 시작 상태에서는 가능한 모든 이동을 탐색한다. 그런 다음 보드가 꽉 차거나 플레이어가 승리하는 최종 상태를 발견할 때까지 해당 상태에서 각각의 이동을 탐색한다.

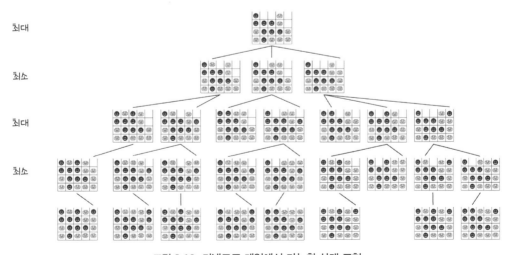

그림 3.16 커넥트포 게임에서 가능한 상태 표현

그림 3.17에서 강조 표시한 노드는 무승부는 0점, 패배는 -10점, 승리는 10점을 얻게 되는 마지막 상태 노드다. 알고리즘은 점수를 최대화하는 것이 목표이므로 이기면 양의 점수를 받고, 반면 상대방이 이기면 음의 점수를 받는다.

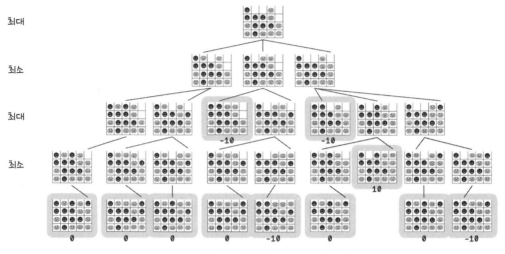

그림 3.17 커넥트포 게임에서 가능한 종료 상태

이러한 점수를 알게 되면, 최소-최대 알고리즘은 가장 낮은 깊이에서 시작하여 점수가 최소인 노드를 선택한다(그림 3.18).

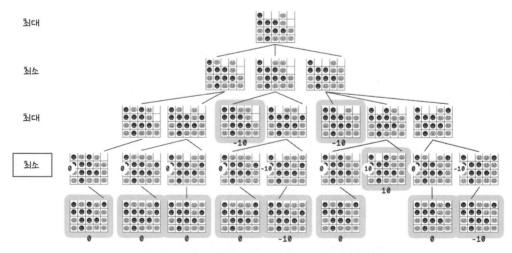

그림 3.18 커넥트포 게임의 종료 상태에서 가능한 점수(1부)

그 다음, 알고리즘은 하나 높은 깊이에서 점수가 최대인 노드를 선택한다(그림 3.19).

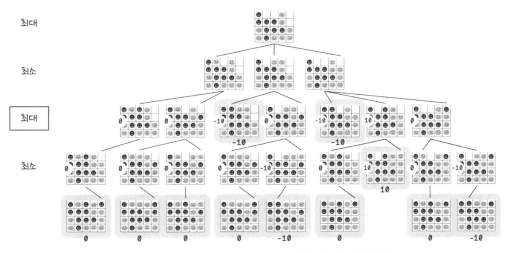

그림 3.19 커넥트포 게임의 종료 상태에서 가능한 점수(2부)

마지막으로, 다음 깊이에서 점수가 최소인 노드를 선택하고, 루트 노드가 선택지 중에 최댓값을 선택한다. 선택한 노드와 점수에 따라서 직관적으로 문제를 따라가 보면, 알고리즘이 손실을 피하기 위해 무승부 경로를 선택하는 것을 볼 수 있다. 알고리즘이 승리할 수 있는 경로를 선택하면 다음 턴에서 패배할 가능성이 높다. 알고리즘은 상대방이 항상 그들이 승리할 기회를 최대화하기 위해 가장 현명하게 행동할 것이라고 가정한다(그림 3.20).

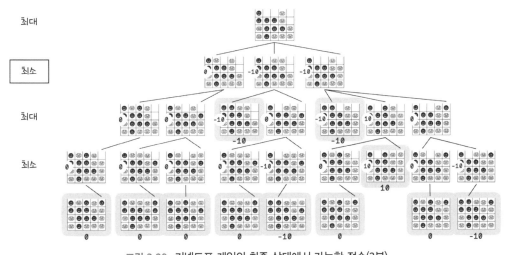

그림 3.20 커넥트포 게임의 최종 상태에서 가능한 점수(3부)

그림 3.21은 주어진 게임 상태 예에 대한 최소-최대 탐색 알고리즘의 결과를 단순화해서 표현한 트리로 보여준다.

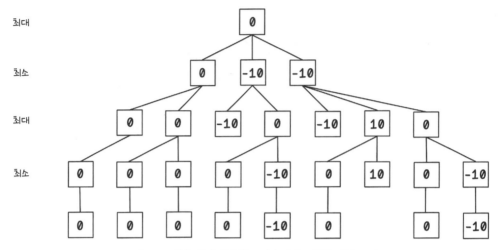

그림 3.21 최소-최대 점수화로 단순하게 표현한 게임 트리

최소-최대 탐색 알고리즘은 재귀 함수로 구현하는데, 함수의 입력은 현재 상태, 원하는 검색 깊이, 최소화 또는 최대화 모드, 마지막 이동이다. 알고리즘은 트리의 모든 깊이에서 모든 자식 노드에 대해 최적의 이동과 이때의 점수를 반환하고 종료한다. 그림 3.15의 흐름도와 의사코드를 비교해 보면 현재 모드가 최대화인지 최소화인지를 확인하는 조건 부분이 조금 이해하기 어려울 수 있다. 의사코드에서 1과 −1은 각각 최대화, 최소화하려는 의도를 나타낸다. 여기에 음수에 음수를 곱하면 양수가 된다는 음수 곱셈 원리principle of negative multiplication와 같은 영리한 논리를 통해 최고점, 조건, 상태 전환을 수행한다. 예를 들어, 상대방 차례를 나타내는 −1에 −1을 곱하면 에이전트의 차례를 나타내는 1이 된다. 다음 턴에서 1에 −1을 곱하면 −1이 되어 다시 상대방 차례를 나타낸다.

```
minmax(state, depth, min_or_max, last_move):
    let current score equal state.get_score
    if current_score is not equal to 0 or state.is_full or depth is equal to 0:
        return new Move(last_move, current_score)
    let best_score equal to min_or_max multiplied by -∞
    let best_move = -1
    for each possible choice (0 to 4 in a 5x4 board) as move:
        let neighbor equal to a copy of state
```

```
        execute current move on neighbor
    let best_neighbor equal minmax(neighbor,depth -1,min_or_max * -1,move)
    if (best_neighbor.score is greater than best_score and min_or_max is MAX)
    or (best_neighbor.score is less than best_score and min_or_max is MIN):
        let best_score = best_neighbor.score
        let best_move = best_neighbor.move
    return new Move(best_move, best_score)
```

알파-베타 가지치기: 합리적인 경로만 탐색하여 최적화하기

알파-베타 가지치기alpha-beta pruning는 최소-최대 탐색 알고리즘과 함께 사용하는 기술로, 나쁜 솔루션을 생성하는 게임 트리를 건너뛰어서 검색 영역을 줄인다. 이 기술은 최소-최대 탐색 알고리즘을 최적화하여 계산을 줄이는데, 이는 중요하지 않은 경로는 무시하기 때문이다. 앞서 예로 든 커넥트포 게임에서 트리의 크기가 기하급수적으로 커지는 경우를 봤기 때문에 더 많은 경로를 무시하면 성능이 크게 향상된다는 것을 분명히 알게 될 것이다(그림 3.22).

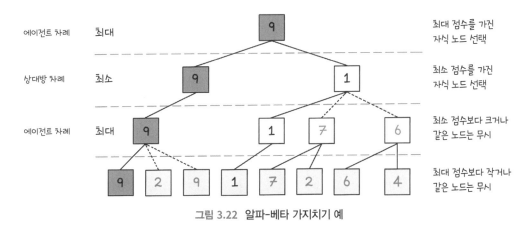

그림 3.22 알파-베타 가지치기 예

알파-베타 가지치기 알고리즘은 최대화하려는 플레이어의 최고점과 최소화하려는 플레이어의 최고점을 각각 알파와 베타로 저장하는 방식으로 동작한다. 알파와 베타는 각 플레이어의 가장 나쁜 점수인 −∞와 ∞로 각각 초기화한다. 최소화하려는 플레이어의 최고점이 최대화하려는 플레이어의 최고점보다 낮으면, 이미 방문한 노드의 다른 자식 경로가 최고점에 영향을 미치지 않는다고 보는 것이 타당하다.

그림 3.23은 알파-베타 가지치기 최적화를 수용하기 위해 최소-최대 탐색 흐름에서 변경한 사항을 보여준다. 음영으로 강조 표시한 블록은 최소-최대 탐색 알고리즘 흐름에 추가한 단계다.

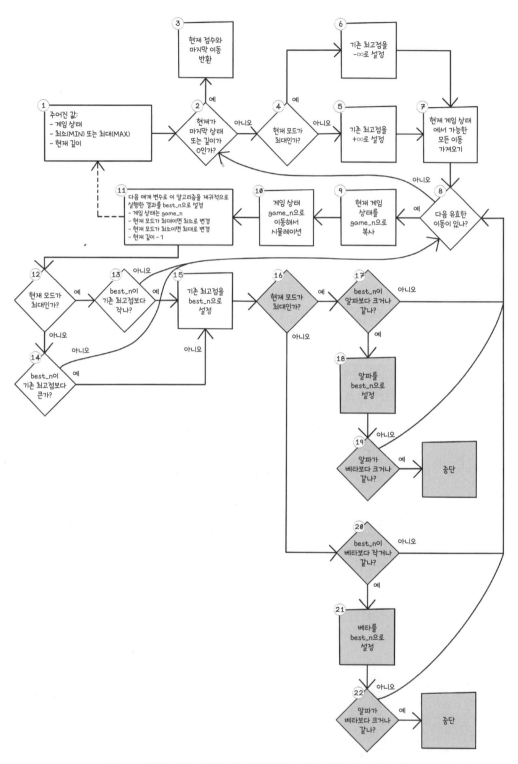

그림 3.23 알파-베타 가지치기를 적용한 최소-최대 탐색 알고리즘 흐름도

다음은 최소-최대 탐색 알고리즘에 추가된 단계다. 추가한 조건으로 발견한 최고점이 결과를 변경하지 않으면 경로 탐색을 종료한다.

⑯ **현재 모드가 최대인가?** 다시, 알고리즘이 현재 점수를 최대화 또는 최소화하려고 시도하는지 확인한다.

⑰ **best_n이 알파보다 크거나 같은가?** 현재 모드가 점수를 최대화하는 것이고 현재 최고점이 알파보다 크거나 같으면, 해당 노드의 하위 항목에 더 좋은 점수가 없으므로 알고리즘이 해당 노드를 무시할 수 있다.

⑱ **알파를 best_n으로 설정** 알파 변수를 best_n으로 설정한다.

⑲ **알파가 베타보다 크거나 같나?** 지금 점수가 새로 발견한 다른 점수만큼 좋고, 해당 노드의 나머지 탐색은 무시하고 중단할 수 있다.

⑳ **best_n이 베타보다 작거나 같나?** 현재 모드가 점수를 최소화하는 것이고 현재 최고점이 베타보다 작거나 같으면, 해당 노드의 하위 항목에 더 좋은 점수가 없으므로 알고리즘이 해당 노드를 무시할 수 있다.

㉑ **베타를 best_n으로 설정** 베타 변수를 best_n으로 설정한다.

㉒ **알파가 베타보다 크거나 같나?** 지금 점수가 새로 발견한 다른 점수만큼 좋고, 해당 노드의 나머지 탐색은 무시하고 중단할 수 있다.

의사코드

알파-베타 가지치기를 위한 의사코드는 알파 및 베타 값을 추적하고 트리를 이동하는 동안 해당 값을 유지하는 것만 빼고는 최소-최대 탐색을 위한 코드와 대부분 동일하다. minimum (min)을 선택하면 min_or_max 변수는 -1이고 maximum (max)를 선택하면 min_or_max 변수는 1이다.

```
minmax_ab_pruning(state,depth,min_or_max,last_move, alpha,beta):
  let current score equal state.get_score
  if current_score is not equal to 0 or state.is_full or depth is equal to 0:
    return new Move(last_move, current_score)
  let best_score equal to min_or_max multiplied by -∞
  let best_move = -1
  for each possible choice (0 to 4 in a 5x4 board) as move:
    let neighbor equal to a copy of state
    execute current move on neighbor
    let best_neighbor equal
```

```
  minmax(neighbor,depth -1,min_or_max * -1,move, alpha,beta)
 if (best_neighbor.score is greater than best_score and min_or_max is MAX)
 or (best_neighbor.score is less than best_score and min_or_max is MIN):
   let best_score = best_neighbor.score
   let best_move = best_neighbor.move
   if best_score >= alpha:
     alpha = best_score
   if best_score <= beta:
     beta = best_score
 if alpha >= beta:
   break
return new Move(best_move, best_score)
```

적대적 탐색 알고리즘 사용 사례

정보 있는 검색 알고리즘은 다음과 같은 사용 사례에서 유용하다.

- **완벽한 정보가 있는 턴 기반 게임**turn-based game**을 위한 게임 플레이 에이전트 만들기** — 일부 게임에서는 둘 또는 그 이상의 플레이어가 동일한 환경에서 행동한다. 지금까지 체스, 체커, 기타 고전 게임을 성공적으로 구현해 왔다. 여기서 완벽한 정보가 있는 게임이란 숨겨진 정보나 무작위한 기회가 없는 게임이다.

- **불완전한 정보가 있는 턴 기반 게임을 위한 게임 플레이 에이전트 만들기** — 이런 게임에는 알려지지 않은 미래의 선택지가 존재하는데, 포커, 스크래블이 이런 종류에 해당한다.

- **경로 최적화를 위한 적대적 탐색 및 개미 군집 최적화**ant colony optimization, ACO — 적대적 탐색을 개미 군집 최적화 알고리즘(6장에서 살펴본다)과 함께 이용하여 도시의 소화물 배달 경로를 최적화한다.

정보 있는 검색을 통해 알고리즘이 지능적으로 동작함

휴리스틱은 교묘해서 생각하기 어려울 수 있지만,
좋은 휴리스틱은 솔루션을 효율적으로 찾는 데 강력한 도구다.

A* 탐색은 휴리스틱과 루트로부터의 거리를 이용하여 최적 솔루션을 찾는다.

$$f(n) = g(n) + h(n)$$

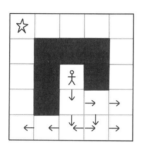

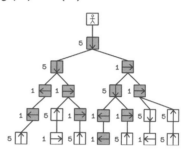

최소-최대와 같은 적대적 탐색은 다른 것이 환경에 영향을 줄 때 유용하다.

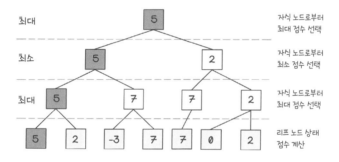

알파-베타 가지치기는 바람직하지 않은 경로를 제거함으로써
최소-최대 알고리즘의 최적화에 도움을 준다.

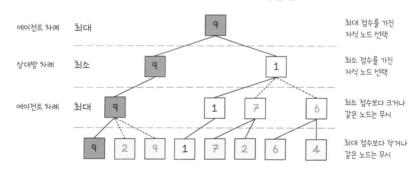

CHAPTER 4

진화 알고리즘

진화란 무엇인가?

주위를 돌아보면, 흔하게 볼 수 있고 우리와 상호 작용하는 모든 것이 어떻게 생겨났는지 때때로 궁금해질 때가 있다. 이것을 설명하는 한 가지 방법이 진화론evolution이다. 진화론은 오늘날 우리가 볼 수 있는 살아 있는 유기체가 갑자기 지금의 모습을 하게 된 것이 아니라 수백만 년 동안의 미묘한 변화를 통해 각 세대가 환경에 적응하면서 진화해 온 결과라고 제안한다. 이것은 살아 있는 유기체의 신체적, 인지적 특성이 생존을 위해 환경에 최적으로 적응해 온 결과임을 의미한다. 진화는 유기체가 번식을 통해 부모 세대로부터 혼합 유전자를 가진 자식을 생산한다고 설명하는데, 이러한 개체들의 환경 적합성을 고려할 때 강한 개체의 생존 가능성이 더 높다.

종종 진화가 후손에게 명확한 변화를 유발하는 선형적인 과정이라고 생각하는 실수를 하는데, 사실 진화는 종species의 다양성으로 인해 훨씬 더 복잡하다. 즉, 유전자의 재생산과 혼합을 통해 종의 다양한 변종이 만들어진다. 종의 차이가 명확해지는 데는 수천 년이 걸리고, 각 시점에서 평균 개체를 비교해야만 발견할 수 있다. 그림 4.1은 인간 진화의 실제 형태와 일반적으로 잘못 알고 있는 형태를 보여준다.

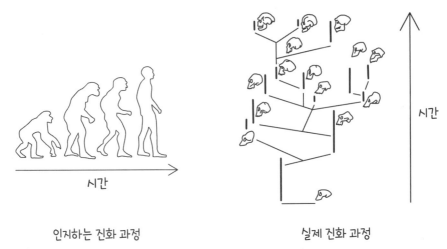

그림 4.1 선형적인 인간 진화와 실제 인간 진화 개념

찰스 다윈Charles Darwin은 자연 선택을 중심으로 한 진화론을 제안했다. **자연 선택**natural selection은 더 강한 개체가 환경에 더 적합하기 때문에 생존할 가능성이 더 높다는 개념이다. 즉, 더 강한 개체가 더 많이 번식하여 미래 세대의 생존에 유익한 특성을 지니게 됨으로써 그들의 조상보다 잠재적으로 더 많이 생존할 수 있다는 관점이다.

적응을 위한 진화의 고전적인 예는 후추 나방이다. 후추 나방은 원래 밝은 색이었다. 나방이 밝은 색이면 주변 환경의 밝은 색 표면과 잘 섞일 수 있어 포식자에 대한 좋은 위장이 되었기 때문이다. 그때는 나방 모집단의 약 2%만이 더 어두운 색이었다. 하지만 산업 혁명 이후 종의 약 95%가 더 어두운 색을 가진 변종이 되었다. 이에 대한 한 가지 설명은 오염으로 인해 표면이 어두워져서 더 밝은 색의 나방이 더 이상 표면과 잘 섞일 수 없게 되었다는 것이다. 더 밝은 색의 나방이 더 잘 보이게 되니 포식자가 밝은 색의 나방을 더 많이 잡아먹었다는 것이다. 결국 더 어두운 나방이 어두운 표면과 섞이는 데 더 큰 이점이 있었기 때문에 더 오래 생존하고 더 많이 번식했으며 유전 정보가 후손에게 더 널리 퍼졌다.

후추 나방의 속성 중에서 크게 변한 것은 색이었다. 하지만 그런 속성이 마법처럼 전환된 것은 아니다. 변화가 일어나기 위해서는 더 어두운 색의 나방 유전자를 후손에게 넘겨줘야 한다.

자연 진화의 다른 예에서 다른 개체 간 단순한 색상 이상의 극적인 변화를 볼 수 있지만 실제로 이러한 변화는 여러 세대에 걸쳐 더 낮은 단계에서의 유전적 차이의 영향을 받는다(그림 4.2).

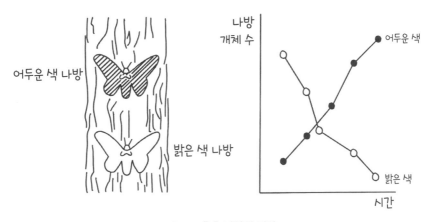

그림 4.2 후추 나방의 진화

진화는 한 종의 모집단에서 한 쌍의 유기체 사이에 자손이 태어난다는 아이디어를 포괄한다. 자손은 부모 유전자의 조합이지만 **돌연변이**mutation라는 과정을 통해 그 자손에서 작은 변화가 일어나고, 그 자손은 모집단의 일부가 된다. 또한, 모집단의 모든 구성원이 생존하지는 못한다. 알다시피 질병, 부상, 기타 요인으로 개체가 사망하기 때문이다. 일반적으로 주변 환경에 더 잘 적응하는 개체가 생존할 가능성이 더 높은데, 이로부터 **적자 생존**survival of the fittest이라는 용어가 생겨났다. 다윈의 진화론에 따르면 모집단은 다음과 같은 속성을 갖는다.

- **다양성**variety — 모집단의 개체는 유전적 특성이 다르다.
- **유전성**hereditary — 자식은 부모로부터 유전적 특성을 물려받는다.
- **선택**selection — 개체의 적합성을 측정하는 메커니즘이다. 강한 개체가 생존 가능성이 가장 높다(적자 생존).

이러한 속성은 진화 과정에서 다음과 같은 일이 발생함을 의미한다(그림 4.3).

- **번식**reproduction — 보통 모집단의 두 개체가 번식하여 자식을 낳는다.
- **교차·돌연변이**crossover and mutation — 번식을 통해 낳은 자식에는 부모의 유전자가 혼합되어 있으며 유전자 코드는 무작위로 변경된다.

요약하면, 진화는 생명체의 변형을 일으키는 놀랍고 혼란스러운 시스템이며, 변형 중 일부는 특정한 환경에서 어떤 개체에 대해서 다른 변형보다 더 나은 결과를 유발하기도 한다. 이 이론을 진화 알고리즘에도 적용한다. 생물학적 진화를 통해 배운 것들로 다양한 솔루션을 생성하고 여러 세대에 걸쳐 성능이 더 좋은 솔루션으로 수렴하도록 함으로써 실제 문제에 대한 최적 솔루션을 찾는 데 활용한다.

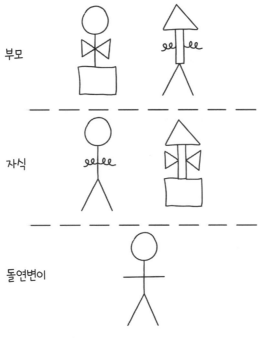

부모

자식

돌연변이

그림 4.3 번식과 돌연변이의 간단한 예

4장, 5장에서 진화 알고리즘을 집중적으로 살펴본다. 진화 알고리즘은 어려운 문제를 해결하기 위한 강력한 알고리즘이지만 조금은 과소 평가된 방법이다. 단독으로 사용할 수도 있지만 신경망 같이 다른 구조와 함께 사용하는 경우도 많다. 하지만 이 개념을 확실히 이해하고 있으면 다양한 문제, 새로운 문제를 해결할 수 있는 많은 가능성을 열어준다.

진화 알고리즘을 적용할 수 있는 문제

진화 알고리즘을 모든 문제 해결에 적용할 수는 없다. 하지만 솔루션이 다수의 순열이나 선택으로 구성된 최적화 문제를 해결하는 데 강력하다. 일반적으로 이러한 문제에는 여러 유효한 솔루션이 있으며 일부 솔루션이 다른 솔루션보다 더 최적이다.

알고리즘의 작동 방식과 효율성을 알아보기 위해, 컴퓨터 과학에서 사용하는 고전적인 문제인 배낭 문제knapsack problem를 고려해 보자. 배낭 문제에서 배낭에는 특정한 최대 무게까지 항목을 담을 수 있다.

무게와 가치가 다른 여러 항목을 배낭에 담을 수 있는데, 목표는 배낭에 넣은 항목의 총 무게가 배낭의 한계 용량을 초과하지 않으면서 항목의 총 가치가 최대가 되도록 선택한 항목을 배낭에 넣는 것이다. 이때 문제를 간단히 하기 위해 항목의 물리적 크기와 부피는 무시한다(그림 4.4).

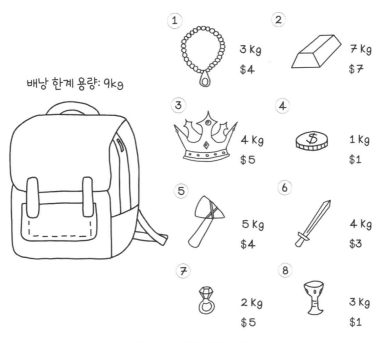

그림 4.4 간단한 배낭 문제 예

간단한 예로, 표 4.1의 문제 명세를 고려하면 배낭에는 다양한 무게와 가치를 갖는 8개 항목 중에서 총 9kg까지 담을 수 있다.

표 4.1 배낭 한계 용량: 9kg

항목 ID	항목 이름	무게(kg)	가치($)
1	진주	3	4
2	금	7	7
3	왕관	4	5
4	동전	1	1
5	도끼	5	4
6	칼	4	3
7	반지	2	5
8	컵	3	1

이 문제에는 다음을 포함하여 255개의 가능한 솔루션이 있다(그림 4.5).

- **솔루션 1** — 항목 1, 항목 4, 항목 6을 포함한다. 총 무게는 8kg이고 총 가치는 $8다.
- **솔루션 2** — 항목 1, 항목 3, 항목 7을 포함한다. 총 무게는 9kg이고 총 가치는 $14다.
- **솔루션 3** — 항목 2, 항목 3, 항목 6을 포함한다. 총 무게는 15kg으로 배낭의 용량을 초과한다.

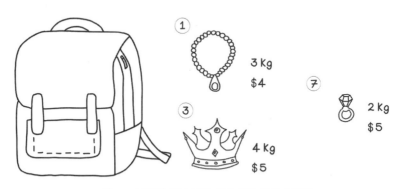

그림 4.5 간단한 배낭 문제 예를 위한 최적 솔루션

총 가치가 가장 높은 것은 **솔루션** 2다. 일단은 가능성 있는 솔루션의 수를 계산하는 방법에 너무 신경 쓰지 말고 잠재적인 항목의 수가 증가함에 따라 가능성 있는 솔루션의 수가 폭발적으로 증가한다는 것을 이해해야 한다.

이 정도 간단한 예는 손으로 해결할 수 있다. 하지만 배낭 문제는 다양한 가중치 제약 조건, 다양한 항목 수, 각 항목별로 다양한 가중치와 가치를 가지므로 변수가 많아짐에 따라 손으로 해결하는 것이 불가능하다. 변수가 많아지면, 모든 항목의 조합을 무차별적으로 대입하는 것의 계산 비용이 너무 비싸지므로 바람직한 솔루션을 구하기 위한 효율적인 알고리즘을 찾아야 한다.

최선의 솔루션은 **최적**optimal 솔루션이 아닌 **바람직한**desirable 솔루션인 경우가 많다. 일부 알고리즘은 배낭 문제에 대한 유일한 최적 솔루션을 찾으려고 시도한다. 진화 알고리즘은 최적 솔루션을 찾으려고 시도는 하지만 그것을 찾을 수 있다는 보장은 못한다. 알고리즘은 문제에 기초하여 사용 사례에 적합한 솔루션을 찾을 수는 있지만, 수용할 수 있는 솔루션이 무엇인가 하는 것은 주관적이다. 예를 들어, 성능 보장이 절대적으로 중요한 의료 시스템은 '충분히 좋은' 솔루션을 허용할 수 없지만, 노래 추천 시스템의 경우엔 허용할 수 있다.

이제 표 4.2의 더 큰 데이터 세트(거대한 배낭)를 고려해 볼 텐데, 많은 항목 수, 다양한 무게, 가치로 인해 문제를 손으로 해결하기가 어렵다. 이처럼 데이터 세트의 복잡성을 이해하면, 이런 문제 해결에서 많은 컴퓨터 과학 알고리즘을 성능으로 측정하는 이유를 쉽게 알 수 있다. 여기서 성능은 특정 솔루션이 문제를 얼마나 잘 해결하느냐로 정의하며, 계산 성능에만 한정되는 것은 아니다. 배낭 문제의 경우, 더 높은 총 가치를 산출하는 솔루션의 성능이 더 낫다고 볼 수 있는데, 진화 알고리즘이 배낭 문제에 대한 해결책을 찾는 방법을 제공할 수 있다.

표 4.2 배낭 한계 용량: 6,404,180kg

항목 ID	항목 이름	무게(kg)	가치 ($)
1	도끼	32,252	68,674
2	청동 동전	225,790	471,010
3	왕관	468,164	944,620
4	다이아몬드 동상	489,494	962,094
5	에메랄드 벨트	35,384	78,344
6	화석	265,590	579,152
7	금화	497,911	902,698
8	헬멧	800,493	1,686,515
9	잉크	823.576	1,688,691
10	보석 상자	552,202	1,056,157
11	칼	323,618	677,562
12	장검	382,846	833,132
13	마스크	44,676	99,192
14	목걸이	169,738	376,418
15	오팔 배지	610,876	1,253,986
16	진주	854,190	1,853,562
17	화살통	671,123	1,320,297
18	루비 링	698,180	1,301,637
19	실버 팔찌	446,517	859,835
20	시계	909,620	1,677,534
21	제복	904,818	1,910,501
22	독약	730,061	1,528,646
23	울 스카프	931,932	1,827,477
24	석궁	952,360	2,068,204
25	절판된 책	926,023	1,746,556
26	아연 컵	978,724	2,100,851

이 문제를 해결하는 한 가지 간단한 방법은 무차별 대입 방법brute-force approach이다. 이 방법에서는 최선의 솔루션을 찾을 때까지 배낭의 무게 제약 조건을 충족하는 모든 가능한 항목의 조합과 해당 조합의 가치를 계산한다.

그림 4.6은 무차별 대입 방법에 대한 몇 가지 벤치 마크 분석을 보여준다. 참고로, 이 결과는 일반 개인용 컴퓨터의 하드웨어를 사용하여 계산한 것이다.

가능한 조합의 수	$2\text{^}26 = 67,108,864$
반복 횟수	$2\text{^}26 = 67,108,864$
계산 정확도	100%
계산 시간	~7분

그림 4.6 배낭 문제에 대한 무차별 대입 방법의 성능 분석

이번 장에서는 배낭 문제에 대한 수용할 만한 솔루션을 찾는 것을 목표로 유전 알고리즘genetic algorithm의 이해, 설계, 개발 방법을 살펴본다.

> **참고** **성능(performance)이라는 용어에 대한 참고 사항**
>
> 개별 솔루션의 관점에서 성능은 솔루션이 문제를 얼마나 잘 해결하는지를 나타낸다. 알고리즘의 관점에서 성능은 특정한 구성configuration이 솔루션을 얼마나 잘 찾는지를 나타낸다. 마지막으로 성능은 계산 시간을 의미할 수도 있다. 그리고 이 용어는 문맥에 따라 다르게 사용된다는 것을 명심한다.

배낭 문제 해결에 사용하는 유전 알고리즘의 이면에 깔린 생각을 다양한 실제 문제에도 적용할 수 있다. 예를 들어 물류 회사가 목적지에 따라 트럭 포장 작업을 최적화하는 경우, 유전 알고리즘이 유용하다. 또한, 해당 물류 회사가 여러 목적지 사이 최단 경로를 찾으려는 경우에도 유전 알고리즘이 도움이 된다. 그리고 공장에서 컨베이어 벨트 시스템을 통해 개개 항목을 원재료로 정제할 때 개개 항목의 정제 순서가 생산성에 영향을 준다면, 유전 알고리즘이 그 순서를 결정하는 데 유용하다.

유전 알고리즘의 착안점, 접근 방식, 수명 주기를 잘 이해하면, 이 강력한 알고리즘을 어디에 적용할 수 있는지 명확히 알 수 있고 또 다른 응용 방안도 찾아낼 수 있다. 유전 알고리즘은 **확률적** stochastic이라는 점을 명심해야 하는데, 이는 알고리즘이 실행될 때마다 출력이 달라질 가능성이 있다는 것을 의미한다.

유전 알고리즘: 수명 주기

유전 알고리즘genetic algorithm은 진화 알고리즘 계열에 속하는 하나의 특정한 알고리즘이다. 각 알고리즘은 진화라는 동일한 전제하에 작동하지만, 알고리즘의 라이프 사이클 중 일부를 조금씩 조정해서 다양한 문제를 해결할 수 있다. 5장에서는 이러한 조정을 위한 매개변수 중 일부를 살펴본다.

유전 알고리즘은 좋은 솔루션을 찾기 위해 유전자로 표현된 유전체의 큰 검색 공간을 탐색한다. 하지만 유전 알고리즘이 항상 최적 솔루션을 보장하지는 않는다. 다만, 지역적으로 최고의 솔루션이 아니라 전역적으로 최고의 솔루션을 찾으려고 시도한다는 것을 알아두는 것이 중요하다.

여기서 **전역 최고**global best는 탐색 가능한 최적 솔루션이고, **지역 최고**local best는 덜 최적화된 솔루션이다. 그림 4.7은 솔루션을 최소화하는 경우의 최적 솔루션 후보를 나타내는데, 이 경우에는 값이 작을수록 더 좋다. 반대로, 솔루션을 극대화하는 것이 목표라면 값이 클수록 좋다. 유전 알고리즘과 같은 최적화 알고리즘은 지역 최고 솔루션을 점진적으로 찾아 나가면서 결과적으로 전역 최고 솔루션을 찾는다.

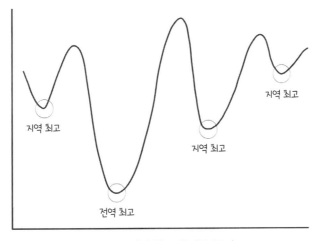

그림 4.7 지역 최고 대 전역 최고*

알고리즘의 매개변수를 구성할 때는 세심한 주의가 필요하다. 처음에는 솔루션이 다양성을 가지도록 하면서, 각 세대generation를 통해 점차 더 나은 솔루션에 가까워지도록 해야 하기 때문이다. 처음에는 잠재적 솔루션의 개별 유전적 속성이 크게 달라야 하는데, 만약 초기에 속성 간 차이가 없으면 지역 최고 솔루션에 갇힐 위험이 증가한다(그림 4.8).

★   [옮긴이] 여기서 세로 축은 문제의 비용을 나타냄

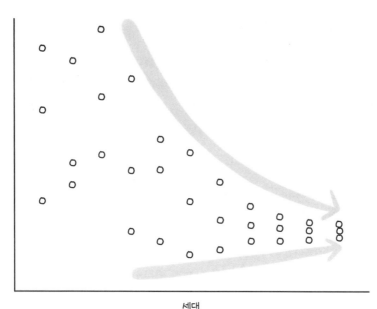

세대

그림 4.8 다양성의 수렴 과정

유전 알고리즘의 구성은 문제 공간에 따라 다르다. 각 문제마다 고유한 맥락을 갖고 있고 데이터가 표현되는 도메인이 다르다. 그리고 솔루션도 다르게 평가한다.

유전 알고리즘의 일반적인 수명 주기는 다음과 같다.

- **모집단 생성** — 무작위로 잠재적 솔루션의 모집단을 만든다.
- **모집단 내 개체의 적합도 측정** — 특정 솔루션이 얼마나 좋은지 판단한다. 이 작업은 적합도 함수를 이용하여 솔루션이 얼마나 좋은지 결정하는 점수를 계산하여 수행한다.
- **적합도에 따른 부모 선택** — 자손을 낳을 부모 쌍을 선택한다.
- **부모로부터 개체 재생산** — 유전 정보를 혼합하고 자손에 약간의 돌연변이를 적용하여 부모로부터 자손을 낳는다.
- **다음 세대 채우기** — 모집단에서 다음 세대까지 생존할 개체와 자손을 선택한다.

유전 알고리즘에는 여러 구현 단계가 있는데, 이러한 단계는 알고리즘 수명 주기의 각 시기를 포함하고 있다(그림 4.9).

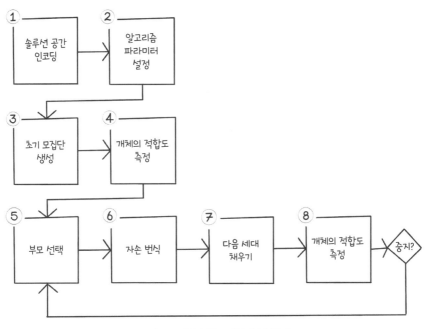

그림 4.9 유전 알고리즘 수명 주기

배낭 문제를 염두에 두었을 때 이 문제에 대한 해결책을 찾기 위해 유전 알고리즘을 어떻게 사용할까? 다음 절에서는 그 과정을 자세히 살펴본다.

솔루션 공간 인코딩

유전 알고리즘을 사용할 때는 인코딩 단계를 올바르게 수행하는 것이 가장 중요하며, 가능한 상태의 표현을 신중하게 설계해야 한다. 여기서 **상태**state는 문제의 가능한 솔루션을 나타내는 특정 규칙이 있는 데이터 구조다. 또한, 상태 집단은 모집단을 형성한다(그림 4.10).

> **용어**
>
> 진화 알고리즘과 관련하여 개별 후보 솔루션을 **염색체(chromosome)**라고 한다. 염색체는 유전자로 구성된다. **유전자(gene)**는 단위의 논리적 유형이고 **대립 형질(allele)**은 해당 단위에 저장된 실젯값이다. **유전자형(genotype)**은 솔루션의 표현이고 **표현형(phenotype)**은 고유한 솔루션 그 자체. 각 염색체는 항상 같은 수의 유전자를 가지고 있다. 염색체 모음은 모집단을 형성한다(그림 4.11).

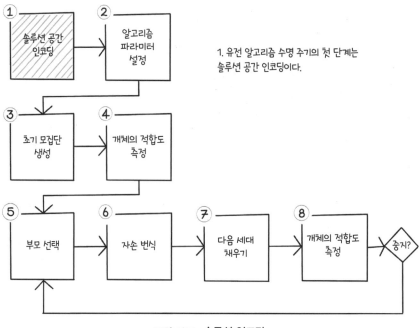

1. 유전 알고리즘 수명 주기의 첫 단계는 솔루션 공간 인코딩이다.

그림 4.10 솔루션 인코딩

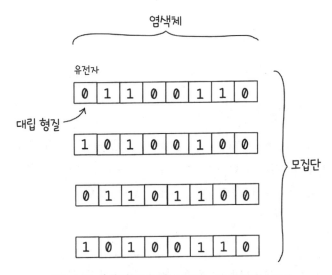

그림 4.11 솔루션 모집단을 나타내는 데이터 구조 용어

배낭 문제에서는 여러 항목을 배낭에 넣을 수 있다. 일부 항목은 포함하지만 그 외 다른 항목은 포함하지 않을 가능성 있는 솔루션을 표현하는 간단한 방법은 이진 인코딩이다(그림 4.12). **이진 인코딩**binary encoding에서는 제외한 항목과 포함한 항목을 각각 0, 1로 나타낸다. 예를 들어, 유전자의 인덱스 3의 값이 1이면 해당 항목을 포함한다는 표시다. 완전한 이진 문자열은 항상 동일한 크기

를 갖는데, 이 크기는 선택할 수 있는 항목 수를 나타낸다. 이진 인코딩을 대체할 수 있는 다른 인코딩 체계도 존재하는데, 이는 5장에서 설명한다.

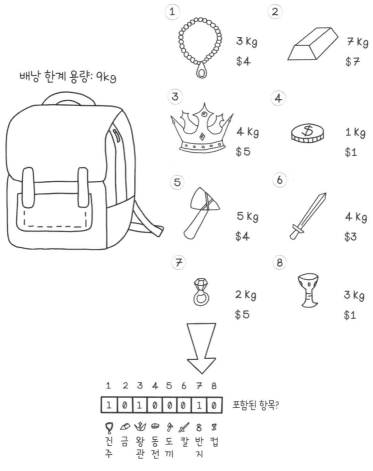

그림 4.12 배낭 문제 이진 인코딩

이진 인코딩: 0과 1로 가능성 있는 솔루션 표현

이진 인코딩은 0, 1로 유전자를 나타내므로 염색체는 이진 비트 문자열로 표시한다. 이진 인코딩은 다양한 방식으로 특정 요소의 존재를 표현하거나 숫자 값을 이진 숫자로 인코딩하는 데 사용한다. 이진 인코딩의 장점은 기본 연산자를 사용하기 때문에 일반적으로 성능이 더 우수하다. 이진 인코딩을 사용하면 필요한 작업 메모리가 줄어들고, 사용하는 언어에 따라 이진 연산의 계산속도가 더 빠르다. 그러나 각 문제에 대해서 인코딩이 타당하고 잠재적 솔루션을 잘 나타내도록주의를 기울여야 한다. 그렇지 않으면 알고리즘의 성능이 저하될 수 있다(그림 4.13).

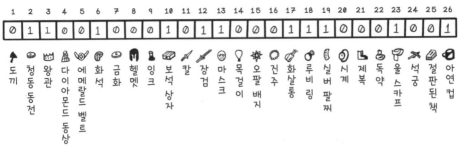

그림 4.13 더 큰 데이터 세트에 대한 배낭 문제 이진 인코딩

다양한 무게와 가치를 갖는 26개 항목으로 구성된 데이터 세트에 대한 배낭 문제의 경우, 이진 문자열을 사용하여 각 항목의 포함 여부를 나타낼 수 있다. 결과는 26자 문자열인데, 문자열의 각 인덱스에 대해 0은 해당 항목을 제외하는 것을 의미하고 1은 해당 항목을 포함하는 것을 의미한다.

실숫값real-value 인코딩, 순서order 인코딩, 트리tree 인코딩을 포함한 다른 인코딩 체계는 5장에서 설명한다.

> **연습: 다음 문제에 대해 가능한 인코딩은 무엇일까?**

다음과 같은 문장이 있을 때 유전 알고리즘을 이용하여 의미 있는 구문을 유지하기 위해 제외하거나 포함할 수 있는 단어를 찾고 싶다고 가정한다.

```
THE QUICK BROWN FOX JUMPS OVER THE LAZY DOG
```

잘못된 구문
```
THE         BROWN       JUMPS OVER
    QUICK         FOX         OVER THE
THE               FOX                 THE LAZY
```

올바른 구문
```
THE QUICK       FOX
    QUICK       FOX JUMPS
THE       BROWN FOX                         DOG
THE       BROWN                   LAZY DOG
THE QUICK                             DOG
    QUICK                 OVER THE        DOG
THE QUICK                         LAZY DOG        *구두점은 제외함
```

> **해법: 다음 문제에 대해 가능한 인코딩은 무엇일까?**

단어의 개수가 항상 같고 단어가 항상 같은 위치에 있기 때문에 이진 인코딩을 이용하여 포함하는 단어와 제외하는 단어를 표현할 수 있다. 염색체는 9개의 유전자로 구성되며, 각 유전자는 문구에서 단어를 나타낸다.

THE QUICK BROWN FOX JUMPS OVER THE LAZY DOG

THE　　　　BROWN　　　JUMPS OVER

1	0	1	0	1	1	0	0	0

THE　　　　BROWN　　　　　　　　LAZY DOG

1	0	1	0	0	0	0	1	1

솔루션 모집단 생성

초기에 모집단을 생성한다. 유전 알고리즘의 첫 번째 단계는 당면한 문제에 대한 임의의 잠재적 솔루션을 초기화하는 것이다. 모집단을 초기화하는 과정에서 염색체를 무작위로 생성하지만 문제의 제약 조건을 통해서 잠재적 솔루션이 유효하도록 한다. 즉, 제약 조건을 위반하면 나쁜 적합도 점수를 할당한다. 모집단의 각 개체가 문제를 잘 해결하지 못할 수도 있지만 이 또한 유효한 솔루션이다. 하지만 배낭에 항목을 넣는 이전의 예에서 언급했듯이 동일한 항목을 두 번 이상 배낭에 넣는 솔루션은 유효하지 않은 솔루션이므로 이는 잠재적 솔루션의 모집단에서 제외해야 한다(그림 4.14).

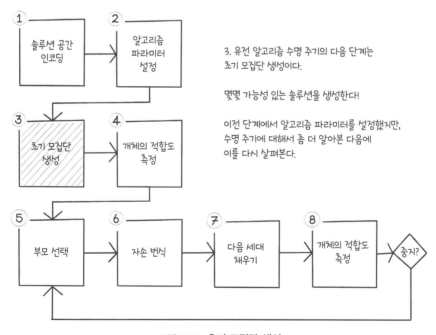

그림 4.14 초기 모집단 생성

배낭 문제의 솔루션 상태를 표현하는 방법이 주어지면, 각 항목을 배낭에 포함할지 여부를 무작위로 결정해서 구현한다. 단, 무게 제한 제약을 충족하는 솔루션만 고려한다. 단순히 왼쪽에서 오른쪽으로 이동하면서 항목 포함 여부를 무작위로 선택하면 염색체의 왼쪽 끝에 있는 항목에 대한 편향을 만드는 문제가 있다. 마찬가지로 오른쪽에서 시작한다면 오른쪽 항목으로 편향을 만들게 된다. 이 문제를 해결할 수 있는 방법 하나는 무작위 유전자를 가진 전체 개체를 생성하고 솔루션이 유효한지, 그리고 어떤 제약도 위반하지 않는지 확인하는 것이다. 유효하지 않은 솔루션에 끔찍하게 나쁜 점수를 할당하면 이 문제를 해결할 수 있다(그림 4.15).

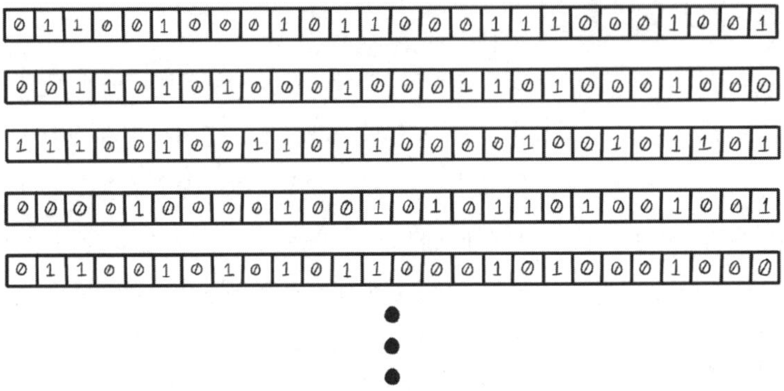

그림 4.15 솔루션 모집단 예

의사코드

가능성 있는 솔루션의 초기 모집단을 생성하기 위해 개체를 저장할 빈 배열을 생성한다. 그 다음 모집단 내 각 개체의 유전자를 담기 위해 빈 배열을 생성한다. 각 유전자는 무작위로 1 또는 0으로 설정하여 해당 유전자 인덱스의 항목을 포함하는지 여부를 나타낸다.

```
generate_initial_population (population_size, individual_size)
    let population be an empty array
    for individual in range 0 to population_size:
        let current_individual be an empty array
        for gene in range 0 to individual_size
            let random_gene be 0 or 1 randomly
            append random_gene to current_individual
        append current_individual to population
    return population
```

모집단 내 개체 적합도 측정

모집단을 생성하면, 모집단 내 각 개체의 적합도fitness를 결정한다. 적합도는 솔루션의 성능을 정의하는데, 적합도 함수는 유전 알고리즘의 수명 주기에 매우 중요하다. 개체의 적합도를 잘못 측정하거나 최적 솔루션을 찾기에 적합하지 않은 방식으로 측정하면, 새로운 개체 및 새로운 세대의 부모를 위한 선택 과정에 영향을 미친다. 결국 알고리즘에 결함이 생기고 최적의 솔루션을 찾을 수 없다.

적합도 함수는 3장에서 살펴본 휴리스틱과 유사한데, 이는 좋은 솔루션을 찾기 위한 지침과 같다 (그림 4.16).

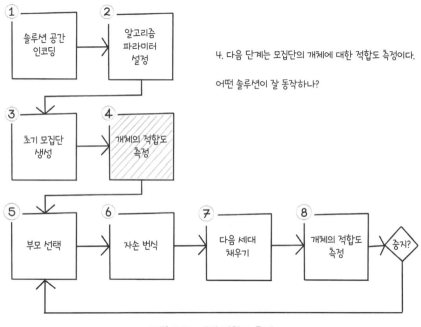

그림 4.16 개체 적합도 측정

이 예에서 솔루션은 무게 제한 제약 조건을 준수하면서 배낭에 있는 항목의 가치를 최대화한다. 적합도 함수는 각 개체에 대해서 배낭에 있는 항목의 총 가치를 측정한다. 그 결과, 총 가치가 더 높은 개체가 더 적합하다고 판단한다. 그림 4.17에서 유효하지 않은 개체를 강조하기 위해 그 개체의 적합도 점수를 0으로 처리했다. 이는 그 개체가 주어진 문제의 무게 한계 용량인 6,404,180을 초과하기 때문이다.

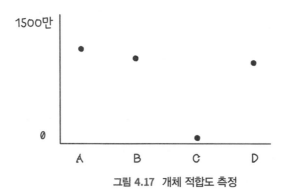

A `0 1 1 0 0 1 0 0 0 1 0 1 1 0 0 0 1 1 1 0 0 1 0 0 1` 11,393,360

B `0 0 1 1 0 1 0 1 0 0 0 1 0 0 0 1 1 0 1 0 0 0 1 0 0 0` 10,866,684

C `1 1 1 0 0 1 0 0 1 1 0 1 1 0 0 0 0 1 0 0 1 0 1 1 0 1` 0 (무게 초과)

D `0 0 0 0 1 0 0 0 0 1 0 0 1 0 1 0 1 1 0 1 0 0 1 0 0 1` 10,715,475

1500만

0

A B C D

그림 4.17 개체 적합도 측정

해결하려는 문제에 따라 적합도 함수를 최소화하거나 또는 최대화해야 한다. 배낭 문제에서는 배낭에 담은 항목의 가치를 제약 조건 내에서 최대화하거나 배낭의 빈 공간을 최소화한다. 문제의 해석에 따라 접근 방식이 달라진다.

의사코드

배낭 문제에서 개체의 적합도를 계산하려면 각 개체가 포함하는 각 항목 값의 합계를 구해야 한다. 이 작업은 총 가치를 0으로 설정한 다음, 각 유전자가 나타내는 항목을 포함하는지 여부를 반복해서 확인하면서 수행한다. 항목을 포함하면 해당 유전자가 나타내는 항목의 가치를 총 가치에 추가한다. 마찬가지로 솔루션이 유효한지 확인하기 위해 총 무게를 계산한다. 적합도 계산과 제약 조건 확인이라는 두 가지 개념은 관심사를 더욱 명확하게 구분하기 위해 분리한다.

```
calculate_individual_fitness (individual,
                             knapsack_items,
                             knapsack_max_weight)
  let total_weight equal 0
  let total_value equal 0
  for gene_index in range 0 to length of individual:
```

```
    let current_bit equal individual[gene_index]
  if current_bit equals 1:
      add weight of knapsack_items[gene_index] to total_weight:
      add value of knapsack_items[gene_index] to total_value
  if total_weight is greater than knapsack_max_weight
    return value as 0 since it exceeds the weight constraint
  return total_value as individual fitness
```

적합도에 따른 부모 선택

유전 알고리즘의 다음 단계는 새로운 개체를 생산할 부모를 선택하는 것이다. 다윈 이론에 따르면 환경에 더 잘 적응한 개체가 일반적으로 더 오래 살기 때문에 다른 개체보다 번식할 가능성이더 높다. 또한, 이러한 개체는 주어진 환경에서 더 잘 살아남기 때문에 상속을 위한 좋은 속성을갖게 된다. 즉, 일부 개체는 전체 그룹에서 적자fittest가 아니더라도 번식할 가능성이 높으며 이러한 개체는 전체적으로 강하지는 않지만 강한 특성을 갖고 있다.

각 개체의 적합도를 계산해서 새로운 개체의 부모가 될 확률을 결정한다. 이런 속성으로 인해 유전 알고리즘은 본질적으로 확률적이다(그림 4.18).

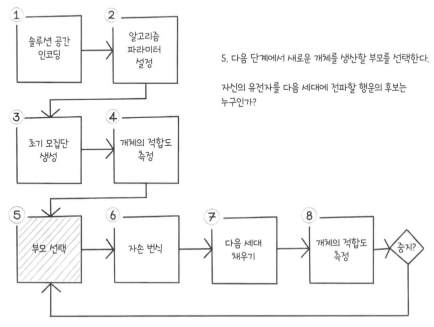

그림 4.18 부모 선택

룰렛 휠 선택roulette-wheel selection은 적합도에 따라 부모를 선택하는 데 사용하는 인기 있는 기술이다. 이 전략은 적합도에 비례하는 만큼의 휠wheel(바퀴) 부분을 해당 개체에 제공한다. 휠을 '회전'시키고, 이어서 개체를 선택한다. 적합도가 높은 개체에 그에 비례하여 휠의 더 큰 슬라이스slice(부분)를 할당하는데, 이 과정은 원하는 부모 수에 도달할 때까지 반복한다.

다양한 적합도를 가진 16개 개체의 확률을 계산하여, 각 개체에게 자신의 확률에 비례하는 넓이만큼의 휠 슬라이스를 할당한다. 많은 개체가 유사하게 동작하기 때문에 비슷한 크기의 슬라이스가 많다(그림 4.19).

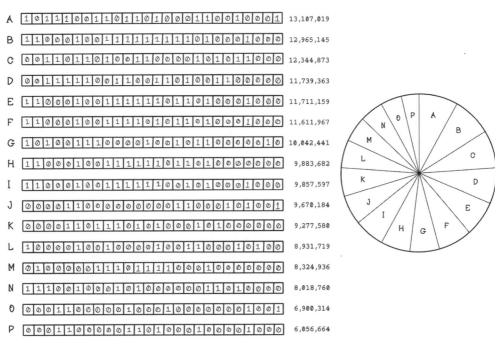

그림 4.19 각 개체에 대한 선택 확률 결정

새로운 자손 번식을 위해 선택한 부모의 수는 필요한 총 자손 수에 따라 결정한다. 이는 각 세대에서 원하는 모집단의 크기에 따라 결정된다. 부모가 될 두 개체를 선택하여 자손을 생성하는데, 이 과정은 원하는 수의 자손을 생성할 때까지 부모를 달리 선택해 가면서(동일한 개체가 한 번 이상 부모가 될 가능성이 있음) 반복한다. 부모 개체는 부모의 유전자가 혼합된 하나의 자손 또는 두 개의 자손을 생산한다. 이 개념은 이번 장의 뒷부분에서 더 명확하게 설명한다. 배낭 문제 예에서 적합도가 더 높은 개체는 무게 제한 제약을 준수하면서 가방에 넣은 항목들의 가치의 합이 가장 높도록 가방을 채우는 개체다.

모집단 모델population model은 모집단의 다양성을 통제하는 방법이다. 정상 상태steady state 모델과 세대 기반generational 모델 이렇게 두 가지가 있다. 이는 각각의 고유한 장단점이 있는 모집단 모델이다.

정상 상태: 세대마다 일부 모집단 교체

이것은 모집단 관리를 위한 고수준의 접근 방식으로 선택 전략*을 대체하는 것이 아니라 그러한 선택 전략을 사용하는 방법이다. 이때 기본 아이디어는 모집단의 대다수 개체를 유지하면서, 소수의 약한 개체는 제거하고 이를 새로운 자손으로 대체하는 것이다. 이 과정은 약한 개체는 죽고 번식을 통해 새로운 개체가 만들어지는 삶과 죽음의 주기를 모방한다. 모집단에 100개의 개체가 있는 경우, 모집단의 많은 부분은 현재 개체로 채우고 일부 나머지 부분은 번식을 통해 생성한 새로운 개체로 채운다. 예를 들어, 현재 세대에서 온 80개체와 새로운 20개체가 있을 수 있다.

세대 기반: 세대마다 전체 모집단 교체

모집단 관리에 대한 이 고수준의 접근 방식은 정상 상태 모델과 유사하지만 이 역시 선택 전략의 대안은 아니다. 정상 상태 모델과 달리 세대별 모델은 인구 규모와 동일한 수의 자손 개체를 생성하고 전체 모집단을 새로운 자손으로 대체한다. 모집단에 100개의 개체가 있다면, 각 세대는 번식을 통해 100개의 새로운 개체를 채운다. 정상 상태와 세대 기반은 알고리즘의 구성을 설계하기 위한 가장 중요한 아이디어다.

룰렛 휠: 부모와 생존 개체 선택

적합도 점수가 더 높은 염색체를 선택할 가능성이 더 높지만, 비록 가능성은 낮아도 적합도 점수가 낮은 염색체를 선택할 수도 있다. **룰렛 휠 선택**이라는 용어는 카지노의 룰렛 휠에서 온 것인데, 휠을 슬라이스로 나눈다. 일반적으로 휠을 회전시키고, 대리석 공을 휠로 던지고, 휠이 회전을 멈출 때 대리석 공이 위치하는 슬라이스를 선택한다.

이 비유에서 염색체를 휠의 슬라이스에 할당한다. 즉, 적합도 점수가 높은 염색체에는 휠의 더 큰 슬라이스를 할당하고, 적합도 점수가 낮은 염색체에는 작은 슬라이스를 할당하는 것이다. 대리석 공이 휠의 슬라이스에 무작위로 멈추는 것처럼 염색체도 무작위로 선택한다.

이 비유는 확률적 선택의 예다. 그 기회가 많든 적든 각 개체를 선택할 가능성이 있다. 개체 선택의 기회는 이번 장의 앞부분에서 언급한 모집단의 다양성과 수렴률에 영향을 미친다. 이번 장 앞부분의 그림 4.19도 이 개념을 보여준다.

★ [옮긴이] 앞서 살펴본 룰렛 휠 선택, 5장에서 살펴 볼 순위 선택, 토너먼트 선택, 엘리트주의 선택을 말함

첫째, 각 개체의 선택 확률을 결정한다. 이 확률은 각 개체의 적합도를 모집단의 총 적합도로 나누어 계산한다. 룰렛 휠 선택을 사용하는데, '휠'을 원하는 수의 개체를 선택할 때까지 '회전'시킨다. 각 선택에 대해 0과 1 사이의 임의의 수를 계산*하고, 개체의 적합도가 그 확률** 내에 있으면 해당 개체를 선택한다. 각 개체의 확률을 결정하기 위해 개체의 값과 그룹의 평균을 비교하는 표준 편차를 포함하는 다른 확률적 접근 방식을 사용할 수 있다.

```
set_probabilities_of_population (population)
  let total_fitness equal the sum of fitness of the population
  for individual in population:
    let the probability_of_selection of individual...
        ...equal it's fitness/total_fitness


roulette_wheel_selection(population, number_of_selections):
  let possible_probabilities equal
      set_probabilities_of_population (population)
  let slices equal empty array
  let total equal 0
  for i in range(0, number_of_selections):
    append [i, total, total + possible_probabilities[i]]
       to slices
    total += possible_probabilities[i]
  let spin equal random(0, 1)
  let result equal [slice for slice in slices if slice[1] < spin <= slice[2]]
  return result
```

부모로부터 개체 복제

부모를 선택하고 나면, 부모로부터 새로운 자손을 낳기 위한 번식이 필요하다. 일반적으로 부모로부터 자식을 만드는 것은 두 단계로 이루어진다. 첫 번째 개념은 교차crossover로, 부모 중 부의 염색체 일부와 모의 염색체 일부를 섞는 것을 의미하며, 부모의 순서를 바꾼 경우도 마찬가지다. 이 과정을 통해 부모 염색체의 반전된 혼합을 포함하는 두 개의 자손이 만들어진다. 두 번째 개념은

---

* [옮긴이] random 함수 이용

** [옮긴이] 앞에서 구한 0과 1 사이의 수를 확률값으로 사용함

돌연변이mutation**다. 즉, 자손을 무작위로 변경하여 모집단에 변화를 만든다(그림 4.20).**

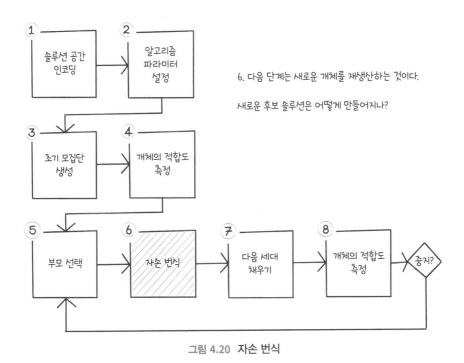

6. 다음 단계는 새로운 개체를 재생산하는 것이다.

새로운 후보 솔루션은 어떻게 만들어지나?

그림 4.20 자손 번식

교차(crossover)

교차는 두 개체 사이에 유전자를 혼합하여 하나 이상의 자손 개체를 생성하는 것이다. 교차는 재생산의 개념에서 영감을 받았다. 사용하는 교차 전략에 따라 자손 개체는 부모의 일부를 상속하는데, 교차 전략은 사용하는 인코딩의 영향을 크게 받는다.

단일 점 교차: 각 부모로부터 한 부분씩 상속받기

염색체 구조의 한 지점을 선택한 다음, 유전의 대상이 되는 부모를 참조하여 부모 중 부의 첫 번째 부분과 모의 두 번째 부분을 사용한다. 이 두 부분을 결합하여 새로운 자손을 생산한다. 두 번째 자손은 부모 중 부의 두 번째 부분과 모의 첫 번째 부분을 사용하여 만든다.

단일 점 교차는 이진 인코딩, 순서/순열 인코딩, 실숫값 인코딩에 적용한다(그림 4.21). 이러한 인코딩 체계는 5장에서 설명한다.

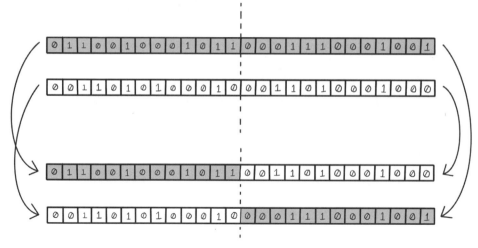

그림 4.21 단일 점 교차

의사코드

두 개의 새로운 자손 개체를 만들기 위해, 새로운 개체를 담기 위한 빈 배열을 생성한다. 인덱스 0부터 교차를 원하는 단일 점 위치를 나타내는 인덱스까지의 부모 A 유전자와 그 인덱스부터 염색체 끝까지 부모 B의 유전자를 연결하여 첫 번째 자손 개체를 만든다. 그리고 그 반대 방식으로 두 번째 자손 개체를 만든다.

```
one_point_crossover (parent_a, parent_b, xover_point)
    let children equal empty array

    let child_1 equal genes 0 to xover_point from parent_a plus...
    ...genes xover_point to parent_b length from parent_b
    append child_1 to children

    let child_2 equal genes 0 to xover_point from parent_b plus...
    ...genes xover_point to parent_a length from parent_a
    append child_2 to children

    return children
```

양 점 교차: 각 부모로부터 여러 부분 상속받기

염색체 구조의 두 지점을 선택한 다음, 부모를 번갈아 참조하여 해당 부분을 선택해서 하나의 자손 개체를 만든다. 이 과정은 앞에서 설명한 단일 점 교차와 유사하다. 이 과정을 상세히 설명하면, 첫 번째 자손 개체는 부모 중 부의 첫 번째 부분, 모의 두 번째 부분, 부의 세 번째 부분으로 구성하는데, 양 점 교차는 두 배열을 이어 붙여서 새로운 배열을 만드는 것으로 생각해 볼 수 있다. 그리고 두 번째 자손 개체는 부모에 대해서 앞서 선택하지 않은 부분을 선택해서 이를 이어 붙여서 만들 수 있다. 양 점 교차는 이진 인코딩과 실숫값 인코딩에 적용한다(그림 4.22).

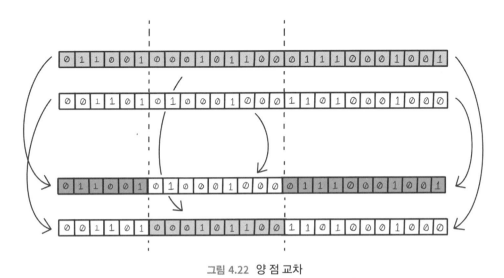

그림 4.22 양 점 교차

균일 교차: 각 부모로부터 많은 부분 상속받기

균일 교차는 양 점 교차를 좀 더 개선한 방법이다. 균일 교차에서는 각 부모의 어떤 유전자를 사용할지 나타내는 마스크를 이용하여 첫 번째 자손을 생성한다. 두 번째 자손은 마스크를 통해 선택하지 않은 유전자를 사용하여 생성한다. 마스크는 다양성을 극대화하기 위해 자손을 생성할 때마다 무작위로 생성한다. 일반적으로 균일 교차는 자손의 속성을 부모와 매우 다르게 만들기 때문에 좀 더 다양한 개체를 만들 수 있다. 균일 교차는 이진 인코딩과 실숫값 인코딩에 적용한다(그림 4.23).

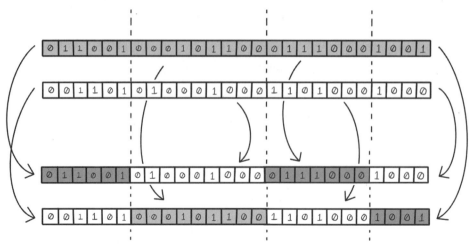

그림 4.23 균일 교차

> **돌연변이(mutation)**
>
> 돌연변이는 모집단의 다양성을 강화하기 위해 자손 개체를 약간 변경한다. 문제의 성격과 인코딩 방법에 따라 여러 가지 돌연변이 접근 방식을 사용한다.
>
> 돌연변이의 한 가지 매개변수는 돌연변이 비율, 즉 자손 염색체가 돌연변이가 될 가능성이다. 살아 있는 유기체와 마찬가지로 일부 염색체는 다른 염색체보다 더 많이 변이된다. 자손은 부모 염색체의 정확한 조합이 아니고 약간의 유전적 차이가 있다. 돌연변이는 모집단의 다양성을 강화하고 알고리즘이 지역 최고 솔루션에 갇히는 것을 방지하는 데 매우 중요하다.
>
> 돌연변이 전략에 따라 높은 돌연변이 비율은 개체가 돌연변이가 될 가능성이 높거나 개체의 염색체에 있는 유전자가 돌연변이가 될 가능성이 높다는 것을 의미한다. 많은 돌연변이는 더 많은 다양성을 의미하지만 너무 많은 다양성은 오히려 솔루션의 성능을 저하시킨다.

연습: 다음 염색체에 균일 교차를 적용했을 때의 결과는 무엇일까?

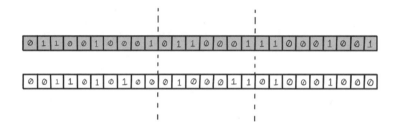

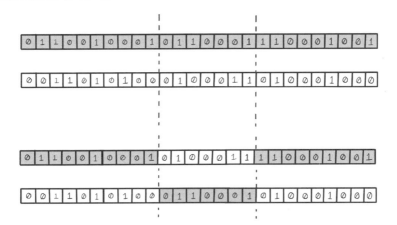

이진 인코딩을 위한 비트 문자열 돌연변이

비트 문자열 돌연변이에서 무작위로 선택한 이진 인코딩된 염색체의 유전자를 다른 유효한 값으로 변경한다(그림 4.24). 이진 인코딩이 아닌 다른 인코딩 방법을 사용할 때는 다른 돌연변이 방법을 적용한다. 돌연변이 메커니즘 주제는 5장에서 자세히 살펴본다.

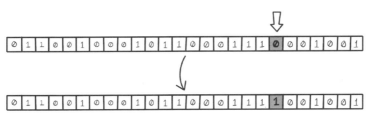

그림 4.24 비트 문자열 돌연변이

의사코드

개체 염색체의 단일 유전자를 돌연변이시키기 위해, 무작위로 유전자 인덱스를 선택한다. 해당 유전자가 1을 나타내면 0을 나타내도록 변경하고, 그 반대의 경우도 마찬가지로 변경한다.

```
mutate_individual (individual, chromosome_length)
  let random_index equal a random number between 0 and chromosome_length
  if gene at index random_index of individual is equal to 1:
    let gene at index random_index of individual equal 0
  else:
    let gene at index random_index of individual equal 1
  return individual
```

이진 인코딩을 위한 비트 반전 돌연변이

비트 반전 돌연변이에서는 이진 인코딩 염색체의 모든 유전자를 반대 값으로 반전한다. 1은 0으로, 0은 1로 변경한다. 이런 유형의 돌연변이는 솔루션의 성능을 크게 저하시킬 수 있으며 일반적으로 모집단에 지속해서 다양성을 도입해야 할 때 사용한다(그림 4.25).

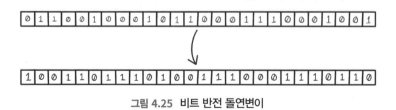

그림 4.25 비트 반전 돌연변이

다음 세대 채우기

모집단에서 개체의 적합도를 측정하고 자손을 재생산하고 나면, 다음 단계는 다음 세대를 위한 개체를 선택하는 것이다. 일반적으로 모집단의 크기는 고정되어 있고, 번식을 통해 새로운 개체가 유입된 만큼 일부 개체는 죽어서 모집단에서 제거해야 한다.

모집단 규모에 맞게 우수한 개체를 선택하고 나머지는 제거하는 것이 좋은 생각처럼 보인다. 그러나 생존하는 개체의 유전적 구성이 비슷하다면 이 전략은 개체의 다양성에 정체를 일으킨다(그림 4.26).

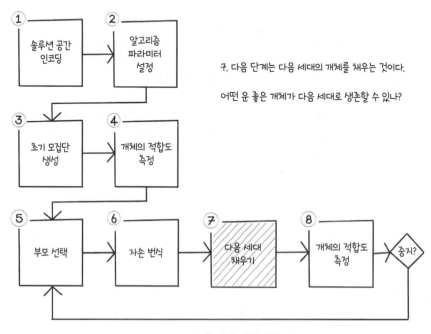

그림 4.26 다음 세대 개체 채우기

이번 절에서 언급한 선택 전략은 다음 세대를 위한 모집단의 일부를 구성하기 위해 선택할 개체를 결정하는 데 사용한다.

탐험과 활용

유전 알고리즘을 실행하는 것은 항상 탐험exploration과 활용exploitation 사이의 균형을 맞추는 것을 포함한다. 이상적인 상황에서는 개체 간에 다양성이 있고, 모집단 전체적으로는 검색 공간에서 매우 다른 잠재적 솔루션을 찾는다. 그런 다음 가장 바람직한 솔루션을 찾기 위해 더 강력한 지역 솔루션 공간을 활용한다. 이런 전략의 장점은 개체가 진화함에 따라 알고리즘이 강력한 솔루션을 활용하면서 가능한 한 많은 검색 공간을 탐험한다는 것이다(그림 4.27).

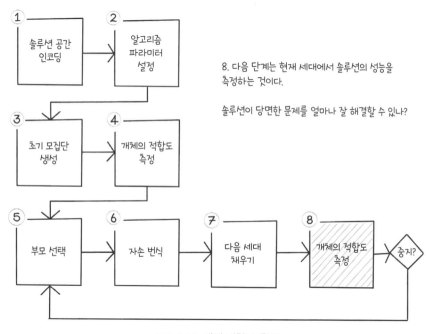

그림 4.27 개체 적합도 측정

중지 조건

유전 알고리즘은 각 세대를 통해 더 나은 솔루션을 반복해서 찾기 때문에 중지 조건을 설정해야 한다. 그렇지 않으면 알고리즘이 영원히 실행된다. **중지 조건**stopping condition은 알고리즘이 끝나는 곳에서 충족하는 조건이고, 이때 그 세대의 모집단 중에 가장 강한 개체를 최적 솔루션으로 선택한다.

가장 간단한 중지 조건은 알고리즘을 실행할 세대 수를 나타내는 상수 값이다. 또 다른 접근 방식은 특정 적합도에 도달하면 중단하는 것이다. 이 방법은 원하는 최소 적합도는 알고 있지만 솔루션을 알 수 없는 경우에 유용하다.

정체stagnation는 진화 알고리즘에서 발생하는 문제로, 모집단이 여러 세대에 걸쳐 유사한 정도의 솔루션을 산출하는 경우다. 즉, 모집단이 정체되면 미래 세대에 강력한 솔루션을 생성할 가능성이 낮다. 중지 조건은 각 세대에서 가장 좋은 개체의 적합도 변화를 관찰하다가 적합도의 변화가 거의 없으면 알고리즘을 중단하도록 선택할 수 있다.

의사코드

전체 수명 주기를 포괄하는 메인 함수(run_ga)에서 유전 알고리즘의 여러 단계를 구현한다. 가변적인 매개변수에는 교차 단계의 교차 위치 및 돌연변이 단계의 돌연변이 비율뿐만 아니라 함수의 입력 변수인 모집단 크기, 알고리즘을 실행할 세대 수, 적합도 함수의 배낭 용량이 있다.

```
run_ga (population_size, number_of_generations, knapsack_capacity):
  let best_global_fitness equal 0
  let global_population equal...
  ...generate_initial_population(population_size)
  for generation in range(number_of_generations):
    let current_best_fitness equal...
    ...calculate_population_fitness(global_population, knapsack_capacity)
    if current_best_fitness is greater than best_global_fitness:
      let best_global_fitness equal current_best_fitness
    let the_chosen equal...
    ...roulette_wheel_selection(global_population, population_size)
    let the_children equal...
    ...reproduce_children(the_chosen)
    let the_children equal...
    ...mutate_children(the_children)
    let global_population equal...
    ...merge_population_and_children(global_population, the_children)
```

이번 장의 시작 부분에서 언급했듯이, 배낭 문제는 무차별 대입 방법을 이용하여 해결할 수 있는데, 이때는 6천만 개 이상의 조합을 생성하고 분석해야 한다. 동일한 문제를 해결하는 유전 알고리즘과 비교했을 때 탐험 및 활용 매개변수가 올바르게 설정되어 있으면 계산의 효율성이 훨씬 더 높다. 어떤 경우에는 유전 알고리즘이 '충분히 좋은' 솔루션을 생성하는데, 이는 반드시 최적의 솔루션은 아니지만 바람직한 솔루션이다. 다시 말하지만, 문제 해결을 위해 유전 알고리즘을 사용하는 것은 상황에 따라 다르다(그림 4.28).

	무차별 대입	유전 알고리즘
반복 횟수	$2^{26} = 67,108,864$	10,000 - 100,000
정확도	100%	100%
계산 시간	~7분	~3초
최고 가치	13,692,887	13,692,887

그림 4.28 무차별 대입 성능 대 유전 알고리즘 성능

유전 알고리즘 매개변수 설정

유전 알고리즘을 설계하고 매개변수를 설정할 때 때 알고리즘의 성능에 영향을 미치는 몇 가지 결정을 내려야 한다. 성능 문제는 두 가지 영역으로 나뉘는데, 알고리즘이 문제에 대한 좋은 솔루션을 잘 찾는 것과 계산 관점에서 효율적으로 수행하는 것이다. 다른 기존 기술보다 문제 해결을 위한 유전 알고리즘 솔루션의 계산 비용이 더 높다면, 유전 알고리즘을 설계하는 것은 의미가 없다. 인코딩 방식, 사용한 적합도 함수, 기타 알고리즘 매개변수가 좋은 솔루션과 효율적인 계산이라는 두 가지 성능에 영향을 준다. 고려해야 할 몇 가지 매개변수는 다음과 같다.

- **염색체 인코딩**chromosome encoding — 염색체 인코딩 방법을 문제에 적용하고 잠재적 솔루션이 전역 최댓값을 얻을 수 있는지 확인한다. 인코딩 방법은 알고리즘 성공의 핵심이다.

- **모집단 크기**population size — 모집단의 크기를 설정하는데, 모집단의 크기가 클수록 가능한 솔루션의 다양성이 향상된다. 그러나 모집단이 클수록 세대마다 더 많은 계산이 필요하다. 때로는 더 큰 모집단이 처음에는 돌연변이처럼 다양성을 유발하지만 세대 동안에는 다양성이 없다. 유효한 접근 방식은 더 작은 모집단으로 시작하여 성능을 봐 가면서 크기를 키우는 것이다.

- **모집단 초기화**population initialization — 모집단의 개체는 무작위로 초기화하지만 솔루션이 유효한지 확인하는 것은 유전 알고리즘의 계산을 최적화하고 개체를 올바른 제약 조건으로 초기화하는 데 중요하다.

- **자손의 수**number of offspring — 각 세대에서 생성하는 자손의 수를 설정한다. 재생산 후에는 모집단 크기를 유지하기 위해 모집단의 일부를 제거한다. 자손이 많을수록 다양성이 더 커지지만 이런 다양한 자손을 모두 수용하려고 하다가 좋은 솔루션을 놓칠 위험이 있다. 모집단이 동적일 때는 모집단의 크기를 세대마다 변경할 수 있지만 이 접근 방식은 설정 및 제어에 더 많은 매개변수가 필요하다.
- **부모 선택 방법**parent selection method — 부모를 선택하는 방법을 설정한다. 선택 방법은 문제와 원하는 탐험 가능성 대 활용 가능성을 바탕으로 한다.
- **교차 방법**crossover method — 교차 방법은 사용한 인코딩 방법과 연관되지만 모집단의 다양성을 장려하거나 억제하도록 설정한다. 자손 개체는 여전히 유효한 솔루션이어야 한다.
- **돌연변이 비율**mutation rate — 돌연변이 비율은 자손과 잠재적 솔루션에서 더 많은 다양성을 유도하는 또 다른 설정 가능한 매개변수다. 높은 돌연변이 비율은 더 많은 다양성을 의미하지만 너무 많은 다양성은 좋은 성과를 내는 개체에 나쁜 영향을 줄 수 있다. 시간이 지남에 따라 비교적 초기 세대에서는 더 많은 다양성을 만들고 후기 세대로 갈수록 세대에서는 다양성이 줄어들도록 돌연변이 비율을 변경할 수 있다. 이는 초기에는 탐험을 하고 이어서 활용하는 방법으로 설명할 수 있다.
- **돌연변이 방법**mutation method — 돌연변이 방법은 사용하는 인코딩 방법에 따라 달라진다는 점에서 교차 방법과 유사하다. 돌연변이 방법의 중요한 속성은 수정 후나 심지어 아주 나쁜 적합도 점수를 할당한 후에도 유효한 솔루션을 산출한다는 것이다.
- **세대 선택 방법**generation selection method — 부모를 선택하는 데 사용하는 선택 방법과 마찬가지로 세대 선택 방법을 통해 세대에서 살아남을 개체를 선택해야 한다. 사용한 선택 방법에 따라 알고리즘이 너무 빨리 수렴되어 정체되거나 너무 오래 탐험할 수 있다.
- **중지 조건**stopping condition — 알고리즘의 중지 조건은 문제와 원하는 결과에 따라 타당해야 한다. 계산 복잡성과 시간은 중지 조건의 주요 관심사다.

진화 알고리즘 사용 사례

진화 알고리즘은 다양한 용도로 사용할 수 있다. 일부 알고리즘은 독립적으로 문제를 해결할 수도 있고, 또 다른 경우에는 진화 알고리즘을 다른 기술과 결합하여 다음과 같은 어려운 문제를 해결하는 새로운 접근 방식도 있다.

- **주식 시장에서 투자자 행동 예측** — 투자자는 특정 종목의 주식을 더 많이 매수할지, 보유하고 있는 주식을 계속 보유할지, 아니면 매도할지를 매일 결정한다. 이러한 일련의 행동이 쌓여서 투자자 포트폴리오의 결과로 나타난다. 금융 기관은 이 통찰력을 활용하여 가치 있는 고객 서비스 및 지침을 주도적으로 제공할 수 있다.

- **머신러닝의 특징 선택** — 8장에서 논의할 머신러닝의 핵심은 특정 대상에 대한 여러 특징이 주어졌을 때 그 대상을 분류하는 것이다. 주택을 살펴보면, 건축물 연령, 건축 자재, 크기, 색상, 위치 등 주택과 관련한 많은 속성을 발견할 수 있다. 그러나 시장 가치를 예측하려고 하면 아마도 해당 주택의 수명, 크기, 위치가 중요하다. 유전 알고리즘은 가장 중요한 분리된 특징을 찾아낼 수 있다.

- **암호 해독 및 암호** — 암호cipher는 원본 메시지를 다른 것처럼 보이도록 특정한 방식으로 인코딩한 메시지이며 종종 정보를 숨기는 데 사용한다. 따라서 수신자가 메시지를 해독하는 방법을 모르면 이해할 수 없다. 진화 알고리즘은 원본 메시지를 밝히기 위해 암호화된 메시지를 변경할 수 있는 많은 가능성을 생성할 수 있다.

앞으로 5장에서는 다양한 문제 공간에 적용할 수 있는 유전 알고리즘의 고급 개념을 좀 더 깊이 다룬다. 인코딩, 교차, 돌연변이, 선택을 위한 다양한 기술을 살펴보고 효과적인 대안을 제시한다.

진화 알고리즘은 스마트한 무작위성을 이용하여 좋은 솔루션을 빨리 찾는다.

인코딩은 알고리즘에 매우 중요하다.

1	2	3	4	5	6	7	8	9	10	11	12	13	14	15	16	17	18	19	20	21	22	23	24	25	26
0	1	1	0	0	1	0	0	0	1	0	1	1	0	0	0	1	1	1	0	0	0	1	0	0	1

적합도 함수는 당면한 문제에 대한 좋은 솔루션을 찾는 데 무엇보다 중요하다.

유전자 교차를 통해서 각 세대를 통해서 더 좋은 솔루션을 재생산한다.

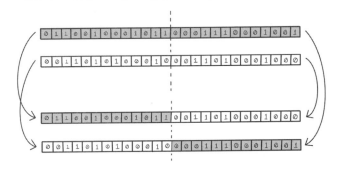

선택은 더 강한 개체를 선호하지만 약한 개체에도 미래에는 좋은 솔루션을 생산할 기회를 준다.

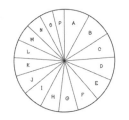

룰렛 휠 선택

초기에는 탐험을 하고, 점차 활용한다.

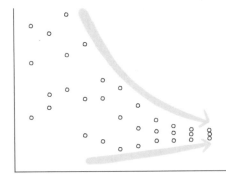

세대

CHAPTER

5

고급 진화 방식

이 장에서 다루는 것들

- 유전 알고리즘 수명 주기의 여러 단계에서 고려할 선택 사항
- 다양한 문제 해결을 위한 유전 알고리즘 조정
- 다양한 시나리오, 문제, 데이터 세트 기반 유전 알고리즘 수명 주기 설정용 고급 매개변수

 이 장을 배우기 위해서는 4장의 이해가 전제된다.

진화 알고리즘 수명 주기

유전 알고리즘의 일반적인 수명 주기에 대한 개요는 4장에서 설명하고 있다. 이번 장에서는 유전 알고리즘으로 해결하기에 적합한 다른 문제, 지금까지 설명한 일부 접근 방식이 작동하지 않는 이유, 대안이 될 수 있는 접근 방식을 고려한다.

유전 알고리즘의 일반적인 수명 주기를 다시 한번 설명하면 다음과 같다.

- **모집단 생성** — 무작위로 잠재적 솔루션의 모집단을 만든다.
- **모집단 내 개체의 적합도 측정** — 특정 솔루션이 얼마나 좋은지 판단한다. 이 작업은 적합도 함수를 이용하여 솔루션이 얼마나 좋은지를 결정하는 점수를 계산하여 수행한다.
- **적합도에 따른 부모 선택** — 자손을 낳을 부모 쌍을 선택한다.

- **부모로부터 개체 재생산** — 유전 정보를 혼합하고 자손에 약간의 돌연변이를 적용하여 부모로부터 자손을 생성한다.
- **다음 세대 채우기** — 모집단에서 다음 세대까지 생존할 개체와 자손을 선택한다.

아래 그림 5.1의 수명 주기 순서도를 염두에 두고 이번 장을 단계적으로 살펴본다.

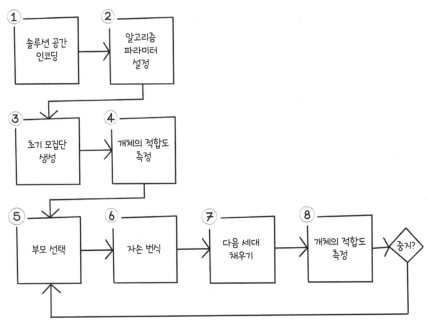

그림 5.1 유전 알고리즘 수명 주기

이번 장은 4장에서 살펴본 룰렛 휠 선택을 대체할 수 있는 또 다른 선택 전략을 분석하는 것으로 시작한다. 일반적으로 이러한 개별 접근 방식은 어떤 유전 알고리즘으로도 대체할 수 있다. 그 다음 대체 인코딩, 교차, 돌연변이 접근 방식의 효용성을 강조하기 위해 배낭 문제(4장)를 약간 수정한 세 가지 시나리오를 살펴본다(그림 5.2).

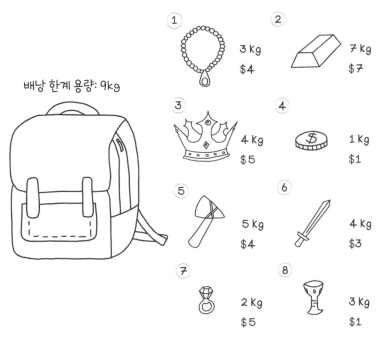

그림 5.2 배낭 문제 예

다른 개체 선택 전략

4장에서 개체를 선택하는 간단한 방법 중 하나인 룰렛 휠 선택 전략을 살펴보았다. 다음 세 가지 선택 전략은 룰렛 휠 선택이 갖는 문제점을 개선하는 데 도움이 된다. 모집단의 다양성에 미치는 영향의 관점에서 각각의 전략은 서로 장단점이 있으며, 이는 궁극적으로 최적 솔루션 탐색 가능 여부에 영향을 미친다.

순위 선택: 게임의 룰 변경

룰렛 휠 선택의 한 가지 문제점은 염색체 간 적합도 크기의 차이가 미미하다는 것이다. 이는 적합도 점수가 낮은 개체를 선택하거나 실적이 저조한 개체에 기대보다 더 많은 선택의 기회를 주는 쪽으로 선택을 크게 편향시킨다. 이러한 문제는 모집단의 다양성에 영향을 미친다. 다양성이 증가한다는 것은 검색 공간을 더 많이 탐험한다는 것을 의미하지만, 최적 솔루션을 찾는 데 너무 많은 세대가 걸릴 수도 있다.

순위 선택은 개체의 적합도에 따라 순위를 매긴 다음 각 개체의 순위를 기반으로 휠에 있는 슬라이스의 크기를 계산하여 이 문제를 해결한다. 배낭 문제 예에서는 이 값이 1에서 16 사이의 숫자인데, 이는 16개 개체 중에서 선택하기 때문이다. 비록 강한 개체를 선택할 가능성은 더 높아지고 평균 정도의 값을 갖는 약한 개체를 선택할 가능성은 더 낮아지지만, 정확한 적합도보다는 순위에 따라 선택할 때 각 개체가 좀 더 공평한 선택의 기회를 갖는다. 16개 개체의 순위를 매겨 보면, 휠의 면적이 그림 4.19의 룰렛 휠 선택과는 약간 다르다는 것을 알 수 있다(그림 5.3).

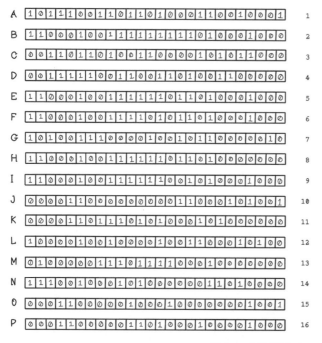

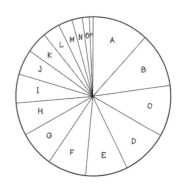

그림 5.3 순위 선택 예

그림 5.4는 룰렛 휠 선택과 순위 선택을 비교해서 보여준다. 순위 선택이 더 나은 성능을 보이는 솔루션에 더 많은 선택 기회를 제공한다는 것을 볼 수 있다.

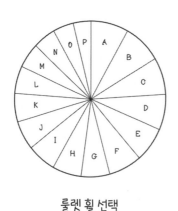

룰렛 휠 선택   순위 선택

그림 5.4 룰렛 휠 선택과 순위 선택

토너먼트 선택: 서로 경쟁

토너먼트 선택에서는 염색체가 서로 경쟁하도록 한다. 토너먼트 선택은 모집단에서 정해진 수의 개체를 무작위로 선택해서 그룹에 배치한다. 이 과정은 미리 정한 수만큼의 그룹에 대해 수행한다. 각 그룹에서 적합도 점수가 가장 높은 개체를 선택하는데, 그룹이 클수록 각 그룹에서 한 개체만 선택하기 때문에 다양성이 떨어진다. 순위 선택과 마찬가지로 각 개체의 실제 적합도 점수가 전적으로 개체를 선택하는 핵심 요소는 아니다.

16개 개체를 4개의 그룹에 할당하고, 각 그룹에서 가장 강한 개체를 1개씩 선택해서 전체에서 가장 강한 개체 4개를 선택한다. 그 다음 우승 개체 4개를 짝을 지어 번식한다(그림 5.5).

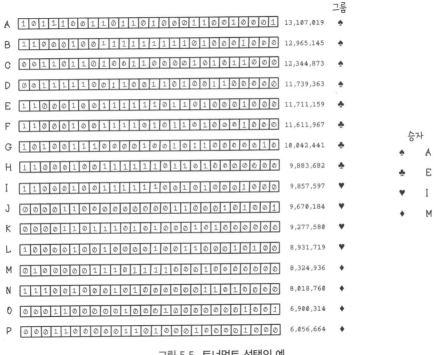

그림 5.5 토너먼트 선택의 예

엘리트주의 선택: 최고만 선택

엘리트주의 접근법에서는 모집단에서 가장 좋은 개체를 선택한다. 엘리트주의는 우수한 성과를 내는 개체를 유지하고 다른 선택 방법을 통해 그 개체를 상실할 위험을 없앤다. 엘리트주의의 단점은 모집단이 지역 최고 솔루션 공간에 빠져서 전역 최고 솔루션을 찾을 만큼 다양해질 수 없을 수도 있다는 것이다.

엘리트주의는 종종 룰렛 휠 선택, 순위 선택, 토너먼트 선택과 함께 사용한다. 즉, 재생산을 위해 여러 개의 엘리트 개체를 선택하고 나머지 모집단은 다른 선택 전략 중 하나를 이용하여 선택한 개체들로 채운다(그림 5.6).

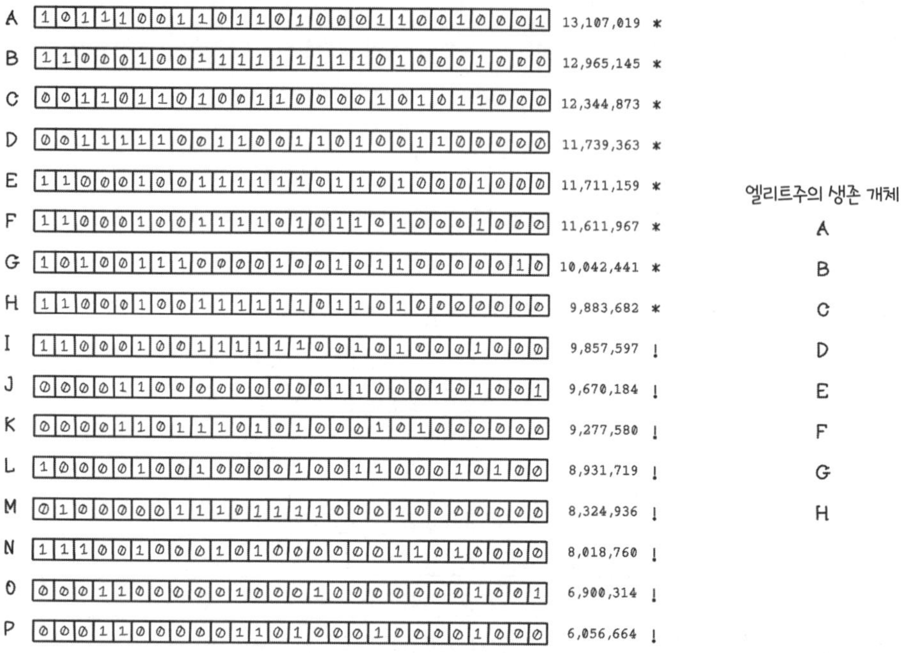

그림 5.6 엘리트주의 선택 예

4장에서는 배낭에 항목을 포함하거나 제외하는 것이 중요한 문제를 살펴봤다. 앞으로는 이진 인코딩으로 표현할 수 없는 다양한 문제 공간에 적합한 다른 인코딩이 필요하다. 다음 세 개 절에서는 이러한 시나리오를 설명한다.

실숫값 인코딩: 실숫값으로 작업

배낭 문제를 약간 변경한다. 여전히 가장 귀중한 품목을 선택해서 배낭의 무게 용량을 채우지만, 이번에는 각 항목을 하나 이상 선택할 수 있다. 표 5.1에 표시한 것처럼 무게와 가치는 원래 데이터 세트와 동일하지만, 각 항목의 수량에 대한 열을 새로 추가한다. 이와 같이 약간 조정하는 것으로 다수의 새로운 솔루션을 찾을 수 있으며, 특정 항목을 두 번 이상 선택할 수 있기 때문에 이러한 솔루션 중 더 최적인 솔루션이 있을 수 있다. 이 시나리오에서 이진 인코딩은 좋지 않은 선택이다. 실숫값 인코딩이 잠재적 솔루션의 상태를 나타내는 데 더 적합하다.

표 5.1 배낭 한계 용량: 6,404,180kg

항목 ID	항목 이름	무게(kg)	가치($)	수량
1	도끼	32,252	68,674	19
2	청동 동전	225,790	471,010	14
3	왕관	468,164	944,620	2
4	다이아몬드 동상	489,494	962,094	9
5	에메랄드 벨트	35,384	78,344	11
6	화석	265,590	579,152	6
7	금화	497,911	902,698	4
8	헬멧	800,493	1,686,515	10
9	잉크	823.576	1,688,691	7
10	보석 상자	552,202	1,056,157	3
11	칼	323,618	677,562	5
12	장검	382,846	833,132	13
13	마스크	44,676	99,192	15
14	목걸이	169,738	376,418	8
15	오팔 배지	610,876	1,253,986	4
16	진주	854,190	1,853,562	9
17	화살통	671,123	1,320,297	12
18	루비 링	698,180	1,301,637	17
19	실버 팔찌	446,517	859,835	16
20	시계	909,620	1,677,534	7
21	제복	904,818	1,910,501	6
22	독약	730,061	1,528,646	9
23	울 스카프	931,932	1,827,477	3
24	석궁	952,360	2,068,204	1
25	절판된 책	926,023	1,746,556	7
26	아연 컵	978,724	2,100,851	2

실숫값 인코딩의 핵심 사항

실숫값 인코딩은 숫자 값, 문자열, 기호로 유전자를 나타내고, 더욱 자연스러운 형태로 문제의 잠재적 솔루션을 표현한다. 잠재적 솔루션에 이진 인코딩으로 쉽게 인코딩할 수 없는 연속 값이 포함된 경우에 실숫값 인코딩을 사용한다. 예를 들어, 배낭에 두 개 이상의 항목을 담을 수 있기 때문에 각 항목 인덱스는 그 항목을 포함하고 있는지뿐만 아니라 배낭에 있는 해당 항목의 수량도 표시해야 한다(그림 5.7).

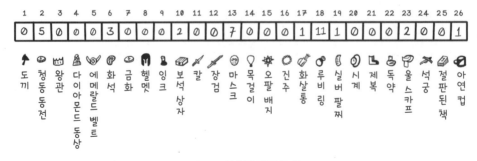

그림 5.7 실숫값 인코딩 예

인코딩 체계가 변경되었기 때문에 새로운 교차, 돌연변이 선택 사항을 사용할 수 있다. 이진 인코딩에 대해 논의한 교차 접근 방식은 실숫값 인코딩에도 여전히 유효한 선택지이지만, 돌연변이에 대해서는 달리 접근해야 한다.

산술 교차: 수학적 재생산

산술 교차에는 각 부모를 수식의 변수로 사용하여 계산하는 산술 연산이 있는데, 부모를 모두 산술 연산에 적용하여 새로운 자손을 얻는다. 이진 인코딩과 함께 이 전략을 사용할 때는 연산 결과가 여전히 유효한 염색체인지 확인하는 것이 중요하다. 산술 교차는 이진 인코딩과 실숫값 인코딩에도 적용할 수 있다(그림 5.8).

> **참고** 이 접근 방식은 매우 다양한 자손을 생성해서 문제를 야기할 수 있으므로 주의해야 한다.

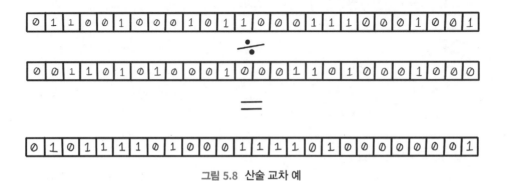

그림 5.8 산술 교차 예

경계 돌연변이

경계 돌연변이에서는 실숫값으로 인코딩한 염색체에서 무작위로 선택한 유전자로 하한값 또는 상한값을 임의로 설정한다. 염색체에 26개의 유전자가 주어지면 임의로 인덱스를 선택하고 그 값을 최솟값 또는 최댓값으로 설정한다. 그림 5.9에서 21번 유전자의 원래 값은 0이었는데, 이를 해당 항목의 최댓값인 6으로 조정한다. 문제에 대한 지식으로부터 결정에 필요한 정보를 얻을 수 있을 때는 최솟값과 최댓값을 모든 인덱스에 대해 동일하게 설정하거나 각 인덱스에 대해 고유하게 설정할 수도 있다. 이 접근법에서는 개별 유전자가 염색체에 미치는 영향을 평가한다.

그림 5.9 경계 돌연변이 예

산술적 돌연변이

산술적 돌연변이에서는 실숫값으로 인코딩한 염색체에서 무작위로 선택한 유전자에 작은 수를 더하거나 빼는 방식으로 변경한다. 그림 5.10은 유전자의 값이 정수인 예를 보여주지만, 분수를 포함하는 십진수도 가능하다.

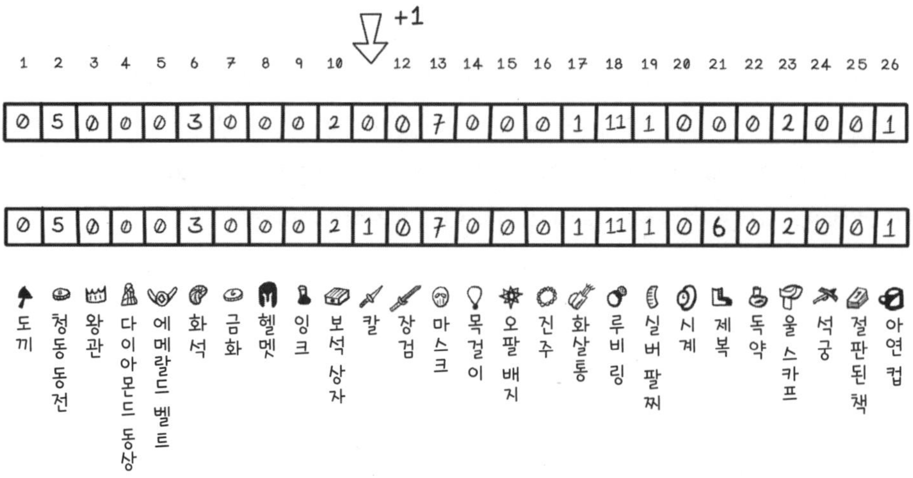

```
    1  2  3  4  5  6  7  8  9  10    12 13 14 15 16 17 18 19 20 21 22 23 24 25 26

  │0│5│0│0│0│3│0│0│0│2│0│0│7│0│0│0│0│1│11│1│0│0│0│2│0│0│1│


  │0│5│0│0│0│3│0│0│0│2│1│0│7│0│0│0│0│1│11│1│0│6│0│2│0│0│1│
```

도끼 · 청동 동전 · 왕관 · 다이아몬드 동상 · 에메랄드 벨트 · 화석 · 금화 · 헬멧 · 잉크 · 보석 상자 · 칼 · 장검 · 마스크 · 목걸이 · 오팔 배지 · 진주 · 화살통 · 루비 링 · 실버 팔찌 · 시계 · 제복 · 독약 · 울 스카프 · 석궁 · 절판된 책 · 아연 컵

그림 5.10 산술적 돌연변이 예

순서 인코딩: 시퀀스 작업

여전히 배낭 문제에서와 같은 항목에 대해서, 이번에는 배낭에 들어갈 항목을 결정하는 대신 정제 공장에서 모든 항목을 분해해서 원료 물질을 추출한다. 아마도 금화, 은 팔찌, 기타 품목을 제련하여 원료 화합물만 추출할 것이다. 이 시나리오에서는 항목을 선택하지 않고 모두 포함한다.

문제를 좀 더 흥미롭게 하기 위해서, 추출 시간과 항목의 가치가 주어질 때 제련소는 일정한 속도로 원료 화합물을 추출해야 하고, 정제한 재료의 가치가 항목의 가치와 거의 비슷하다고 가정한다. 이제 배낭 문제는 순서를 정하는 문제가 된다. 즉, 일정한 비율로 가치를 유지하기 위해 항목을 어떤 순서order로 처리해야 할까? 표 5.2는 각 항목과 추출 시간을 보여준다.

표 5.2 시간당 공장 생산 가치: 600,000

항목 ID	항목 이름	무게(kg)	가치($)	추출 시간
1	도끼	32,252	68,674	60
2	청동 동전	225,790	471,010	30
3	왕관	468,164	944,620	45
4	다이아몬드 동상	489,494	962,094	90
5	에메랄드 벨트	35,384	78,344	70
6	화석	265,590	579,152	20

(계속)

항목 ID	항목 이름	무게(kg)	가치($)	추출 시간
7	금화	497,911	902,698	15
8	헬멧	800,493	1,686,515	20
9	잉크	823.576	1,688,691	10
10	보석 상자	552,202	1,056,157	40
11	칼	323,618	677,562	15
12	장검	382,846	833,132	60
13	마스크	44,676	99,192	10
14	목걸이	169,738	376,418	20
15	오팔 배지	610,876	1,253,986	60
16	진주	854,190	1,853,562	25
17	화살통	671,123	1,320,297	30
18	루비 링	698,180	1,301,637	70
19	실버 팔찌	446,517	859,835	50
20	시계	909,620	1,677,534	45
21	제복	904,818	1,910,501	5
22	독약	730,061	1,528,646	5
23	울 스카프	931,932	1,827,477	5
24	석궁	952,360	2,068,204	25
25	절판된 책	926,023	1,746,556	5
26	아연 컵	978,724	2,100,851	10

적합도 함수의 중요성

배낭 문제를 제련소 문제refinery problem로 변경하면서 가장 크게 달라지는 점은 최적 솔루션을 측정하는 방법이다. 공장에서는 시간당 일정한 최솟값을 요구하기 때문에 사용하는 적합도 함수의 정확성이 최적 솔루션을 찾는 데 가장 중요하다. 배낭 문제에서는 솔루션 적합도를 간단하게 계산할 수 있다. 배낭의 무게 제한을 준수하는지 확인하고 선택한 항목의 가치를 합산하기만 하면 되기 때문이다. 반면, 제련소 문제에서 적합도 함수는 각 항목의 가치뿐만 아니라 항목의 추출 시간을 고려하여 제공하는 가치 비율을 계산해야 한다. 이 계산은 좀 더 복잡하며 이 적합도 함수의 논리 오류는 솔루션의 품질에 직접적인 영향을 준다.

순서 인코딩의 핵심 사항

순열permutation 인코딩이라고도 하는 순서 인코딩은 염색체를 일련의 요소로 나타낸다. 일반적으로 순서 인코딩에서는 모든 요소가 염색체에 있어야 한다. 즉, 교차, 돌연변이를 수행할 때 요소가 누락되거나 중복되지 않도록 수정해야 한다. 그림 5.11은 염색체가 사용 가능한 항목의 처리 순서를 나타내는 방법을 보여준다.

그림 5.11 순서 인코딩 예

순서 인코딩이 적합한 또 다른 예는 라우팅 최적화 문제에 대한 잠재적 솔루션을 나타내는 것이다. 특정한 개수의 목적지가 주어졌을 때 총 이동 거리를 최소화하면서 각 목적지를 한 번 이상 방문하는 경로는 방문한 순서대로 나열한 목적지의 문자열로 표현할 수 있다. 6장에서 군집 지능을 다룰 때 이 예를 사용한다.

순서 돌연변이

순서 돌연변이에서는 순서 인코딩한 염색체에서 무작위로 선택한 두 개 유전자의 위치를 서로 바꿔서 다양성을 도입하는 동시에 모든 항목이 염색체에 남아 있도록 한다(그림 5.12).

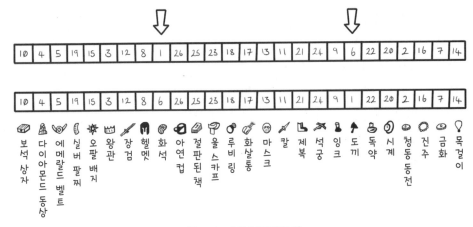

그림 5.12 순서 돌연변이 예

트리 인코딩: 계층 작업

이전 절에서 이진 인코딩은 집합에서 항목을 선택하는 데 유용하고, 실숫값 인코딩은 실숫값이 솔루션에 중요할 때 유용하며, 순서 인코딩은 우선순위와 시퀀스sequence를 결정하는 데 유용하다는 것을 살펴보았다. 이제 배낭 문제에서 다루는 항목이 마을 곳곳의 가정으로 배송할 패키지에 들어 있다고 가정해 보자. 각 화물차의 특정 용적량만큼만 패키지를 실을 수 있다. 각 화물차의 빈 공간을 최소화하기 위한 최적의 패키지 위치를 결정하는 것이 요구 사항이다(표 5.3).

표 5.3 화물차 적재 용량: 너비 1000 × 높이 1000

항목 ID	항목 이름	무게(kg)	가치($)	너비	높이
1	도끼	32,252	68,674	20	60
2	청동 동전	225,790	471,010	10	10
3	왕관	468,164	944,620	20	20
4	다이아몬드 동상	489,494	962,094	30	70
5	에메랄드 벨트	35,384	78,344	30	20
6	화석	265,590	579,152	15	15
7	금화	497,911	902,698	10	10
8	헬멧	800,493	1,686,515	40	50
9	잉크	823.576	1,688,691	5	10
10	보석 상자	552,202	1,056,157	40	30
11	칼	323,618	677,562	10	30
12	장검	382,846	833,132	15	50
13	마스크	44,676	99,192	20	30
14	목걸이	169,738	376,418	15	20
15	오팔 배지	610,876	1,253,986	5	5
16	진주	854,190	1,853,562	10	5
17	화살통	671,123	1,320,297	30	70
18	루비 링	698,180	1,301,637	5	10
19	실버 팔찌	446,517	859,835	10	20
20	시계	909,620	1,677,534	15	20
21	제복	904,818	1,910,501	30	40
22	독약	730,061	1,528,646	15	15
23	울 스카프	931,932	1,827,477	20	30
24	석궁	952,360	2,068,204	50	70
25	절판된 책	926,023	1,746,556	25	30
26	아연 컵	978,724	2,100,851	15	25

문제를 단순하게 하기 위해, 화물차의 볼륨volume은 2차원 직사각형이고 패키지가 3차원 상자가 아니라 2차원의 직사각형이라고 가정한다.

트리 인코딩의 핵심 사항

트리 인코딩에서는 염색체의 요소를 트리로 나타낸다. 요소의 계층 구조가 필요하고 중요할 때 트리 인코딩이 잠재적 솔루션을 나타내는 데 유용하다. 예를 들어, 트리 인코딩으로 함수를 표현식 트리tree of expressions로 표현하고 특정 문제를 해결하기 위해 프로그램 함수를 진화시켜 나가는 데 사용할 수 있다. 이 경우 효과는 있지만 솔루션이 이상하게 보일 수도 있다.

다음은 트리 인코딩에 적합한 예인데, 특정한 높이와 너비를 가진 화물차에 일정한 수의 패키지를 싣는 것이다. 즉, 화물차에 패키지를 잘 적재해서 빈 공간을 최소화하는 것이 목표다. 트리 인코딩 방식은 이 문제에 대한 잠재적인 솔루션을 효과적으로 나타낼 수 있다.

그림 5.13에서 루트 노드인 노드 A는 위에서 아래로 화물차에 항목을 적재하는 것을 나타낸다. 노드 B는 모든 패키지를 수평으로 나타낸다. 노드 C, 노드 D도 마찬가지다. 노드 E는 화물차에 수직으로 적재한 패키지를 나타낸다.

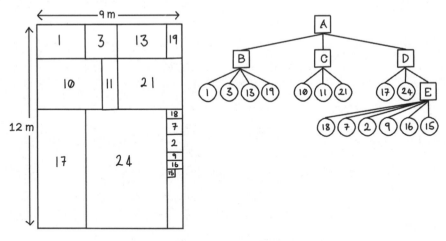

그림 5.13 화물 적재 문제를 표현하는 트리 예

트리 교차: 트리의 일부 상속

트리 교차는 트리 구조에서 단일 지점을 선택한 다음 일부분을 교환하고 부모 개체의 복사본과 결합하여 자손 개체를 생성한다는 점에서 단일 지점 교차(4장)와 유사하다. 역과정으로 두 번째 자손을 만드는데, 이 결과로 생성한 자식이 문제의 제약 조건을 따르는 유효한 솔루션인지 확인해야 한다. 여러 점을 사용하는 것이 문제 해결에 타당하면 두 개 이상의 점을 이용하여 교차한다(그림 5.14).

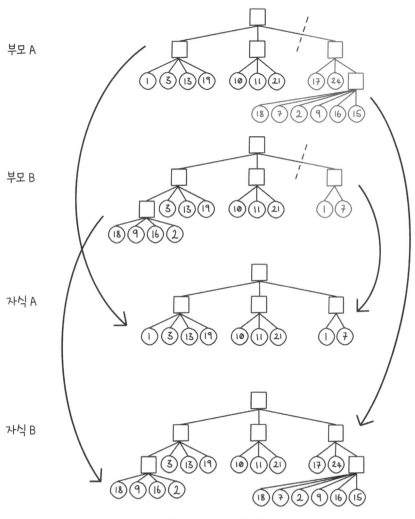

그림 5.14 트리 교차 예

노드 변경 돌연변이: 노드 값 변경

노드 변경 돌연변이에서는 트리 인코딩한 염색체에서 무작위로 노드를 선택하여 해당 노드를 임의의 유효한 객체로 변경한다. 항목의 구성을 나타내는 트리가 주어지면, 항목을 다른 유효한 항목으로 변경할 수 있다(그림 5.15).

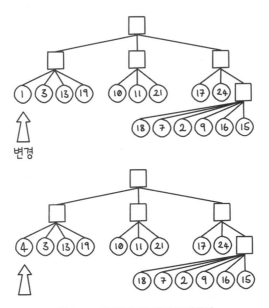

그림 5.15 트리의 노드 변경 돌연변이

앞서 4장과 이번 장에서는 여러 인코딩 체계, 교차 체계, 선택 전략을 다뤘다. 문제 해결에 도움이 되도록 앞서 언급한 단계를 대체할 수 있는 방법을 고안해서 유전 알고리즘의 해당 단계를 대체할 수 있다.

진화 알고리즘의 일반적인 유형

이번 장에서는 유전 알고리즘의 수명 주기와 대안이 되는 접근 방식에 중점을 둔다. 알고리즘의 변형은 다양한 문제를 해결하는 데 유용하다. 이제 유전 알고리즘의 기본적인 작동 방식을 이해했으므로 다음과 같은 변형과 여러 사용 사례를 살펴 본다.

유전 프로그래밍

유전 프로그래밍은 유전 알고리즘과 유사한 과정이지만 주로 문제 해결을 위한 컴퓨터 프로그램을 생성하는 데 사용한다. 이전 절에서 설명한 과정을 여기에도 적용한다. 유전 프로그래밍에서 잠재적 솔루션의 적합도는 생성한 프로그램이 계산 문제를 얼마나 잘 해결하는지를 나타낸다. 이를 염두에 두고 생각해 보면, 대부분의 컴퓨터 프로그램이 연산 작업, 프로세스를 나타내는 노드로 구성된 그래프이기 때문에 트리 인코딩 방법이 이때 잘 작동한다는 것을 알 수 있다. 이러한 로직 트리logic tree는 진화할 수 있으므로 컴퓨터 프로그램도 특정 문제를 해결하기 위해 진화할 수 있다. 여기서 한 가지 주목할 점은 이러한 컴퓨터 프로그램은 일반적으로 사람들이 이해하기 어렵고 디버깅하기도 까다로운 복잡한 코드처럼 보이도록 진화한다는 것이다.

진화 프로그래밍

진화 프로그래밍은 유전 프로그래밍과 유사하지만, 잠재적 솔루션이 진화를 통해 생성된 컴퓨터 프로그램이 아니라 미리 정의된 컴퓨터 프로그램의 매개변수다. 프로그램에 미세 조정한 입력이 필요하고 적절한 입력 조합을 결정하는 것이 어려울 때 유전 알고리즘을 이용하여 이러한 입력을 진화시킬 수 있다. 진화 프로그래밍에서 잠재적 솔루션의 적합도는 개체에 인코딩한 매개변수를 바탕으로 컴퓨터 프로그램이 얼마나 잘 수행되는지에 따라 결정된다. 인공 신경망에 대한 좋은 매개변수를 찾기 위해 진화 프로그래밍 접근 방식을 사용한다(9장).

진화 알고리즘 용어집

다음은 향후 연구 및 학습에 유용한 진화 알고리즘 용어집이다.

- **대립 형질**allele — 염색체의 특정 유전자의 값
- **염색체**chromosome — 가능한 솔루션을 나타내는 유전자 모음
- **개체**individual — 모집단의 단일 염색체
- **모집단**population — 개체의 집합
- **유전형**genotype — 계산 공간에서 잠재적인 솔루션 모집단의 인위적 표현
- **표현형**phenotype — 실제 세계에서 잠재적인 솔루션 모집단의 실제 표현
- **세대**generation — 알고리즘의 단일 반복
- **탐험**exploration — 좋을 수도 있고 나쁠 수도 있는 다양한 가능성 있는 솔루션을 찾는 과정
- **활용**exploitation — 좋은 솔루션을 찾고 반복해서 개선하는 프로세스
- **적합도 함수**fitness function — 특정 유형의 목적 함수
- **목적 함수**objective function — 최대화, 최소화의 대상이 되는 함수

추가적인 진화 알고리즘 사용 사례

진화 알고리즘의 일부 사용 사례는 4장에 보여주었지만 더 많은 사용 사례가 있다. 다음 사용 사례는 이번 장에서 논의한 개념 중 하나 이상을 사용하기 때문에 특히 흥미롭다.

- **인공 신경망에서 가중치 조정** — 인공 신경망은 나중에 9장에서 설명하는데, 핵심 개념은 데이터의 패턴과 관계를 학습하기 위해 네트워크의 가중치를 조정하는 것이다. 몇 가지 수학 기술을 통해 가중치를 조정하지만, 적절한 시나리오에서는 진화 알고리즘이 더 효율적인 대안이다.
- **전자 회로 설계** — 동일한 구성 요소를 가진 전자 회로를 여러 가지 구성으로 설계할 수 있는데, 일부 구성은 다른 구성보다 더 효율적이다. 예를 들어, 함께 작동하는 두 구성 요소가 서로 더 가까이 위치하도록 구성하면 효율성을 개선할 수 있다. 진화 알고리즘을 이용하여 다양한 회로 구성을 진화시켜서 최적의 설계를 찾을 수 있다.
- **분자 구조 시뮬레이션 및 설계** — 전자 회로 설계에서와 마찬가지로 서로 다른 분자는 다르게 작동하며 각각 고유한 장단점이 있다. 분자 구조의 행동 속성을 결정하기 위해 진화 알고리즘을 이용하여 시뮬레이션하고 연구에 사용할 다양한 분자 구조를 생성할 수 있다.

지금까지 4장에서는 일반적인 유전 알고리즘 수명 주기를 살펴보았고, 이번 장에서는 몇 가지 고급 접근 방식을 살펴보았다. 이를 바탕으로 이제 진화 알고리즘을 다양한 상황과 솔루션에 적용할 수 있을 것이다.

고급 진화적 접근법 요약

진화 알고리즘을 이용하여 많은 문제를 해결할 수 있다.

다양한 선택 전략은 서로 다른 장단점을 갖고 있다.

실숫값 인코딩은 많은 문제 공간에서 유용하다.

1	2	3	4	5	6	7	8	9	10	11	12	13	14	15	16	17	18	19	20	21	22	23	24	25	26
0	5	0	0	0	3	0	0	0	2	0	0	7	0	0	0	1	11	1	0	0	0	2	0	0	1

도끼 / 청동 동전 / 왕관 / 다이아몬드 동상 / 에메랄드 벨트 / 화석 / 금화 / 헬멧 / 잉크 / 보석 상자 / 칼 / 장검 / 마스크 / 목걸이 / 오팔 배지 / 진주 / 화살통 / 루비 링 / 실버 팔찌 / 시계 / 제복 / 독약 / 울 스카프 / 석궁 / 절판된 책 / 아연 컵

순서 인코딩은 문자열의 우선순위가 문제 해결에 중요할 때 유용하다.

10	4	5	19	15	3	12	8	1	26	25	23	18	17	13	11	21	24	9	6	22	20	2	16	7	14

보석 상자 / 다이아몬드 동상 / 에메랄드 벨트 / 오팔 배지 / 왕관 / 장검 / 헬멧 / 도끼 / 아연 컵 / 절판된 책 / 울 스카프 / 루비 링 / 화살통 / 마스크 / 칼 / 제복 / 석궁 / 잉크 / 화석 / 독약 / 시계 / 청동 동전 / 진주 / 금화 / 목걸이

트리 인코딩은 관계성과 계층이 문제 해결에 중요할 때 유용하다.

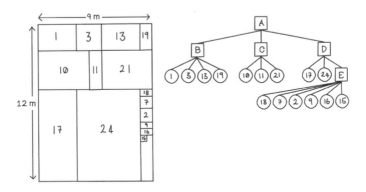

알고리즘의 모든 매개변수를 변경하는 것은 솔루션 찾기, 특히 효율적으로 찾기 위해 중요하다.

CHAPTER **6**

군집 지능: 개미

군집 지능이란?

군집 지능 알고리즘은 5장에서 논의한 진화 알고리즘의 하위 집합으로 자연에서 영감을 받은 알고리즘으로도 알려져 있다. 진화론과 마찬가지로, 군집 지능의 개념도 자연에서 관찰한 생명체의 행동에서 영감을 얻는다. 우리 주변의 세계를 관찰해 보면, 겉보기에는 개별 개체가 원시적이고 지능적이지 않지만 그룹으로 행동할 때는 지능적이고 창발적인 행동을 보이는 생명체가 많다.

이런 생명체의 예가 개미다. 개미 한 마리는 자기 몸무게의 10배에서 50배를 운반할 수 있고 분당 몸길이의 700배를 달릴 수 있다. 이것만 해도 인상적이지만, 집단으로 행동할 때 개미 한 마리는 훨씬 더 많은 것을 성취할 수 있다. 집단에서 개미는 군집을 이루고 먹이를 찾아서 가져온다. 심지어 다른 개미에게 경고와 인식 표시를 하고 동료 간 압력으로 군집의 다른 개미에게 영향을 미치기도 한다. 개미는 **페로몬**pheromone, 즉 그들이 가는 곳마다 떨어뜨리는 일종의 향수를 통해 이러한 목적을 달성한다. 다른 개미는 이 향수를 감지하고 그에 따라 행동을 바꾸기도 한다. 개미는 서로 다른 의도를 전달하는 데 사용하는 10~20가지 유형의 페로몬을 갖고 있다. 개미 개체는 자신의 의도와 필요를 나타내기 위해 페로몬을 사용하는데, 이로 인해 개미 집단에서 발생하는 새로운 지능적인 행동을 관찰할 수 있다.

그림 6.1은 두 지점 사이에 다리를 만들어서 다른 개미가 작업할 수 있도록 무리 지어 일하는 개미의 예를 보여준다. 이 작업은 개미 서식지로 필요한 음식이나 재료를 가져오는 것이다.

그림 6.1 틈을 건너기 위해 함께 일하는 개미 무리

실제로 먹이를 수확하는 개미를 관찰한 실험에서 개미가 항상 먹이 창고와 먹이 공급원 사이의 최단 경로로 이동하는 것을 볼 수 있다. 그림 6.2는 페로몬 강도에 따른 군집 이동의 차이를 보여준다. 개미가 자신이 가는 길에 뿌리는 페로몬 강도를 이동 초기보다 높여서 시간이 지남에 따라 그 길로 개미들이 더 많이 모여든다. 이 결과는 실제 개미를 사용한 고전적인 비대칭 다리 실험에서 관찰했는데, 개미는 8분 만에 최단 경로로 몰려들었다.

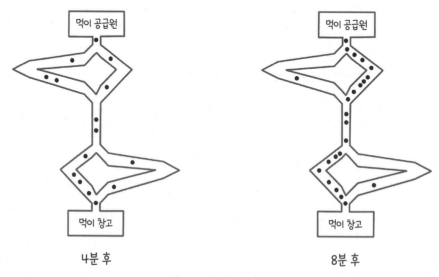

그림 6.2 비대칭 다리 실험

개미 군집 최적화 알고리즘은 이 실험에 나타난 새로운 행동을 시뮬레이션한다. 최단 경로를 찾는 경우, 알고리즘은 실제 개미에서 관찰한 것과 유사한 상태로 수렴한다.

군집 지능 알고리즘은 특정 문제 공간에서 여러 제약 조건을 충족해야 하고 가능한 솔루션이 많기 때문에 (일부는 더 좋고 일부는 더 나쁜) 가장 좋은 솔루션을 찾기 어려운 최적화 문제를 해결하는 데 유용하다. 이러한 문제는 유전 알고리즘이 해결하고자 하는 것과 동일한 종류의 문제인데, 알고리즘의 선택은 문제를 어떻게 표현하고 추론할 수 있는지에 달려 있다. 7장 입자 군집 최적화 부분에서 최적화 문제에 대한 기술을 깊이 다룬다. 군집 지능은 여러 실제 상황에서 유용하며 그 중 일부는 그림 6.3에 나와 있다.

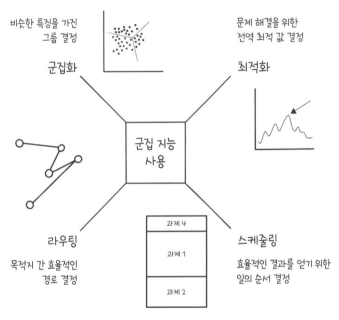

그림 6.3 군집 최적화로 표현한 문제

개미의 군집 지능에 대한 일반적인 이해를 바탕으로, 다음 절에서는 이런 개념에서 영감을 받은 특정한 구현 사례를 살펴본다. 개미 군집 최적화 알고리즘은 목적지 사이를 이동하고, 페로몬을 떨어뜨리고, 이동 중에 접하는 페로몬에 반응하는 개미의 행동에서 영감을 얻는다. 이 경우, 결과적으로 개미는 저항이 가장 적은 경로로 모여드는 것과 같은 새로운 행동을 보인다.

개미 군집 최적화를 적용할 수 있는 문제

체험해 볼 만한 명소가 많은 축제를 방문한다고 상상해 보자. 각 명소는 서로 다른 지역에 있어서 각 명소 간 거리가 서로 다르다. 걷는 데 너무 많은 시간을 낭비하고 싶지 않으므로 모든 명소 사이의 최단 경로를 찾으려고 노력할 것이다.

그림 6.4는 작은 축제의 명소와 그 사이의 거리를 보여준다. 명소까지 가는 경로를 어떻게 택하는지에 따라 총 이동 거리가 달라진다.

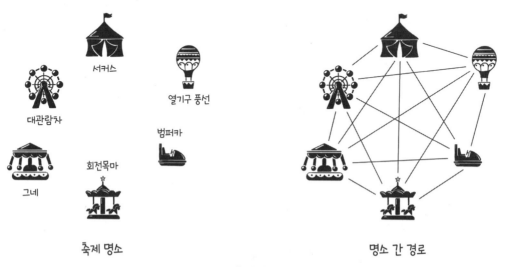

그림 6.4 축제 명소 간 경로

그림 6.4는 방문해야 하는 6개의 명소를 보여주는데, 그 사이에는 15개의 경로가 있다. 이 예는 익숙해 보일 텐데, 이 문제는 2장에서 설명한 완전 연결 그래프로 표현할 수 있다. 명소는 정점 또는 노드에 해당하고 명소 간 경로는 에지에 해당한다. 다음 공식은 완전 연결 그래프에서 간선 수를 계산하는 데 사용한다. 명소의 수가 많아지면 에지의 수는 기하급수적으로 커진다.

$$n(n-1)/2$$

관광 명소 간 거리는 서로 다르다. 그림 6.5는 모든 명소 간 거리와 모든 명소를 방문하는 가능한 경로를 보여준다. 그림 6.5에서 선은 명소 사이의 거리를 보여준다. 단, 축척에 따라 그리지는 않았다.

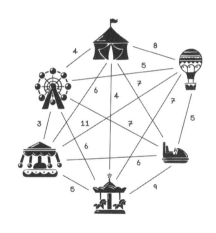

경로상의 거리

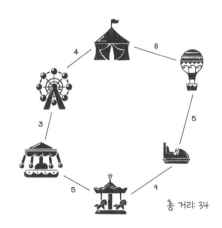

총 거리: 34

모든 명소로 가는 가능한 길

그림 6.5 명소 간 거리와 가능한 경로

조금만 시간을 들여서 모든 명소 간 거리를 분석해 보면, 그림 6.6이 모든 명소 간 최적 경로를 나타낸다는 것을 알 수 있다. 즉, 그네, 대관람차, 서커스, 회전목마, 열기구 풍선, 범퍼카와 같은 순서로 명소를 방문하는 것이 최적 경로다.

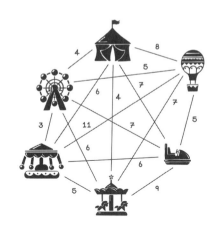

경로상 거리

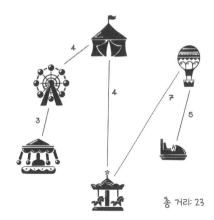

총 거리: 23

모든 명소로 가는 최적 경로

그림 6.6 명소 간 거리와 최적 경로

6개의 명소가 있는 작은 데이터 세트 정도는 손으로도 풀 수 있다. 하지만 명소의 수를 15개로 늘리면 가능성의 수가 폭발적으로 증가한다(그림 6.7). 예를 들어, 관광 명소가 서버이고 경로가 네트워크 연결이라고 가정할 수 있는데, 이런 문제를 해결하려면 스마트한 알고리즘이 필요하다.

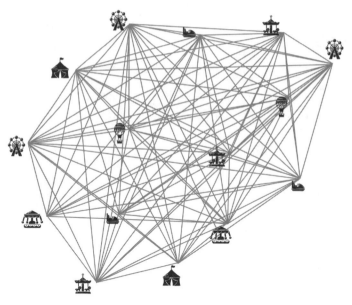

그림 6.7 더 큰 명소 데이터 세트와 명소 간 경로

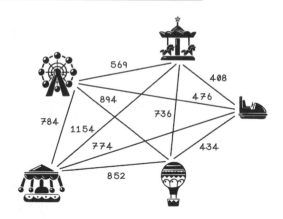

이 문제를 계산적으로 해결하는 한 가지 방법은 무차별 대입 방법이다. 모든 명소를 한 번씩 방문하는 것을 여행$_{tour}$이라고 할 때 명소 여행에 대한 모든 조합을 생성하고 이 중에서 가장 짧은 총거리를 찾을 때까지 평가를 계속한다. 다시 한번 말하지만, 이 솔루션은 합리적인 솔루션처럼 보일지 몰라도 대규모 데이터 세트에 대해서 계산 비용이 많이 들고 시간이 오래 걸린다. 48개의 명소에 대한 무차별 대입 방법으로 최적 솔루션을 찾으려면 수십 시간이 소요된다.

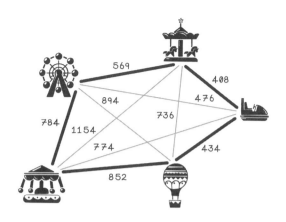

상태 표현: 경로와 개미는 어떤 모습일까?

주어진 축제 문제에 대해서, 개미 군집 최적화 알고리즘으로 처리하기에 적합한 방식으로 문제의 데이터를 표현해야 한다. 모든 명소 간 거리가 주어졌기 때문에 거리 행렬을 이용하여 문제 공간을 정확하고 간단하게 나타낼 수 있다.

거리 행렬distance matrix은 모든 인덱스가 개체를 나타내는 2차원 배열이다. 거리 행렬의 행과 열에 해당하는 인덱스가 나타내는 위치에 있는 값은 각 인덱스가 나타내는 개체 간 거리다. 마찬가지로 목록의 각 인덱스는 고유한 개체를 나타내는데, 이 행렬은 2장에서 다룬 인접 행렬과 유사하다(그림 6.8, 표 6.1).

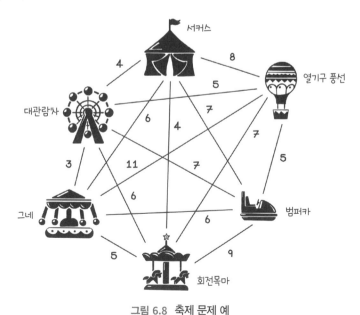

그림 6.8 축제 문제 예

표 6.1 명소 간 거리

	서커스	열기구 풍선	범퍼카	회전목마	그네	대관람차
서커스	0	8	7	4	6	4
열기구 풍선	8	0	5	7	11	5
범퍼카	7	5	0	9	6	7
회전목마	4	7	9	0	5	6
그네	6	11	6	5	0	3
대관람차	4	5	7	6	3	0

의사코드

명소 간 거리는 거리 행렬로 표현할 수 있다. 거리 행렬은 배열의 x, y에 대한 참조가 명소 x와 명소 y 사이의 거리를 참조하는 배열의 배열이다.* 동일한 명소 간 거리는 0인데, 이는 같은 위치에 있기 때문이다. 파일에서 데이터를 읽어서 배열의 각 요소를 만들어 주는 프로그래밍 방식으로 배열을 만들 수도 있다.

```
let attraction_distances equal
    [
    [0,8,7,4,6,4],
    [8,0,5,7,11,5],
    [7,5,0,9,6,7],
    [4,7,9,0,5,6],
    [6,11,6,5,0,3],
    [4,5,7,6,3,0],
    ]
```

다음에 표현해야 할 요소는 개미다. 개미는 다른 명소로 이동하고 이때 길에 페로몬을 남긴다. 또한, 개미는 다음에 어느 명소를 방문할지 판단하고, 각자 총 이동 거리가 얼마인지 알고 있다. 개미의 기본 속성은 다음과 같다(그림 6.9).

- **기억력**memory — 개미 군집 최적화 알고리즘에서 이것은 이미 방문한 명소의 목록이다.
- **최적 적합도**best fitness — 모든 명소를 방문하기 위해 이동한 총 거리 중에 최단 거리다.
- **행동**action — 다음 방문할 목적지를 선택하고 도중에 페로몬을 떨어뜨린다.

★ 옮긴이 행렬의 x행, y열로 생각해도 됨

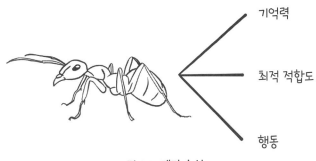

기억력

최적 적합도

행동

그림 6.9 개미 속성

개미의 추상적인 개념은 기억력, 최적 적합도, 행동과 관련되지만 축제 문제를 해결하려면 특정 데이터와 함수가 필요하다. 개미에 대한 논리를 캡슐화하기 위해 클래스를 사용한다. 개미 클래스의 인스턴스를 초기화할 때 개미가 방문할 명소 목록을 나타내기 위한 빈 배열을 초기화한다. 또한, 특정 개미의 시작점은 명소 중에서 무작위로 선택한다.

```
Ant(attraction_count):
  let ant.visited_attractions equal an empty array
  append a random number between 0 and
    (attraction_count - 1) to ant.visited_attractions
```

개미 클래스는 개미 이동에 사용하는 여러 함수도 포함한다. visit_* 함수는 개미가 다음에 이동할 명소를 결정하는 데 사용한다. visit_attraction 함수는 명소를 방문할 확률을 무작위로 생성하는데, 이때 visit_random_attraction을 호출한다. 그렇지 않으면 roulette_wheel_selection을 계산한 확률 목록과 함께 사용한다. 자세한 내용은 다음 절에서 다룬다.

```
Ant functions:
visit_attraction(pheromone_trails)
visit_random_attraction()
visit_probabilistic_attraction(pheromone_trails)
roulette_wheel_selection(probabilities)
get_distance_traveled()
```

끝으로, get_distance_traveled 함수는 방문한 명소 목록을 이용하여 특정 개미가 이동한 총 거리를 계산한다. 최단 경로를 찾기 위해 이 거리를 최소화하고 개미의 적합도로 사용한다.

```
get_distance_travelled(ant):
  let total_distance equal 0
  for a in range(1, length of ant.visited_attractions):
    total_distance += distance between ant.visited_attractions[a - 1] and
                                        ant.visited_attractions[a]
  return total_distance
```

마지막으로 설계해야 하는 데이터 구조는 페로몬 흔적의 개념이다. 명소 간 거리와 마찬가지로 각 경로의 페로몬 강도는 거리 행렬로 표현할 수 있는데 이때 행렬은 거리 대신 페로몬 강도를 나타 낸다. 그림 6.10에서 두꺼운 선은 더 강한 페로몬 흔적을 나타내고, 표 6.2는 명소 사이의 페로몬 흔적을 나타낸다.

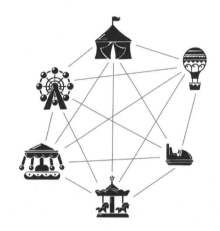
명소 간 경로

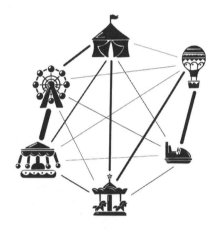
경로에서 가능한 페로몬 강도

그림 6.10 경로의 페로몬 강도 예

표 6.2 명소 간 페로몬 강도

	서커스	열기구 풍선	범퍼카	회전목마	그네	대관람차
서커스	0	2	0	8	6	8
열기구 풍선	2	0	10	8	2	2
범퍼카	2	10	0	0	2	2
회전목마	8	8	2	0	2	2
그네	6	2	2	2	0	10
대관람차	8	2	2	2	10	0

개미 군집 최적화 알고리즘 수명 주기

이제 필요한 데이터 구조에 대한 이해를 마쳤으므로 개미 군집 최적화 알고리즘의 작동 방식을 알아보자. 개미 군집 최적화 알고리즘 설계는 해결해야 할 문제 공간을 기반으로 접근한다. 문제마다 고유한 맥락이 있고 데이터가 표현되는 도메인이 다르지만 원칙은 동일하다.

이제 축제 문제를 해결하기 위한 개미 군집 최적화 알고리즘을 구성하는 방법을 살펴보자. 알고리즘의 일반적인 수명 주기는 다음과 같다.

- **페로몬 흔적 초기화** — 명소 간 페로몬 흔적 개념을 만들고 페로몬의 강도 값을 초기화한다.
- **개미 모집단 설정** — 각각 서로 다른 명소에서 시작하는 개미 모집단을 만든다.
- **각 개미의 다음 방문지 선택** — 개미마다 모든 명소를 한 번씩 방문할 때까지 방문할 다음 명소를 선택한다.
- **페로몬 흔적 업데이트** — 개미의 움직임과 페로몬 증발 요인을 바탕으로 페로몬 흔적의 강도를 업데이트한다.
- **최적 솔루션 업데이트** — 각 개미가 이동한 총 거리를 고려하여 최적 솔루션을 업데이트한다.
- **중지 기준 결정** — 개미가 명소를 방문하는 과정을 여러 번 반복한다. 여기서 한 번 반복은 모든 개미가 모든 명소를 한 번씩 방문하는 것이다. 중지 기준은 실행할 총 반복 횟수를 결정하는데, 많이 반복할수록 개미는 페로몬 흔적을 기반으로 더 나은 결정을 내릴 수 있다.

그림 6.11은 개미 군집 최적화 알고리즘의 일반적인 수명 주기를 설명한다.

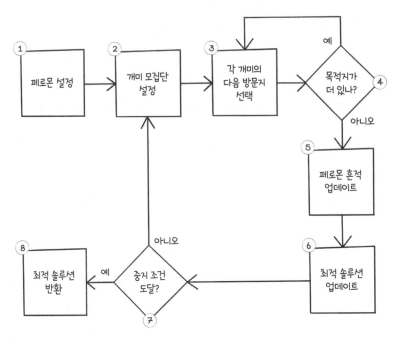

그림 6.11 개미 군집 최적화 알고리즘 수명 주기

페로몬 흔적 초기화

개미 군집 최적화 알고리즘의 첫 번째 단계에서 페로몬 흔적을 초기화한다. 아직 명소 사이의 길을 통과하는 개미가 없었기 때문에 페로몬 흔적은 1로 초기화한다. 이때 모든 페로몬 흔적을 1로 설정하면 흔적 간에 차이가 없게 된다. 중요한 것은 페로몬 흔적을 포함하는 신뢰할 수 있는 데이터 구조를 정의하는 것이다. 이를 그림 6.12에 나타내었다.

이 개념은 위치 간 거리 대신 다른 휴리스틱에 의해 페로몬 강도를 정의하는 또 다른 문제에도 적용할 수 있다.

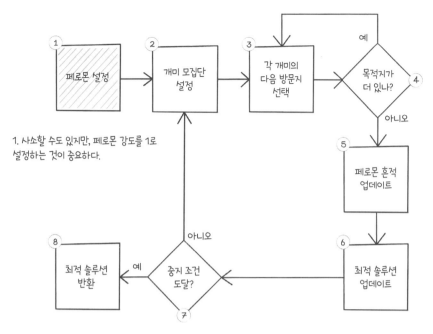

1. 사소할 수도 있지만, 페로몬 강도를 1로 설정하는 것이 중요하다.

그림 6.12 페로몬 설정

그림 6.13에서 휴리스틱은 두 목적지 사이의 거리다.

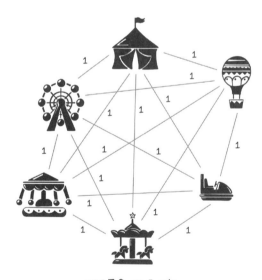

페로몬을 1로 초기화

그림 6.13 페로몬 초기화

명소 간 거리와 유사하게 페로몬 흔적도 거리 행렬로 나타낼 수 있다. 이 배열에서 x, y를 참조하면 명소 x와 명소 y 간 경로의 페로몬 강도를 구할 수 있다. 모든 경로의 초기 페로몬 강도는 1로 초기화한다. 모든 경로의 값이 처음부터 특정 경로에 편향되지 않도록 동일한 숫자로 초기화하는 것이다.

```
let pheromone_trails equal
    [
    [1,1,1,1,1,1],
    [1,1,1,1,1,1],
    [1,1,1,1,1,1],
    [1,1,1,1,1,1],
    [1,1,1,1,1,1],
    [1,1,1,1,1,1]
    ]
```

개미 모집단 설정

개미 군집 최적화 알고리즘의 다음 단계는 명소 사이를 이동하고 그 사이에 페로몬 흔적을 남기는 개미 모집단을 만드는 것이다(그림 6.14).

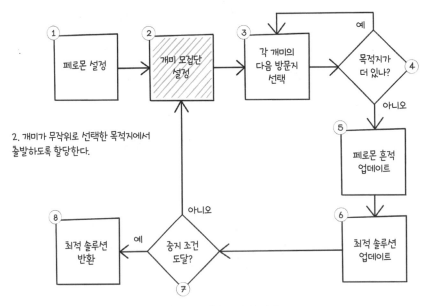

그림 6.14 개미 모집단 설정

개미는 무작위로 할당한 명소(그림 6.15)에서 출발한다. 개미 군집 최적화 알고리즘은 실제 거리 개념이 존재하지 않는 문제에도 적용할 수 있다. 따라서 무작위로 할당한 명소는 어떤 시퀀스상의 임의 지점과도 같다. 모든 목적지를 둘러본 후 개미의 시작점을 설정한다.

그림 6.15 임의의 명소에서 개미 출발

이 원칙은 다른 문제에도 적용할 수 있는데, 예를 들어 태스크 스케줄링 문제task-scheduling problem의 경우에는 각 개미가 서로 다른 태스크에서 시작한다고 생각하면 된다.

의사코드

개미 군집 설정에는 몇몇 개미의 초기화와 나중에 참조할 수 있는 목록에 이를 추가하는 작업이 있다. 개미 클래스의 초기화 함수는 임의의 시작 명소를 선택한다.

```
setup_ants(attraction_count, number_of_ants_factor):
  let number_of_ants equal round(attraction_count * number_of_ants_factor)
  let ant_colony equal to an empty array
  for i in range(0, number_of_ants):
    append new Ant to ant_colony
  return ant_colony
```

각 개미의 다음 방문지 선택

개미는 다음에 방문할 명소를 선택한다. 개미는 모든 명소를 한 번씩 방문할 때까지 새로운 명소를 방문하는데, 이를 여행이라고 한다. 개미는 두 가지 요인을 바탕으로 다음 목적지를 선택한다 (그림 6.16).

- **페로몬 강도**pheromone intensity — 사용 가능한 모든 경로의 페로몬 강도
- **휴리스틱 값**heuristic value — 사용 가능한 모든 경로에 대해 정의한 휴리스틱의 결과로, 축제 예에서는 명소 간 경로의 거리다.

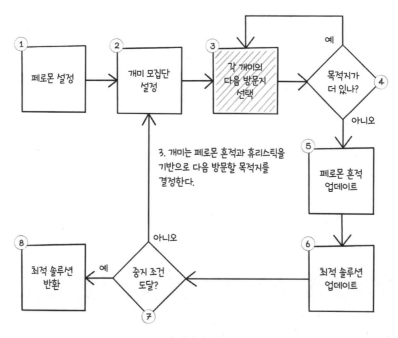

그림 6.16 각 개미의 다음 방문지 선택

개미는 이미 방문한 목적지는 다시 방문하지 않는다. 즉, 개미가 이미 범퍼카를 방문했다면 현재 여행에서 해당 명소로 다시 이동하지 않는다.

개미의 확률적 속성

개미 군집 최적화 알고리즘에는 무작위성 요소가 있다. 이를 통해 개미가 당장에는 덜 최적화된 경로를 탐험할 가능성을 허용함으로써 전체적으로 총 이동 거리를 단축할 수 있다.

첫째, 개미는 무작위로 목적지를 선택할 수 있는 임의의 확률을 갖고 있다. 즉, 0과 1 사이의 임의의 숫자를 생성하고 결과가 0.1 이하면 개미는 무작위로 목적지를 선택한다. 이로 인해 10% 확률

로 무작위 목적지를 선택할 기회를 갖게 된다. 개미가 임의의 목적지를 선택하기로 결정하면, 방문할 목적지를 무작위로 선택해야 하는데, 이는 사용 가능한 모든 목적지 사이에서의 무작위 선택이다.

휴리스틱에 의한 목적지 선택

개미가 다음 공식을 사용하여 해당 경로의 페로몬 강도와 휴리스틱 값을 결정해서 무작위가 아닌 방식으로 다음 목적지를 선택한다.

$$\frac{(경로\ x상의\ 페로몬)^a * (1\ /\ 경로\ x에\ 대한\ 휴리스틱)^b}{n개\ 목적지의\ 합\ ((경로\ n상의\ 페로몬)^a * (1\ /\ 경로\ n에\ 대한\ 휴리스틱)^b)}$$

이 함수를 각각의 목적지를 향해 이동 가능한 모든 경로에 적용한 후, 개미는 이동하기에 가장 좋은 함수의 결괏값*을 가진 목적지를 선택한다. 그림 6.17은 각각의 거리와 페로몬 강도로 서커스에서 가능한 경로를 보여준다.

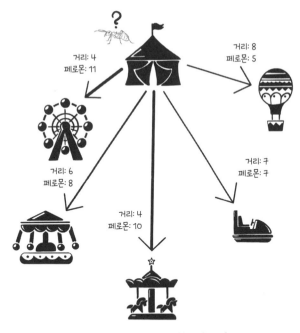

그림 6.17 서커스발 가능 경로 예

계산 과정을 알기 쉽게 분석하고 결과가 의사 결정에 어떤 영향을 미치는지 이 공식을 통해 자세히 살펴본다(그림 6.18).

★ [옮긴이] 여기서는 경로상의 페로몬 강도가 높고 거리(휴리스틱)가 짧은 경로에 해당함

$$\underbrace{(경로\ x상의\ 페로몬)^a}_{\text{페로몬 영향}} * \underbrace{(1\ /\ 경로\ x에\ 대한\ 휴리스틱)^b}_{\text{휴리스틱 영향}}$$

그림 6.18 페로몬과 휴리스틱이 공식에 미치는 영향

알파_{alpha}**(a)** 변수와 **베타**_{beta}**(b)** 변수는 페로몬 영향과 휴리스틱 영향 중 어느 한 쪽에 더 큰 가중치를 주기 위해 사용한다. 이들 가중치 변수는 개미 움직임을 유발하는 두 가지 요인에 대한 판단의 균형을 맞추기 위해 조정한다. 이때 두 가지 요인은 개미가 알고 있는 것을 기반으로 움직이는 것과 개미 군집이 그 경로에 대해 알고 있는 것을 나타내는 페로몬 흔적을 바탕으로 움직이는 것이다. 이 같은 매개변수는 미리 정의하고 일반적으로 알고리즘이 실행되는 동안 조정하지 않는다.

다음 예는 서커스에서 시작하는 각 경로를 통해 작용하며 각 명소로 이동할 확률을 계산한다.

- a(알파)는 1로 설정한다.
- b(베타)는 2로 설정한다.

b가 a보다 크므로 이 예에서는 휴리스틱 영향을 더 중요하게 다룬다.

특정 경로를 선택할 확률을 결정하는 데 사용하는 계산 예를 살펴보자(그림 6.19).

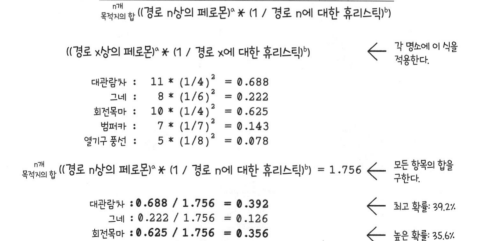

그림 6.19 경로에 대한 확률 계산

이 계산 후, 이용 가능한 모든 목적지가 주어지면, 개미는 그림 6.20에 표시된 것과 같이 선택할 수 있다.

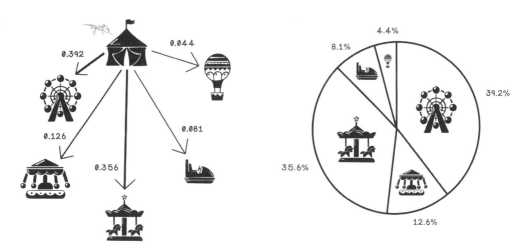

그림 6.20 각 명소를 선택할 최종 확률

사용 가능한 경로만 고려해야 한다는 것을 명심한다. 그림 6.21은 이미 방문한 대관람차를 제외한 서커스에서 가능한 경로를 보여주고, 그림 6.22는 경로에 대한 확률 계산을 보여준다.

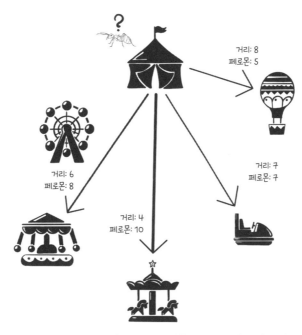

그림 6.21 이미 방문한 명소를 제외한 서커스발 가능 경로 예

$$\frac{(경로\ x상의\ 페로몬)^a * (1\ /\ 경로\ x에\ 대한\ 휴리스틱)^b}{\sum^{n개}_{목적지의\ 합}((경로\ n상의\ 페로몬)^a * (1\ /\ 경로\ n에\ 대한\ 휴리스틱)^b)}$$

$((경로\ x상의\ 페로몬)^a * (1\ /\ 경로\ x에\ 대한\ 휴리스틱)^b)$ ← 각 명소에 이 식을
적용한다.

그네 :	$8 * (1/6)^2$	$= 0.222$
회전목마 :	$10 * (1/4)^2$	$= 0.625$
범퍼카 :	$7 * (1/7)^2$	$= 0.143$
열기구 풍선 :	$5 * (1/8)^2$	$= 0.078$

$\sum^{n개}_{목적지의\ 합}((경로\ n상의\ 페로몬)^a * (1\ /\ 경로\ n에\ 대한\ 휴리스틱)^b) = 1.068$ ← 모든 항목의 합을
구한다.

그네 :	$0.222\ /\ 1.068$	$= 0.208$
회전목마 :	**$0.625\ /\ 1.068$**	**$= 0.585$**	← 최고 확률: 58.5%
범퍼카 :	$0.143\ /\ 1.068$	$= 0.134$
열기구 풍선 :	$0.078\ /\ 1.068$	$= 0.073$

그림 6.22 경로에 대한 확률 계산

이제 개미의 결정은 그림 6.23과 같다.

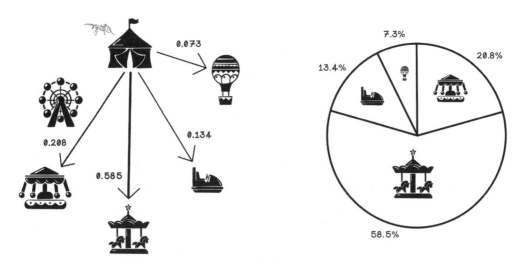

그림 6.23 각 명소를 선택할 최종 확률

의사코드

가능한 명소를 방문할 확률을 계산하기 위한 의사코드는 지금까지 자세히 살펴본 수학 함수와 매우 유사하다. 이 구현의 몇 가지 흥미로운 측면은 다음과 같다.

- **방문할 수 있는 명소 결정** — 개미가 이미 방문한 명소로 돌아가서는 안 된다. possible_attractions 배열은 전체 명소 목록 all_attractions에서 visited_attractions를 제거하고 이 값을 저장한다.

- **세 변수를 사용하여 확률 계산 결과 저장** — possible_indexes는 명소의 인덱스를 저장하고, possible_probabilities는 각각의 인덱스에 대한 확률을 저장한다. 그리고 total_probabilities는 모든 확률의 합을 저장하는데, 함수를 종료하면 이 값이 1이어야 한다. 더 간결한 코딩 기준code convention을 위해 이 세 가지 데이터 구조를 클래스로 표현할 수도 있다.

룰렛 휠 선택으로 다시 돌아가 보자. 룰렛 휠 선택 함수는 가능 확률과 명소 인덱스를 입력으로 받는다. 이 함수는 슬라이스 목록을 생성하는데, 목록의 인덱스 0, 1, 2에는 각각 명소의 인덱스, 슬라이스의 시작, 슬라이스의 끝을 포함한다. 모든 슬라이스의 시작과 끝은 0과 1 사이의 값이다. 0과 1 사이의 임의의 숫자를 생성하고 이 값을 포함하는 슬라이스를 승자로 선택한다.

```
visit_probabilistic_attraction(pheromone_trails, attraction_count, ant
                         alpha, beta):
  let current_attraction equal ant.visited_attractions[-1]
  let all_attractions equal range(0, attraction_count)
  let possible_attractions equal all_attractions - ant.visited_attractions

  let possible_indexes equal empty array
  let possible_probabilities equal empty array
  let total_probabilities equal 0

  for attraction in possible_attractions:
    append attraction to possible_indexes
    let pheromones_on_path equal
      math.pow(pheromone_trails[current_attraction][attraction], alpha)
    let heuristic_for_path equal
      math.pow(1/attraction_distances[current_attraction][attraction], beta)
    let probability equal pheromones_on_path * heuristic_for_path
    append probability to possible_probabilities
    add probability to total_probabilities
  let possible_probabilities equal [probability / total_probabilities
    for probability in possible_probabilities]
  return [possible_indexes, possible_probabilities]
```

다음에 방문할 다른 명소를 선택할 확률을 구했으므로 룰렛 휠 선택을 사용한다.

요약하자면, 룰렛 휠 선택(3장, 4장 참조)은 슬라이스의 적합도에 비례하는 면적의 휠 슬라이스를 제공한다. 그 다음 휠을 '회전'시켜서 개체를 선택한다. 결과적으로, 이번 장 앞부분의 그림 6.23에 표시한 것처럼 적합도가 높은 개체에 더 큰 휠 슬라이스를 할당한다. 그리고 모든 개미가 모든 명소를 한 번씩 방문할 때까지 명소를 선택하고 방문하는 과정을 계속한다.

```
roulette_wheel_selection(possible_indexes, possible_probabilities,
                         possible_attraction_count):
  let slices equal empty array
  let total equal 0
  for i in range(0, possible_attractions_count):
    append [possible_indexes[i], total, total + possible_probabilities[i]]
      to slices
    total += possible_probabilities[i]
  let spin equal random(0, 1)
  let result equal [slice for slice in slices if slice[1] < spin <= slice[2]]
  return result
```

연습: 다음 정보를 이용하여 명소를 방문할 확률 결정하기

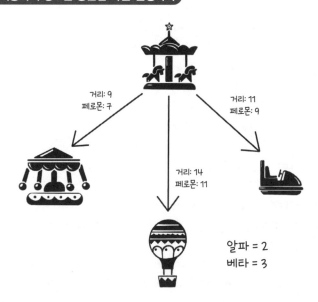

거리: 9
페로몬: 7

거리: 11
페로몬: 9

거리: 14
페로몬: 11

알파 = 2
베타 = 3

$$\frac{(경로\ x상의\ 페로몬)^a * (1\ /\ 경로\ x에\ 대한\ 휴리스틱)^b}{\overset{n개}{\underset{목적지의\ 합}{}}((경로\ n상의\ 페로몬)^a * (1\ /\ 경로\ n에\ 대한\ 휴리스틱)^b)}$$

$$((경로\ x상의\ 페로몬)^a * (1\ /\ 경로\ x에\ 대한\ 휴리스틱)^b)$$

$$그네:\quad 7^2 * (1/9)^3 = 0.067$$
$$범퍼카:\quad 9^2 * (1/11)^3 = 0.061$$
$$열기구\ 풍선:\ 11^2 * (1/14)^3 = 0.044$$

$$\overset{n개}{\underset{목적지의\ 합}{}}((경로\ n상의\ 페로몬)^a * (1\ /\ 경로\ n에\ 대한\ 휴리스틱)^b) = 0.172$$

$$그네: 0.067\ /\ 0.172 = 0.39$$
$$범퍼카: 0.061\ /\ 0.172 = 0.355$$
$$열기구\ 풍선: 0.044\ /\ 0.172 = 0.256$$

페로몬 흔적 업데이트

개미가 모든 명소 둘러보기를 마쳤으므로 이제 남겨진 페로몬 강도를 바탕으로 명소 간 페로몬 흔적을 변경한다(그림 6.24).

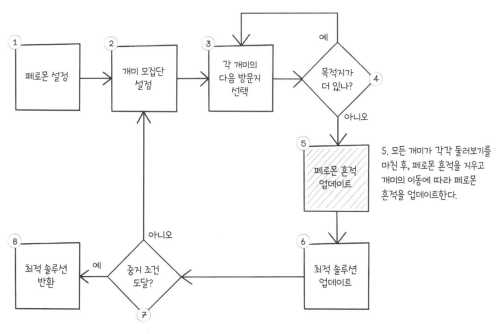

5. 모든 개미가 각각 둘러보기를 마친 후, 페로몬 흔적을 지우고 개미의 이동에 따라 페로몬 흔적을 업데이트한다.

그림 6.24 페로몬 흔적 업데이트

페로몬 흔적 업데이트에는 증발과 새로운 페로몬 증착이라는 두 단계가 있다.

증발로 인한 페로몬 흔적 업데이트

증발의 개념 역시 자연에서 영감을 받았는데, 시간이 지남에 따라 페로몬 흔적의 강도가 감소한다. 페로몬의 현재 값에 증발 계수(탐험 및 활용 측면에서 알고리즘의 성능을 위해 조정할 수 있는 매개변수)를 곱하여 업데이트한다. 그림 6.25는 증발로 인한 페로몬 흔적 업데이트를 보여준다.

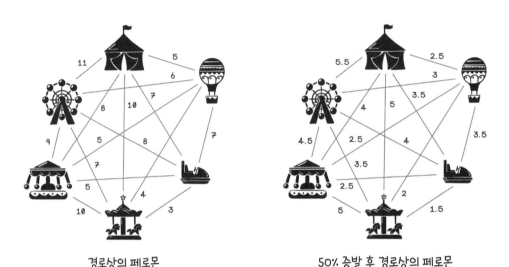

경로상의 페로몬   50% 증발 후 경로상의 페로몬

그림 6.25 증발로 인한 페로몬 흔적 업데이트 예

개미의 여행에 따른 페로몬 흔적 업데이트

페로몬은 경로를 따라 이동한 개미를 바탕으로 업데이트한다. 즉, 더 많은 개미가 특정 경로로 이동하면 해당 경로에 더 많은 페로몬이 남게 된다.

각 개미는 자신이 이동한 모든 경로의 페로몬에 자신의 적합도 값을 더한다. 그 결과 더 좋은 솔루션을 가진 개미가 최적 경로에 더 큰 영향을 미친다. 그림 6.26은 경로의 개미 이동을 바탕으로 업데이트한 페로몬 흔적을 보여준다.

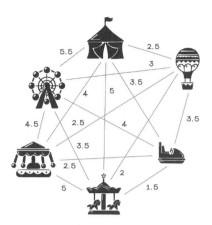

증발 후 경로상의 페로몬

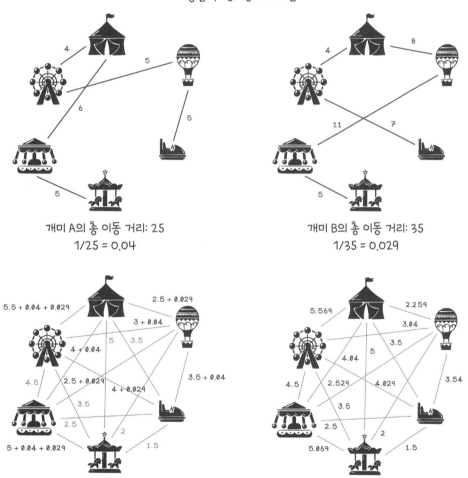

개미 A의 총 이동 거리: 25
1/25 = 0.04

개미 B의 총 이동 거리: 35
1/35 = 0.029

개미 업데이트 후 페로몬 추가

개미 업데이트 후 페로몬

그림 6.26 개미 이동에 따른 페로몬 흔적 업데이트

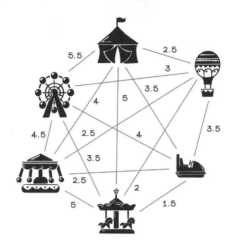

50% 증발 계산

경로상의 페로몬

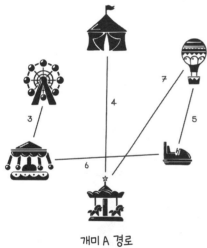

개미 A 경로

개미 B 경로

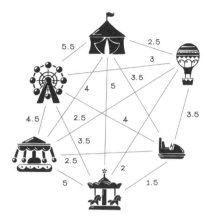

경로상의 페로몬

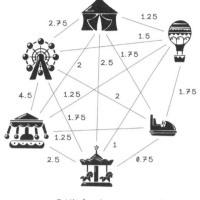

50% 증발 후 경로상의 페로몬

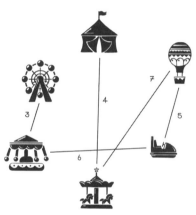

개미 A의 총 이동 거리: 25
1/25 = 0.04

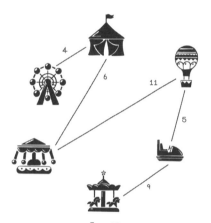

개미 B의 총 이동 거리: 35
1/35= 0.029

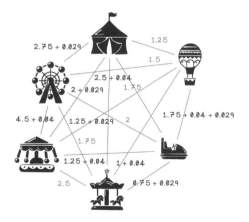

개미 업데이트 후 페로몬 추가

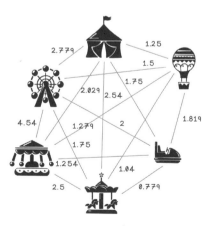

개미 업데이트 후 페로몬

update_pheromones 함수는 페로몬 흔적에 두 가지 중요한 개념을 적용한다. 첫째, 현재의 페로몬 강도는 증발 속도에 따라 감소한다. 예를 들어, 증발 속도가 0.5이면 강도가 절반으로 감소한다. 둘째, 해당 경로에서의 개미 이동에 따라 페로몬을 추가한다. 각 개미가 남기고 가는 페로몬의 양은 개미의 적합도에 따라 결정되며, 여기서 개미의 적합도는 각 개미의 총 이동 거리다.★

```
update_pheromones(evaporation_rate, pheromone_trails, attraction_count):
  for x in range(0, attraction_count):
    for y in range(0, attraction_count):
      let pheromone_trails[x][y] equal
        pheromone_trails[x][y] * evaporation_rate
      for ant in ant_colony:
        pheromone_trails[x][y] += 1 / ant.get_distance_traveled()
```

최적 솔루션 업데이트

가장 좋은 솔루션은 명소 방문 시퀀스 중에 총 거리가 가장 짧은 것인데, 이를 구하는 과정은 다음과 같다(그림 6.27).

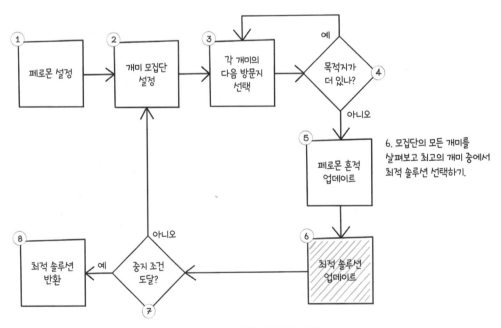

그림 6.27 최적 솔루션 업데이트

★ 울긴이 개미의 이동 거리가 길수록 페르몬을 많이 남긴다고 보는 것이 타당함

한 차례 반복으로 모든 개미가 여행을 마친 후(개미가 모든 명소를 방문하면 여행이 완료됨) 군집에서 가장 좋은 개미를 결정한다. 이 결정을 내리기 위해, 총 이동 거리가 가장 짧은 개미를 찾아 군집에서 새로운 최고의 개미로 설정한다.

```
get_best(ant_population, previous_best_ant):
  let best_ant equal previous_best_ant
  for ant in ant_population:
    let distance_traveled equal ant.get_distance_traveled()
    if distance_traveled < best_ant.best_distance:
      let best_ant equal ant
  return best_ant
```

중지 기준 결정

알고리즘은 여러 번 반복한 후에 중지하는데, 여기서 반복은 개념적으로 개미 그룹이 결론을 내리기까지의 여행 횟수다. 10번의 반복은 각 개미가 10번 여행한다는 것을 의미한다. 즉, 각 개미는 각 명소를 한 번씩 방문하는 것을 10번 수행한다(그림 6.28).

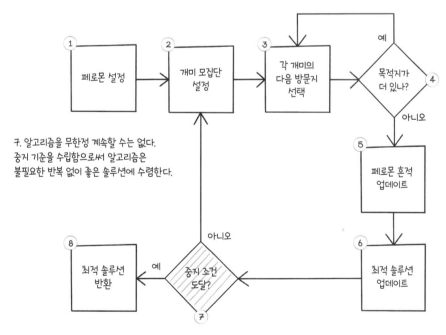

그림 6.28 중지 조건 도달?

개미 군집 최적화 알고리즘의 중지 기준은 해결하려는 문제 도메인 따라 달라진다. 경우에 따라서는 실제 한도가 알려져 있으며, 이를 알 수 없는 경우에는 다음 중에서 선택한다.

- **미리 정의한 반복 횟수에 도달하면 중지** — 이 시나리오에서는 항상 알고리즘을 실행하는 총 반복 횟수를 정의한다. 반복 횟수를 100으로 정의한 경우, 각 개미가 둘러보기를 100번 수행한 후에 알고리즘을 종료한다.
- **최적 솔루션이 정체되면 중지** — 이 시나리오에서는 매번 반복한 후에 얻은 최적 솔루션을 이전에 구한 최적 솔루션과 비교한다. 미리 정의한 반복 횟수 후에도 솔루션이 개선되지 않으면 알고리즘을 종료한다. 예를 들어, 20번째 반복에서 솔루션의 적합도가 100이고, 30번째 반복할 때까지 적합도가 나아지지 않는다면, 더 나은 솔루션이 존재하지 않을 가능성이 높다(하지만 보장할 수는 없다).

의사코드

solve 함수에 모든 기능을 담고 있어서 이를 통해 연산 순서와 알고리즘의 전체 수명 주기를 더 잘 이해할 수 있다. 알고리즘은 정의한 총 반복 횟수만큼 실행한다. 또한, 개미 군집은 각 반복을 시작할 때 시작점으로 초기화하고, 각 반복 후에 최고의 개미를 새로 결정한다.

```
solve(total_iterations, evaporation_rate, number_of_ants_factor,
      attraction_count):
  let pheromone_trails equal setup_pheromones()
  let best_ant equal Nothing
  for i in range(0, total_iterations):
    let ant_colony equal setup_ants(number_of_ants_factor)
    for r in range(0, attraction_count - 1):
      move_ants(ant_colony)
    update_pheromones(evaporation_rate,
                      pheromone_trails,
                      attraction_count)
    let best_ant equal get_best(ant_colony)
```

여러 매개변수를 조정해서 개미 군집 최적화 알고리즘의 탐험 및 활용을 변경한다. 이러한 매개변수는 알고리즘이 좋은 솔루션을 찾는 데 걸리는 시간에 영향을 준다. 일부 무작위성은 탐험에 좋다. 휴리스틱과 페로몬 사이의 가중치 균형을 맞추는 것은 개미가 탐욕 검색greedy search을 시도할지 (휴리스틱을 선호할 때) 페로몬을 더 신뢰할지에 영향을 미친다. 증발 속도도 이 균형에 영향을 준다. 개미의 수와 개미가 가진 총 반복 횟수는 솔루션의 품질에 영향을 준다. 하지만 더 많은 개미와 더 많은 반복을 추가하면 결과적으로 더 많은 계산이 필요하다. 당면한 문제에 따라 계산 시간이 이러한 매개변수 결정에 영향을 미친다(그림 6.29).

```
임의의 명소를 선택해서 개미가 방문할 확률 설정 (0.0 - 1.0)(0% - 100%)
RANDOM_ATTRACTION_FACTOR = 0.3


개미가 선택한 경로에 대한 페로몬 가중치 설정
ALPHA = 4


개미가 선택한 경로에 대한 휴리스틱 가중치 설정
BETA = 7


총 명소 수를 기준으로 군집에서 개미의 비율 설정
NUMBER_OF_ANTS_FACTOR = 0.5


개미가 완료해야 하는 여행 횟수 설정
TOTAL_ITERATIONS = 1000


페로몬 증발 비율 설정 (0.0 - 1.0)(0% - 100%)
EVAPORATION_RATE = 0.4
```

그림 6.29 개미 군집 최적화 알고리즘에서 조정할 수 있는 매개변수

이제 개미 군집 최적화 알고리즘이 작동하는 방식과 축제 문제를 해결하는 데 어떻게 사용할지에 대한 통찰력을 얻었다. 다음 절에서는 사용할 수 있는 몇 가지 다른 사례를 설명한다. 아마도 이러한 예가 업무에서 알고리즘의 용도를 찾는 데 도움이 될 것이다.

개미 군집 최적화 알고리즘 사용 사례

개미 군집 최적화 알고리즘은 여러 실제 애플리케이션에서 유용하다. 이러한 애플리케이션은 일반적으로 다음과 같은 복잡한 최적화 문제에 중점을 둔다.

- **경로 최적화**route optimization — 일반적으로 라우팅 문제에는 몇 가지 제약 조건하에서 방문해야 하는 여러 목적지가 있다. 물류의 예에서는 목적지 간 거리, 교통 상황, 배송 중인 패키지 유형, 하루 중 배송 시간대가 비즈니스 운영을 최적화하기 위해 고려해야 할 중요한 제약

사항이다. 이 문제를 해결하기 위해 개미 군집 최적화 알고리즘을 사용할 수 있다. 이 문제는 이번 장에서 살펴본 축제 문제와 유사하지만 휴리스틱 함수가 더 복잡하고 특정 상황에 따라 다르다.

- **작업 스케줄링**job scheduling ─ 작업 스케줄링은 거의 모든 산업에 존재한다. 예를 들어, 간호사 교대 근무는 좋은 의료 서비스를 제공하는 데 중요하고, 서버의 컴퓨팅 작업은 낭비 없이 하드웨어를 최대한 사용하기 위해 최적의 방식으로 예약해야 한다. 개미 군집 최적화 알고리즘을 이용하여 이러한 문제를 해결할 수 있다. 개미가 방문하는 대상을 위치로 보는 대신 개미가 다른 순서로 작업을 방문하는 것으로 보면 된다. 휴리스틱 함수는 스케줄링하는 작업의 맥락에 특정한 제약 조건과 원하는 규칙을 포함한다. 예를 들어, 간호사는 피로를 방지하기 위해 쉬는 날이 필요하고 서버는 우선순위가 높은 작업을 먼저 수행해야 한다.

- **이미지 처리**image processing ─ 개미 군집 최적화 알고리즘은 이미지 처리에서 윤곽선 검출에 사용할 수 있다. 이미지는 인접한 여러 픽셀pixel로 구성되고, 개미는 픽셀 단위로 이동하며 페로몬 흔적을 남긴다. 개미는 픽셀 색상의 강도에 따라 더 강한 페로몬을 떨어뜨려서 결과적으로 물체의 윤곽선을 따라 페로몬 밀도가 가장 높은 페로몬 흔적을 만든다. 이 알고리즘은 기본적으로 가장자리 검출을 수행하여 이미지의 윤곽선을 추적한다. 경우에 따라서 픽셀의 색상 값을 일관되게 비교할 수 있도록 컬러 이미지를 흑백의 회색조로 변환하기 위한 전처리가 필요하다.

개미 군집 최적화(ACO) 알고리즘은 페로몬과 휴리스틱을 사용한다.

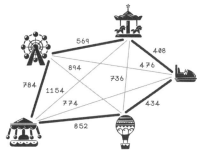

ACO는 최단 경로 찾기나 최적 업무 예약과 같은
최적화 문제에 유용하다.

개미는 기억력, 성과 개념을 바탕으로 행동할 수 있다.

기억력

최적 적합도

행동

휴리스틱과 경로상의 페로몬 간 가중치를 사용해서 선택 확률을 계산한다.

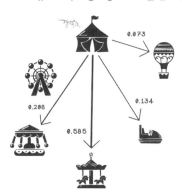

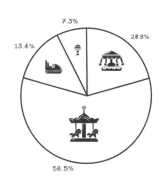

각 개미는 적합도에 비례하여 페로몬을 남기고, 또한 페로몬은 증발한다.

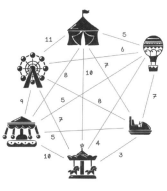

경로상의 페로몬

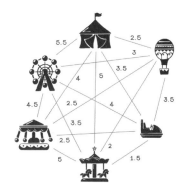

50% 증발 후 경로상의 페로몬

군집 지능: 입자

이 장에서 다루는 것들

■ 입자 군집 지능 알고리즘에 영감을 주는 요소 이해

■ 최적화 문제 이해 및 해결

■ 입자 군집 최적화 알고리즘 설계 및 구현

입자 군집 최적화란?

입자 군집 최적화particle swarm optimization는 또 다른 군집 알고리즘이다. 군집 지능은 집단적으로 어려운 문제를 해결하기 위해서 많은 개체의 새로운 행동에 의존한다. 6장에서 개미가 페로몬을 사용하여 목적지 사이의 최단 경로를 찾는 방법을 살펴보았다.

새 무리는 자연에서 볼 수 있는 군집 지능의 또 다른 좋은 예다. 새 한 마리가 날아갈 때는, 에너지를 아끼기 위해서 공기 중에서 점프하거나 미끄러지기도 하고 바람의 흐름을 활용하여 방향을 조정하는 등 여러 가지 기동maneuver과 기술을 시도한다. 이 행동은 한 개체의 초기 수준의 지능 일부를 나타낸다. 한편, 새들은 계절에 따라 이주해야 한다. 겨울에는 잡아먹을 수 있는 곤충과 다른 먹이를 찾기가 쉽지 않고, 적절한 보금자리도 부족하기 때문이다. 철새는 더 나은 기상 조건을 찾아 더 따뜻한 지역으로 모여드는 경향이 있는데, 이를 통해 생존 가능성을 높인다. 새들의 이주는 일반적으로 짧은 여행이 아니다. 적절한 조건을 갖춘 지역에 도착하려면 수천 킬로미터를 이동해야 한다. 새들이 이런 먼 거리를 여행할 때는 무리를 짓는 경향이 있다. 이는 포식자들과 마주할 힘을 갖게 해주고 에너지도 절약해 주기 때문이다. 새 무리에서 관찰할 수 있는 대형에는 몇 가지 장점이 있다. 예를 들어, 크고 강한 새가 앞장서서 날갯짓을 하면 뒤에 있는 새들에게 상승 작용을 일으켜서 이 새들은 훨씬 적은 에너지로 날 수 있다. 이동 방향이 바뀌거나 지도자가 피곤해지면 무리의 지도자를 새로 바꾸기도 한다. 어떤 새가 대형에서 이탈하면 공기 저항 때문에 날기가 어려워지므로 다시 무리로 돌아와서 대형을 이룬다. 그림 7.1은 새 무리의 대형을 보여준다. 아마 여러분도 비슷한 것을 보았을 것이다.

그림 7.1 새 무리 대형 예

크레이그 레이놀즈Craig Raynolds는 1987년에 새 무리에서 발생하는 새로운 행동 속성을 이해하기 위해 시뮬레이터 프로그램을 개발했으며 사람들을 지도하기 위해 다음 규칙을 사용했다. 참고로, 이 규칙은 새 무리를 관찰해서 추출한 것이다.

- **정렬**alignment — 그룹이 같은 방향으로 이동할 수 있도록 개체는 이웃하는 개체가 향하는 평균적인 방향으로 조정해야 한다.
- **응집**cohesion — 그룹의 대형을 유지하기 위해 개체는 이웃의 평균적인 위치로 이동해야 한다.
- **분리**separation — 개체들이 서로 충돌하여 그룹을 방해하지 않도록 이웃과 밀집하거나 충돌하지 않아야 한다.

다양한 변형된 군집 행동 시뮬레이션에서는 추가 규칙을 사용한다. 그림 7.2는 다양한 시나리오에서 개체의 행동뿐만 아니라 각 규칙을 준수하기 위해 개체가 이동해야 하는 방향을 보여준다. 그림에 표시한 세 가지 원칙의 균형을 통해서 움직임을 조정한다.

그림 7.2 군집을 안내하는 규칙

입자 군집 최적화는 솔루션 공간의 여러 지점에 있는 개체들의 그룹을 포함하며, 모두 실제 군집 개념을 사용하여 공간에서 최적 솔루션을 찾는다. 이번 장에서는 입자 군집 최적화 알고리즘의 작동 방식을 살펴보고 이를 통해 문제를 해결하는 방법을 보여준다. 꽃을 찾아 나선 벌떼가 꽃의 밀도가 가장 높은 지역에 점차 모여드는 모습을 상상해 보자. 더 많은 벌이 꽃을 발견할수록 그 만큼 많은 벌이 꽃에 꼬이게 된다. 핵심적으로, 이 예는 입자 군집 최적화와 관련이 있다(그림 7.3).

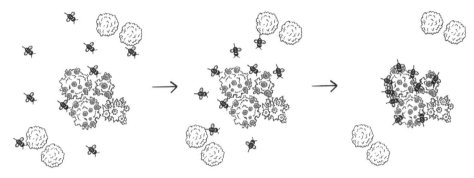

그림 7.3 목적지로 모여드는 벌 떼

최적화 문제는 이 책의 여러 장에서 언급했는데, 미로를 통과하는 최적의 경로 찾기, 배낭을 채우기 위한 최적의 항목 결정, 축제에서 명소 간 최적 경로 찾기 등이 최적화 문제의 예다. 지금까지는 그 이면의 세부 사항은 깊이 생각하지 않고 훑어보았지만, 이번 장부터는 최적화 문제를 더 깊이 이해해야 한다. 다음 절에서는 문제 영역에서 최적화 문제를 발견하게 해주는 몇 가지 직관적인 요소를 살펴본다.

최적화 문제: 약간 더 기술적인 관점

크기가 다른 고추가 여러 개 있다고 할 때 일반적으로 작은 고추는 큰 고추보다 매운 경향이 있다. 크기와 매운맛을 기준으로 모든 고추를 차트에 표시하면 그림 7.4와 같다.

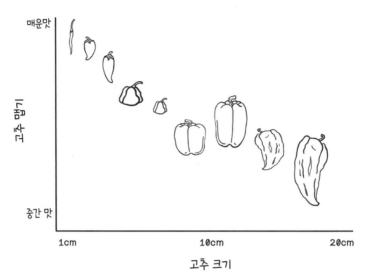

그림 7.4 고추 맵기 대 고추 크기

위 그림은 각 고추의 크기와 매운 정도를 보여준다. 이제 고추의 이미지를 제거하고 그 자리에 데이터 점을 표시하고 그 사이를 곡선으로 그리면 그림 7.5와 같다. 고추가 많을수록 더 많은 데이터 점이 생기고 곡선이 더 정확해진다.

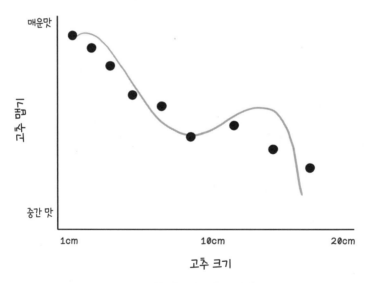

그림 7.5 고추 맵기 대 고추 크기 추세

이 예는 잠재적으로 최적화 문제다. 그림 7.5에서 왼쪽에서 오른쪽으로 최솟값을 검색하면, 이전 값보다 작은 점들이 나오다가 중간쯤에서 값이 더 큰 점이 나온다. 여기서 검색을 멈추면, 실제 최솟값인 마지막 데이터 점, 즉 **전역 최솟값**global minimum을 놓치게 된다.

근사화한 추세선/곡선은 그림 7.6과 같은 함수로 나타낼 수 있다. 고추의 크기가 x일 때 함수의 결과가 고추의 매운맛과 같다고 해석한다.

$$f(x) = -(x-4)(x-0.2)(x-2)(x-3)+5$$

그림 7.6 고추 맵기 대 고추 크기에 대한 함수 예

일반적으로 실제 문제에는 수천 개의 데이터 점이 있고, 함수의 최솟값은 이 예만큼 명확하지 않다. 또한, 검색 공간이 방대하고 손으로 풀기 어렵다.

데이터 점을 생성하기 위해 고추의 두 가지 속성만 사용하여 단순한 곡선을 생성했는데, 추가적으로 색깔과 같은 고추의 다른 속성을 고려하면 데이터 표현이 크게 달라진다. 이제 차트를 3차원으로 표시해야 하는데, 추세는 곡선이 아닌 표면이 된다. 표면은 3차원에서 뒤틀린 담요와 같다 (그림 7.7). 이 표면 또한 함수로 나타낼 수 있지만 좀 더 복잡하다.

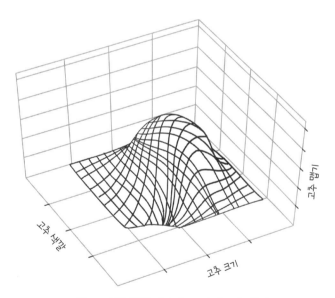

그림 7.7 고추 맵기 대 고추 크기 대 고추 색깔

3차원 검색 공간은 그림 7.7과 같이 상당히 단순해 보이기도 하지만, 경우에 따라서는 너무 복잡해서 최솟값을 찾기 위해 육안으로 검사하는 것이 거의 불가능하다(그림 7.8).

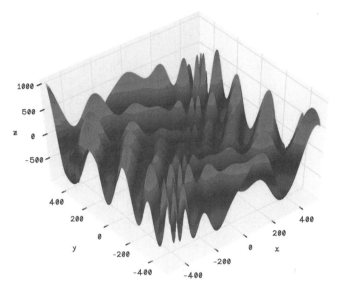

그림 7.8 3차원 공간을 평면으로 시각화한 함수

그림 7.9는 이 평면을 나타내는 함수다.

$$f(x,y) = -(y+47)\sin\sqrt{\left|\frac{x}{2} + (y+47)\right|} - x\sin\sqrt{|x-(y+47)|}$$

그림 7.9 그림 7.8의 표면을 나타내는 함수

자, 이제 좀 더 흥미로워진다! 지금까지는 고추의 세 가지 속성, 즉 크기, 색깔, 매운 정도를 살펴보았고, 그 결과 검색 공간은 3차원이다. 재배 위치를 추가하면 어떻게 될까? 이제 새로운 속성의 추가로, 4차원에서 검색해야 하기 때문에 데이터를 시각화하고 이해하는 것이 훨씬 더 어려워진다. 고추의 나이와 재배하는 동안 사용한 비료의 양을 추가하면 6차원의 방대한 검색 공간이 되고 이 검색이 어떤 모습일지 상상하기는 어렵다. 이 검색도 함수로 표현할 수 있지만, 사람이 손으로 풀기에는 너무 복잡하고 어렵다.

입자 군집 최적화 알고리즘은 특히 어려운 최적화 문제를 해결하는 데 유용하다. 입자는 다차원 검색 공간에 분산되어 있고 좋은 최댓값이나 최솟값을 찾기 위해 함께 작동한다.

입자 군집 최적화 알고리즘은 특히 다음 시나리오에서 유용하다.

- **큰 검색 공간** — 많은 데이터 점과 조합 가능성이 있다.
- **높은 차원의 검색 공간** — 고차원에 따른 복잡성이 있다. 좋은 솔루션을 찾으려면 문제의 많은 차원이 필요하다.

이 시나리오에서 우리는 추위를 싫어하기 때문에 연중 평균 최저 기온을 기준으로 살기 좋은 도시를 결정해야 한다. 인구가 붐비는 지역은 불편할 수 있으므로 인구가 70만 명 미만인 것도 중요하다. 그리고 평균 부동산 가격은 가능한 한 낮아야 하며 도시에 기차가 많을수록 좋다.

이 시나리오의 문제는 5가지 차원으로 구성된다.

- 평균 온도
- 인구 규모
- 평균 부동산 가격
- 열차 노선 수
- 이러한 속성의 결과 — 우리의 결정을 알려줌

입자 군집 최적화를 적용할 수 있는 문제

드론을 개발하는 데 몇 가지 재료로 몸체와 프로펠러 날개(드론을 날게 하는 날개깃)를 만든다고 상상해 보자. 많은 연구 실험을 통해 두 가지 특정 물질의 양이 다르면 드론을 들어올리고 강풍에 견디는 최적의 성능면에서 다른 결과가 나온다는 것을 발견했다. 이 두 가지 재료는 몸체(chassis, 섀시)용 알루미늄과 날개용 플라스틱이다. 재료가 너무 많거나 너무 적으면 드론의 성능이 저하된다. 하지만 몇몇 조합으로 성능이 좋은 드론을 생산할 수 있고, 그중 단 하나의 조합만 특별히 성능이 좋은 드론을 만들 수 있다.

그림 7.10은 드론의 부품 중에 플라스틱으로 만든 부분과 알루미늄으로 만든 부분을 보여준다. 그리고 여기서 화살표는 드론의 성능에 영향을 미치는 힘을 나타낸다. 간단히 말해서, 드론을 들어올리는 동안 항력을 줄이고 바람의 흔들림을 감소시켜 주는 플라스틱과 알루미늄의 좋은 비율을 찾고자 한다. 따라서 플라스틱과 알루미늄이 적합도 함수의 입력이고 드론의 안정성이 출력이다. 최고의 안정성은 이륙 시 항력과 바람이 불 때의 흔들림을 감소하는 것으로 정의한다.

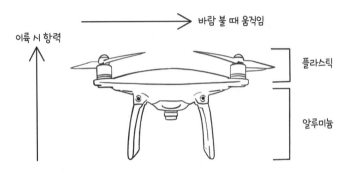

바람 불 때 움직임

이륙 시 항력

플라스틱

알루미늄

좋은 성능 = 낮은 항력과 바람 불 때 움직임이 적음

그림 7.10 드론 최적화 예

알루미늄과 플라스틱 비율의 정밀도가 중요하고 선택 가능한 범위가 넓다. 이 시나리오에서 연구자는 알루미늄과 플라스틱의 비율에 대한 함수를 발견한다. 그리고 이 함수를 통해 다른 드론 프로토타입을 제조하기 전에 항력, 흔들림을 테스트하는 시뮬레이션된 가상 환경에서 각 재료에 대한 최적 값을 찾는다. 또한, 재료의 최대 및 최소 비율이 각각 10과 –10이라는 것을 알고 있고, 이는 휴리스틱과 유사하다.

그림 7.11은 알루미늄(x)과 플라스틱(y)의 비율에 대한 적합도 함수를 보여준다. 결과는 x, y에 대한 입력값이 주어질 때 항력과 흔들림에 따른 성능 점수다.

$$f(x,\, y) = (x + 2y - 7)^2 + (2x + y - 5)^2$$

그림 7.11 알루미늄(x)과 플라스틱(y) 최적화 함수 예

좋은 드론을 만드는 데 필요한 알루미늄과 플라스틱의 양을 어떻게 찾을 수 있을까? 한 가지 가능한 방법은 드론에 가장 적합한 재료 비율을 찾을 때까지 알루미늄과 플라스틱에 대한 모든 값의 조합을 시도해 보는 것이다. 이 비율을 찾는 데 필요한 계산량을 상상해 보면, 가능한 모든 경우의 수를 시도해서 솔루션을 찾는 데에 거의 무한 번에 가까울 만큼의 계산을 수행해야 할 수도 있다. 이제, 표 7.1의 항목에 대한 결과를 계산해야 한다. 참고로, 표에서 알루미늄과 플라스틱의 음수 값은 현실적으로는 무의미하지만, 이 예에서는 제약 조건에 해당하는 값에 대해 최적화하기 위한 최적화 함수를 보여주기 위해 사용했다.

표 7.1 알루미늄과 플라스틱의 구성 가능한 값

알루미늄 부품의 개수? (x)	플라스틱 부품의 개수? (y)
-0.1	1.34
-.0.134	0.575
-1.1	0.24
-1.1645	1.432
-2.034	-0.65
-2.12	-0.874
0.743	-1.1645
0.3623	-1.87
1.75	-2.7756
...	...
-10 ≥ 알루미늄 ≥10	-10 ≥ 플라스틱 ≥10

제약 조건을 만족하는 모든 가능한 숫자에 대해 이 계산을 하려면 계산 비용이 많이 들기 때문에 무차별 대입하는 방식으로 이 문제를 해결하는 것은 현실적으로 불가능하다. 그러므로 더 나은 접근 방식이 필요하다.

입자 군집 최적화는 각 차원의 모든 값을 확인하지 않고 큰 검색 공간을 검색하는 수단을 제공한다. 드론 문제에서 알루미늄은 문제의 첫 번째 차원이고, 플라스틱은 두 번째 차원이며, 각각의 알루미늄과 플라스틱을 사용했을 때 드론의 성능이 세 번째 차원이다.

다음 절에서는 입자에 저장할 문제에 대한 데이터를 포함해서 입자를 나타내는 데 필요한 데이터 구조를 결정한다.

상태 표현: 입자는 어떤 모습일까?

입자가 검색 공간을 가로질러 이동하기 때문에 입자의 개념을 정의해야 한다(그림 7.12).

다음은 입자의 개념을 나타낸다.

- **위치**position — 모든 차원에서 입자의 위치
- **최적 위치**best position — 적합도 함수를 이용해서 찾은 최적의 위치
- **속도**velocity — 입자가 이동하는 현재 속도

현재 위치

최적 위치

속도

그림 7.12 입자 속성

입자 군집 최적화 알고리즘의 다양한 운용을 위해 입자의 생성자에는 입자의 세 가지 속성인 위치, 최적 위치, 속도를 충족시키기 위한 다음과 같은 특성이 필요하다. 지금 당장 관성, 인지적 요소, 사회적 요소에 대해 걱정할 필요는 없다. 이는 다음 절에서 설명한다.

```
Particle(x, y, inertia, cognitive_constant, social_constant):
    let particle.x equal to x
    let particle.y equal to y
    let particle.fitness equal to infinity
    let particle.velocity equal to 0
    let particle.best_x equal to x
    let particle.best_y equal to y
    let particle.best_fitness equal to infinity
    let particle.inertia equal to inertia
    let particle.cognitive_constant equal to cognitive_constant
    let particle.social_constant equal to social_constant
```

입자 군집 최적화 수명 주기

입자 군집 최적화 알고리즘을 설계하는 방식은 해결하고자 하는 문제 공간에 따라 달라진다. 각 문제에는 고유한 맥락이 있고 데이터가 표현되는 도메인이 다르다. 문제에 따라 솔루션도 다르게 측정한다. 이제 드론 구성 문제를 해결하기 위해 입자 군집 최적화를 어떻게 설계하는지 살펴보자.

입자 군집 최적화 알고리즘의 일반적인 수명 주기는 다음과 같다(그림 7.13).

① **입자 모집단 초기화**　사용할 입자 수를 결정하고 각 입자를 검색 공간의 임의의 위치로 초기화한다.

②, ④ **각 입자의 적합도 계산***　각 입자의 위치를 고려하여 해당 위치에서 해당 입자의 적합도를 결정한다.

③ **각 입자의 위치 업데이트**　군집 지능의 원칙을 통해 모든 입자의 위치를 반복해서 업데이트한다. 입자는 검색 공간을 탐험한 후에 좋은 솔루션으로 수렴한다.

⑤ **중지 기준 결정**　입자 업데이트를 중지하고 알고리즘을 종료하는 시기를 결정한다.

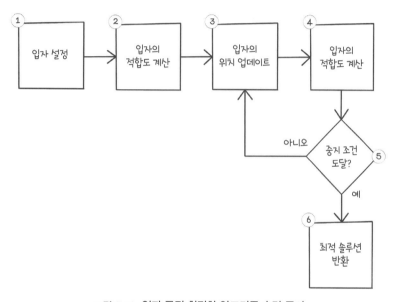

그림 7.13 입자 군집 최적화 알고리즘 수명 주기

입자 군집 최적화 알고리즘은 꽤 간단하지만, 3단계의 세부 사항은 특별히 좀 복잡하다. 다음 절에서 각 단계를 개별적으로 살펴보고 알고리즘이 작동하는 세부 정보를 알아본다.

입자 모집단 초기화

알고리즘 시작 시점에 특정한 입자 수를 생성한다. 이는 알고리즘의 수명 주기 동안 동일하게 유지한다(그림 7.14).

★　　옮긴이 ②는 입자의 적합도 초기화에 해당함

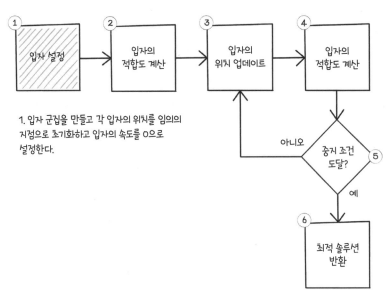

그림 7.14 입자 설정

입자 초기화에 중요한 세 가지 요소는 다음과 같다(그림 7.15).

- **입자 수**number of particles — 입자 수가 계산에 영향을 미친다. 입자가 많을수록 더 많은 계산이 필요하다. 또한, 입자가 많을수록 더 많은 입자가 지역 최고 솔루션에 끌리기 때문에 전역 최고 솔루션으로 수렴하는 데 더 오래 걸린다. 문제의 제약 조건도 입자 수에 영향을 준다. 더 큰 검색 공간을 탐험하려면 더 많은 입자가 필요하다. 최대 1,000개 정도의 입자가 있을 수도 있고 4개 정도의 입자만 있을 수도 있다. 일반적으로 50개에서 100개 사이의 입자를 사용할 때 계산 비용 대비 좋은 솔루션을 얻을 수 있다.

- **각 입자의 시작 위치** — 각 입자의 시작 위치는 모든 차원에서 임의의 위치여야 한다. 입자가 검색 공간에 고르게 분포하는 것이 중요하기 때문이다. 또한, 대부분의 입자가 검색 공간의 특정 영역에 있으면 해당 영역 밖의 솔루션을 찾기가 어려워진다.

- **각 입자의 시작 속도** — 입자가 아직 아무 영향도 받지 않았기 때문에 입자의 속도는 0으로 초기화한다. 이에 대한 좋은 비유는 새가 움직이지 않는 상태에서 이륙을 시작하는 것이다.

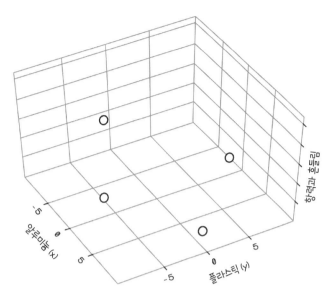

그림 7.15 3차원 평면 내 4개 입자의 초기 위치 시각화

표 7.2는 알고리즘의 초기화 단계에서 각 입자의 속성으로 캡슐화된* 데이터를 나타낸다. 속도는 0인데, 이는 현재 적합도와 최적 적합도 값을 아직 계산하지 않았기 때문이다.

표 7.2 각 입자의 데이터 속성

입자	속도	현재 알루미늄 값 (x)	현재 플라스틱 값 (y)	현재 적합도	최적 알루미늄 값 (x)	최적 플라스틱 값 (y)	최적 적합도
1	0	7	1	0	7	1	0
2	0	-1	9	0	-1	9	0
3	0	-10	1	0	-10	1	0
4	0	-2	-5	0	-2	-5	0

의사코드

군집을 생성하는 방법은 빈 목록을 만들고 여기에 새 입자를 추가하는 것이다. 핵심 요소는 다음과 같다.

- 입자 수를 설정할 수 있도록 한다.
- 난수 생성을 균일하게 수행해서, 숫자가 제약 조건하에서 검색 공간에 고루 분산되도록 한다. 이에 대한 구현은 사용하는 난수 생성기의 특성에 따라 달라진다.

★ 옮긴이 앞서 설명한 입자 모집단 초기화 부분 참조

- 검색 공간의 제약 조건이 지정되었는지 확인한다. 이 예의 경우 입자의 x와 y는 각각 –10과 10이다.

```
generate_swarm(number_of_particles):
    let particles equal an empty list
    for particle in range(number_of_particles):
        append Particle(random(-10, 10), random(-10, 10), INERTIA,
                COGNITIVE_CONSTANT, SOCIAL_CONSTANT) to particles
    return particles
```

각 입자의 적합도 계산

다음 단계는 현재 위치에서 각 입자의 적합도 계산이다. 입자의 적합도는 전체 군집이 위치를 변경할 때마다 계산한다(그림 7.16).

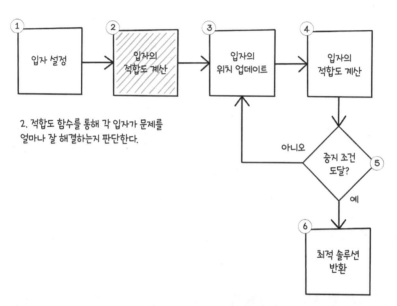

그림 7.16 입자 적합도 계산

드론 시나리오에서 과학자는 특정한 개수의 알루미늄과 플라스틱 부품에 대해서 항력 및 흔들림의 양을 구할 수 있는 함수를 제공한다. 이 예에서 이 함수는 입자 군집 최적화 알고리즘의 적합도 함수로 사용한다(그림 7.17).

$$f(x, y) = (x + 2y - 7)^2 + (2x + y - 5)^2$$

그림 7.17 알루미늄(x)과 플라스틱(y)의 최적화 함수 예

x, y를 각각 알루미늄과 플라스틱이라 하고, 표 7.2의 알루미늄과 플라스틱 값을 x와 y로 대체하여 그림 7.18과 같이 각 입자에 대한 적합도를 계산한다.

$$f(7,1) = (7 + 2(1) - 7)^2 + (2(7) + 1 - 5)^2 = 104$$
$$f(-1,9) = (-1 + 2(9) - 7)^2 + (2(-1) + 9 - 5)^2 = 104$$
$$f(-10,1) = (-10 + 2(1) - 7)^2 + (2(-10) + 1 - 5)^2 = 801$$
$$f(-2,-5) = (-2 + 2(-5) - 7)^2 + (2(-2) - 5 - 5)^2 = 557$$

그림 7.18 각 입자에 대한 적합도 계산

이제 입자 표는 각 입자에 대해 계산한 적합도를 나타낸다(표 7.3). 각 입자에 대해서 첫 번째 반복으로 얻은 적합도이므로 이는 동시에 최적 적합도가 된다.

표 7.3 각 입자의 데이터 속성

입자	속도	현재 알루미늄 값 (x)	현재 플라스틱 값 (y)	현재 적합도	최적 알루미늄 값 (x)	최적 플라스틱 값 (y)	최적 적합도
1	0	7	1	104	7	1	104
2	0	-1	9	104	-1	9	104
3	0	-10	1	801	-10	1	801
4	0	-2	-5	557	-2	-5	557

연습: 드론 적합도 함수가 아래와 같을 때 다음 입력의 적합도는 얼마인가?

$$f(x, y) = (x + 2y - 7)^2 + (2x + y - 5)^2$$

입자	속도	현재 알루미늄 값 (x)	현재 플라스틱 값 (y)	현재 적합도	최적 알루미늄 값 (x)	최적 플라스틱 값 (y)	최적 적합도
1	0	5	-3	0	5	-3	0
2	0	-6	-1	0	-6	-1	0
3	0	7	3	0	7	3	0
4	0	-1	-9	0	-1	-9	0

$$f(5,-3) = (5 + 2(-3) - 7)^2 + (2(5) - 3 - 5)^2 = 68$$
$$f(-6,-1) = (-6 + 2(-1) - 7)^2 + (2(-6) - 1 - 5)^2 = 549$$
$$f(7,3) = (7 + 2(3) - 7)^2 + (2(7) + 3 - 5)^2 = 180$$
$$f(-1,9) = (-1 + 2(9) - 7)^2 + (2(-1) + 9 - 5)^2 = 104$$

의사코드

코드의 적합도 함수는 수학 함수로 구현되어 있다. 대부분의 수학 라이브러리에서 거듭제곱 함수, 제곱근 함수와 같은 필요한 연산을 제공하므로 이를 호출해서 사용하면 된다.

```
calculate_fitness(x, y):
  return power(x + 2 * y - 7, 2) + power(2 * x + y - 5, 2)
```

입자의 적합도를 업데이트하는 기능은 간단한데, 새로운 적합도가 과거 최적 적합도보다 나은지 여부를 확인하고 그 정보를 저장한다.

```
update_fitness(x, y):
  let particle.fitness equal the result of calculate_fitness(x, y)
  if particle.fitness is less than particle.best_fitness:
    let particle.best_fitness equal particle.fitness
    let particle.best_x equal x
    let particle.best_y equal y
```

군집에서 가장 좋은 입자를 결정하기 위한 함수를 모든 입자에 대해 반복 적용하고 새로운 위치에서 적합도를 업데이트하면서 적합도 함수의 결괏값이 가장 작은 입자를 찾는다. 이 예는 최소화하는 경우이므로 값이 작을수록 더 좋다.

```
get_best(swarm):
  let best_fitness equal infinity
  let best_particle equal nothing
  for particle in swarm:
    update fitness of particle
    if particle.fitness is less than best_fitness:
```

```
        let best_fitness equal particle.fitness
        let best_particle equal particle
    return best_particle
```

각 입자의 위치 업데이트

알고리즘 업데이트 단계는 마법 같은 일이 일어나는 곳이라고 할 만큼 매우 복잡하다. 업데이트 단계에서는 자연의 군집 지능의 속성을 수학적으로 모델링하고 검색 공간 탐색을 통해 좋은 솔루션을 찾는다(그림 7.19).

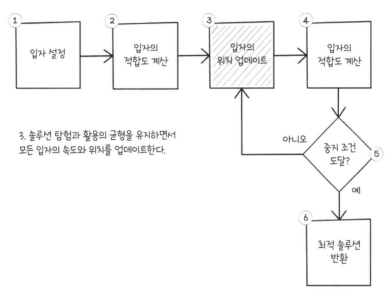

그림 7.19 입자 위치 업데이트

군집 내 입자는 인지 능력과 관성, 군집의 행동과 같은 주변 환경 요인을 고려하여 자신의 위치를 업데이트한다. 여기서 이러한 주변 환경 요인은 각 입자의 속도와 위치에 영향을 미친다. 우선, 입자 위치 업데이트를 위한 첫 번째 단계는 속도 업데이트 방법을 이해하는 것이다. 속도는 입자의 이동 방향과 빠르기를 결정한다.

군집 내 입자는 더 나은 솔루션을 찾기 위해 검색 공간의 다른 지점으로 이동한다. 각 입자는 좋은 솔루션에 대한 기억과 군집의 가장 좋은 솔루션에 대한 지식을 활용한다. 그림 7.20은 위치를 업데이트할 때 군집에서 입자의 움직임을 보여준다.

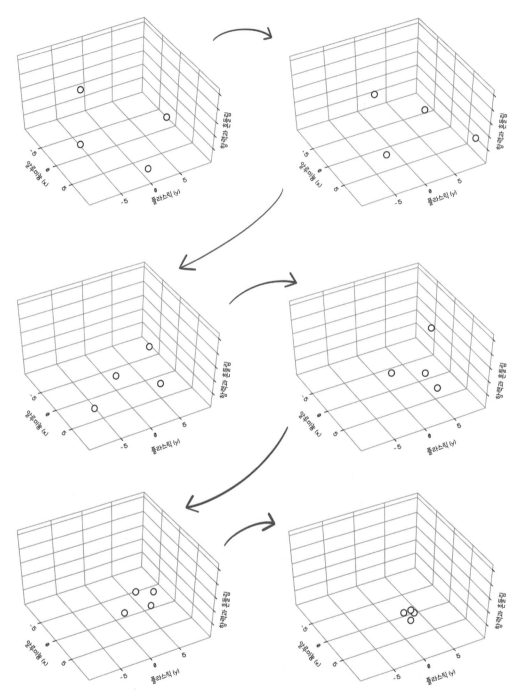

그림 7.20 5회 반복하는 동안 입자의 이동

속도 업데이트 구성 요소

입자의 속도를 업데이트하는 데 사용하는 세 가지 요소는 관성, 인지 능력, 사회적 관계이며, 각 구성 요소는 입자의 움직임에 영향을 준다. 먼저 각 구성 요소를 개별적으로 살펴보고, 이러한 구성 요소들을 결합해서 속도와 입자의 위치를 업데이트하는 방법을 알아본다.

- **관성**inertia — 관성 요소는 속도에 영향을 미치는 특정 입자의 이동 또는 방향 변화에 대한 저항을 나타낸다. 관성 요소는 두 가지 값으로 구성되는데 각각 관성 크기와 입자의 현재 속도다. 관성 값은 0과 1 사이의 숫자다.

  관성 요소(inertia component):
  관성(inertia) ✳ 현재 속도(current velocity)

  - 값이 0에 가까울수록 탐험하는 데 잠재적으로 더 많은 반복이 필요하다.
  - 값이 1에 가까울수록 더 적은 반복으로 더 많이 탐험할 수 있다.

- **인지**cognitive — 인지 요소는 특정 입자의 내부인지 능력을 나타낸다. 인지 능력은 가장 좋은 위치를 알고 그 위치를 통해 움직임에 영향을 미치는 입자의 감각이다. 인지 상수는 0보다 크고 2보다 작은 숫자인데, 인지 상수가 클수록 입자에 의한 활용이 더 많이 발생한다.

  인지 요소(cognitive component):
  인지 가속 ✳ (입자 최적 위치 – 현재 위치)
  └ 인지 가속 = 인지 상수 ✳ 무작위 인지 수

- **사회적**social — 사회적 요소는 입자가 군집과 상호 작용하는 능력을 나타낸다. 입자는 군집 내에서 가장 좋은 위치를 알고 있고 이 정보를 이용하여 군집 이동에 영향을 미친다. 사회적 가속도는 사회적 상수에 난수random number를 곱해서 결정한다. 사회적 상수는 알고리즘의 수명 동안 동일하게 유지하고 난수를 통한 무작위 요인은 사회적 요인을 선호하는 다양성을 높여준다.

  사회적 요소(social component):
  사회적 가속 ✳ (군집 최적 위치 – 현재 위치)
  └ 사회적 가속 = 사회적 상수 ✳ 무작위 사회적 수

사회적 상수가 클수록 더 많이 탐험하는데, 입자가 사회적 요소를 더 선호하기 때문이다. 사회적 상수는 0과 2 사이의 숫자로, 사회적 상수가 클수록 더 많이 탐험한다.

속도 업데이트

이제 관성 요소 + 사회적 요소 + 인지 요소를 이해했으므로 이러한 요소를 결합하여 입자 속도를 새로운 값으로 업데이트하는 방법을 살펴본다(그림 7.21).

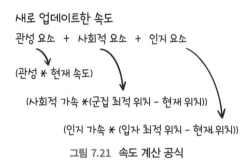

새로 업데이트한 속도

관성 요소 + 사회적 요소 + 인지 요소

(관성 * 현재 속도)

(사회적 가속 *(군집 최적 위치 – 현재 위치))

(인지 가속 * (입자 최적 위치 – 현재 위치))

그림 7.21 속도 계산 공식

수학 계산식만 봐서는 함수의 다른 구성 요소가 입자의 속도에 어떻게 영향을 미치는지 이해하기 어려울 수 있다. 그림 7.22는 다양한 요인이 입자에 미치는 영향을 도식으로 보여준다.

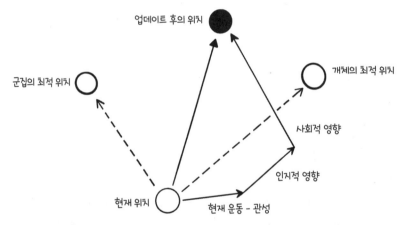

그림 7.22 속도 업데이트에 영향을 미치는 요인의 직관적 이해

표 7.4는 각각의 적합도를 계산한 후 각 입자의 속성을 보여준다.

표 7.4 각 입자의 데이터 속성

입자	속도	현재 알루미늄 값 (x)	현재 플라스틱 값 (y)	현재 적합도	최적 알루미늄 값 (x)	최적 플라스틱 값 (y)	최적 적합도
1	0	7	1	104	7	1	104
2	0	-1	9	104	-1	9	104
3	0	-10	1	801	-10	1	801
4	0	-2	-5	557	-2	-5	557

다음으로, 앞에서 순서대로 보여준 공식을 바탕으로 입자의 속도 업데이트 계산에 대해 자세히 알아본다.

이 시나리오에 대해 설정한 상수 구성은 다음과 같다.

- 관성은 0.2로 설정 — 이 설정은 더 느린 탐험을 선호한다.

- 인지 상수는 0.35로 설정 — 이 상수가 사회적 상수보다 작기 때문에 사회적 요소를 개별 입자의 인지적 요소보다 선호한다.

- 사회적 상수는 0.45로 설정 — 사회적 상수가 인지 상수보다 크기 때문에 사회적 요소를 선호한다. 입자는 군집이 찾은 최적 값에 더 많은 가중치를 둔다.

그림 7.23은 속도 업데이트 공식에 대한 관성 요소, 인지 요소, 사회적 요소의 계산을 설명한다.

관성 요소
관성 $*$ 현재 속도
$= 0.2 * 0$
$= 0$

인지 요소
인지 가속 $=$ 인지 상수 $*$ 무작위 인지 수
$= 0.35 * 0.2$
$= 0.07$

인지 가속 $*$ (입자 최적 위치 – 현재 위치)
$= 0.07 * ([7,1] - [7,1])$
$= 0.07 * 0$
$= 0$

사회적 요소
사회적 가속 $=$ 사회적 상수 $*$ 무작위 사회적 수
$= 0.45 * 0.3$
$= 0.135$

사회적 가속 $*$ (군집 최적 위치 – 현재 위치)
$= 0.135 * ([-10,1] - [7,1])$
$= 0.135 * sqrt((-10 - 7)^2 + (1 - 1)^2)$ 거리 공식: $sqrt((x1 - x2)^2 + (y1 - y2)^2)$
$= 0.135 * 17$
$= 2.295$

새로 업데이트한 속도
관성 요소 $+$ 사회적 요소 $+$ 인지 요소
$= 0 + 0 + 2.295$
$= 2.295$

그림 7.23 순차적 입자 속도 계산 단계

모든 입자에 대해 이러한 계산을 완료하고 각 입자의 속도를 업데이트하면 표 7.5와 같다.

표 7.5 각 입자의 데이터 속성

입자	속도	현재 알루미늄 값 (x)	현재 플라스틱 값 (y)	현재 적합도	최적 알루미늄 값 (x)	최적 플라스틱 값 (y)	최적 적합도
1	2.295	7	1	104	7	1	104
2	1.626	-1	9	104	-1	9	104
3	2.043	-10	1	801	-10	1	801
4	1.35	-2	-5	557	-2	-5	557

위치 업데이트

이제 속도를 새로운 값으로 업데이트하는 방법을 이해했으므로 새로 업데이트한 속도를 이용하여 각 입자의 현재 위치를 업데이트한다(그림 7.24).

위치

현재 위치 + 새로 업데이트한 속도

다음 위치

현재 위치 + 새로 업데이트한 속도
= ([7,1]) + 2.295
= [9.295, 3.295]

그림 7.24 입자 다음 위치 계산

현재 위치와 새로운 속도를 더해서 각 입자의 다음 위치를 결정하고 새로 업데이트한 속도로 입자 속성 테이블을 업데이트한다. 그리고 새로 구한 다음 위치로 각 입자의 적합도를 다시 계산하고 이때의 최적 위치를 기록한다(표 7.6).

표 7.6 각 입자의 데이터 속성

입자	속도	현재 알루미늄 값 (x)	현재 플라스틱 값 (y)	현재 적합도	최적 알루미늄 값 (x)	최적 플라스틱 값 (y)	최적 적합도
1	2.295	9.295	3.295	422.011	7	1	104
2	1.626	0.626	10	73.538	0.626	10	73.538
3	2.043	7.043	1.043	302.214	7.043	1.043	302.214
4	1.35	-0.65	-3.65	179.105	-0.65	-3.65	179.105

각 입자에 대한 이전의 최적 위치가 없고 최적 군집 위치에 따른 사회적 요소만 있기 때문에 첫 번째 반복에서 각 입자의 초기 속도를 계산하는 것은 비교적 간단하다.

각 입자의 최적 위치와 군집의 새로운 최적 위치에 대한 새로운 정보를 이용하여 속도 업데이트 계산 방법을 살펴본다. 그림 7.25는 표 7.6의 입자 1에 대한 계산을 설명한다.

관성 요소

관성 * 현재 속도
= 0.2 * 2.295
= 0.59

인지 요소

인지 가속 = 인지 상수 * 무작위 인지 수
= 0.35 * 0.2   참고: 이해하기 쉽도록 난수를 조정하지 않는다.
= 0.07

인지 가속 * (입자 최적 위치 – 현재 위치)
= 0.07 * ([7,1] – [9.295,3.295])
= 0.07 * sqrt((7 – 9.295)^2+ (1 – 3.295)^2)
= 0.07 * 3.246
= 0.227

사회적 요소

사회적 가속 = 사회적 상수 * 무작위 사회적 수
= 0.45 * 0.3
= 0.135

사회적 가속 * (군집 최적 위치 – 현재 위치)
= 0.135 * ([0.626,10] – [9.295,3.295])
= 0.135 * sqrt((0.626 – 9.295)^2+ (10 – 3.295)^2)
= 0.135 * 10.959
= 1.479

새로 업데이트한 속도

관성 요소 + 사회적 요소 + 인지 요소
= 0.59 + 0.227 + 1.479
= 2.296

그림 7.25 순차적 입자 속도 계산 단계

이 시나리오에서는 인지 요소와 사회적 요소가 모두 속도 업데이트와 관련이 있다. 하지만 그림 7.23에 설명한 시나리오는 첫 번째 반복이기 때문에 사회적 요소에만 영향을 받는다.

몇 차례 반복으로 입자는 다른 위치로 이동한다. 그림 7.26은 입자의 움직임과 입자들이 솔루션으로 수렴하는 것을 보여준다.

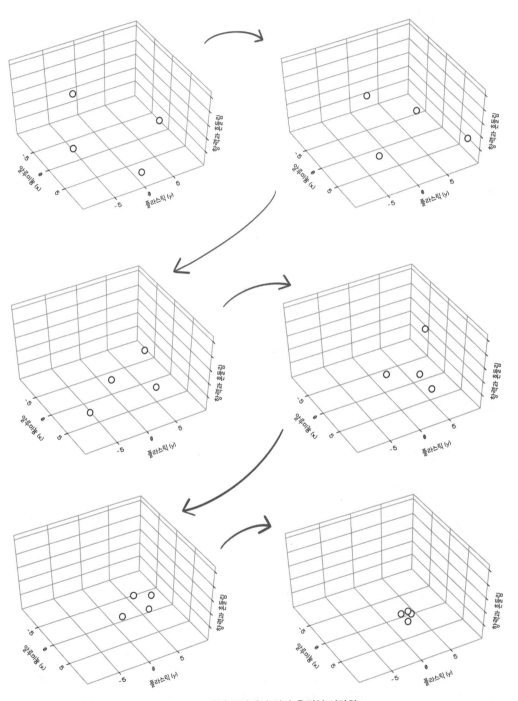

그림 7.26 검색 공간에서 입자 움직임 시각화

그림 7.26의 마지막 좌표 그림에서 모든 입자가 검색 공간의 특정 영역으로 수렴하고 있다. 이처럼 군집으로부터 구한 최적 솔루션이 최종 솔루션이 된다. 실세계에서 접하는 최적화 문제에서는 전체 검색 공간을 시각화하는 것은 불가능하다. 드론 예제에는 부스 함수Booth function*로 알려진 함수를 사용했는데, 3차원 데카르트 평면3D Cartesian plane에 매핑하면 입자가 실제로 검색 공간의 최소 지점에서 수렴하는 것을 볼 수 있다(그림 7.27).

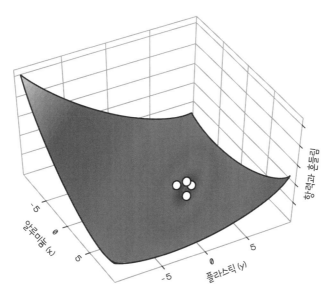

그림 7.27 부스 함수 표면과 입자 수렴 시각화

입자 군집 최적화 알고리즘을 드론 예에 적용하면, 항력과 흔들림을 최소화하기 위한 알루미늄과 플라스틱의 최적 비율은 1 : 3이다. 즉, 알루미늄 부품 1개당 플라스틱 부품 3개에 해당한다. 이제, 이 값을 적합도 함수에 입력하면 함수의 최솟값인 0을 얻는다.

의사코드

업데이트 단계가 복잡해서 부담스러워 보일 수도 있다. 하지만 구성 요소를 단순한 하위 함수 focused function로 분리하면 코드가 더 간단해지고 작성, 사용, 이해하기가 쉬워진다. 첫 번째 함수는 관성 계산 함수, 인지 가속 함수, 사회적 가속 함수다. 또한, 두 점 사이의 거리를 측정하는 함수가 필요한데, 이 함수는 x 값 차이의 제곱과 y 값 차이의 제곱의 합에 대한 제곱근으로 나타낸다.

★ [옮긴이] 제약 없는 전역 최적화를 위한 테스트 함수. $f(x,y) = (x + 2y - 7)^2 + (2x + y - 5)^2$이고, $x, y \in [-10, 10]$인 정숫값 x, y에 대해서 $f(1,3)$에서 전역 최솟값 0을 가짐

```
calculate_inertia(inertia_constant, velocity):
  return inertia_constant * current_velocity


calculate_cognitive_acceleration(cognitive_constant):
  return cognitive_constant * random number between 0 and 1


calculate_social_acceleration(social_constant):
  return social_constant * random number between 0 and 1


calculate_distance(best_x, best_y, current_x, current_y):
  return square_root(
            power(best_x - current_x), 2) + power(best_y - current_y), 2)
                 )
```

앞서 정의한 함수를 이용하여, 인지 가속도와 입자의 최적 위치와 현재 위치 사이의 거리를 찾아서 인지 요소를 계산한다.

```
calculate_cognitive(cognitive_constant,
                    particle_best_x, particle_best_y
                    particle_current_x, particle_current_y):
  let acceleration equal cognative_acceleration(cognitive_constant)
  let distance equal calculate_distance(particle_best_x,
                                        particle_best_y
                                        particle_current_x,
                                        particle_current_y)

  return acceleration * distance
```

앞서 정의한 함수를 이용하여, 사회적 가속도와 군집의 최적 위치와 입자의 현재 위치 사이의 거리를 찾아서 사회적 요소를 계산한다.

```
calculate_social(social_constant,
                 swarm_best_x, swarm_best_y
                 particle_current_x, particle_current_y):
  let acceleration equal social_acceleration(social_constant)
  let distance equal calculate_distance(swarm_best_x,
                                        swarm_best_y
                                        particle_current_x,
                                        particle_current_y)

  return acceleration * distance
```

아래의 업데이트 함수는 지금까지 위에서 정의한 입자의 속도와 위치 업데이트를 위한 모든 부분을 포함하고 있다. 속도는 관성 요소, 인지 요소, 사회적 요소를 이용하여 계산하고, 위치는 입자의 현재 위치에 새로 업데이트한 속도를 추가하여 계산한다.

```
update_particle(cognitive_constant,social_constant,particle_velocity,
                particle_best_x,particle_best_y,
                swarm_best_x,swarm_best_y,
                particle_current_x,particle_current_y)
  let inertia equal calculate_inertia(inertia_constant,
                              particle_constant)
  let cognitive equal calculate_cognitive(cognitive_constant,
                              particle_best_x,particle_best_y
                              particle_current_x,particle_current_y)
  let social equal calculate_social(social_constant,
                              swarm_best_x,swarm_best_y
                              particle_current_x,particle_current_y)
  let particle.velocity equal inertia + cognitive + social
  let particle.x equal particle.x + velocity
  let particle.y equal particle.y + velocity
```

연습: 입자에 대한 다음 정보를 바탕으로 입자 1의 새로운 속도와 위치를 계산하라.

- 관성은 0.1로 설정한다.
- 인지 상수는 0.5로 설정하고 인지 난수는 0.2다.
- 사회적 상수는 0.5로 설정하고 사회적 난수는 0.5다.

입자	속도	현재 알루미늄 값 (x)	현재 플라스틱 값 (y)	현재 적합도	최적 알루미늄 값 (x)	최적 플라스틱 값 (y)	최적 적합도
1	3	4	8	721.286	7	1	296
2	4	3	3	73.538	0.626	10	73.538
3	1	6	2	302.214	-10	1	80
4	2	2	5	179.105	-0.65	-3.65	179.105

해법: 입자에 대한 다음 정보를 바탕으로 입자 1의 새로운 속도와 위치를 계산하라.

관성 요소

관성 * 현재 속도

= 0.1 * 3

= 0.3

인지 요소

인지 가속 = 인지 상수 * 무작위 인지 수

= 0.5 * 0.2

= 0.1

인지 가속 * (입자 최적 위치 - 현재 위치)

= 0.1 * ([7,1] - [4,8])

= 0.1 * sqrt((7 - 4)^2 + (1 - 8)^2)

= 0.1 * 7.616

= 0.7616

사회적 요소

사회적 가속 = 사회적 상수 * 무작위 사회적 수

= 0.5 * 0.5

= 0.25

사회적 가속 * (군집 최적 위치 - 현재 위치)

= 0.25 * ([0.626,10] - [4,8])

= 0.25 * sqrt((0.626 - 4)^2 + (10 - 8)^2)

= 0.25 * 3.922

= 0.981

새로 업데이트한 속도

관성 요소 + 사회적 요소 + 인지 요소

= 0.3 + 0.7616 + 0.981

= 2.0426

중지 기준 결정

무한정 군집의 입자를 업데이트하고 검색을 계속할 수 없으므로 적절한 솔루션을 찾기 위해 알고리즘이 합리적인 반복 횟수 동안만 실행하도록 중지 기준을 정한다(그림 7.28).

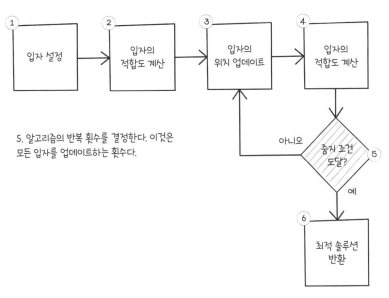

5. 알고리즘의 반복 횟수를 결정한다. 이것은 모든 입자를 업데이트하는 횟수다.

그림 7.28 알고리즘이 중지 조건에 도달했나?

반복 횟수는 다음과 같은 솔루션 검색의 여러 측면에 영향을 미친다.

- **탐험**exploration — 입자는 더 나은 솔루션이 있는 영역을 찾기 위해 검색 공간을 탐사하는 데 시간이 필요하다. 또한, 탐험은 업데이트 속도 함수에 정의한 상수에도 영향을 받는다.

- **활용**exploitation — 입자는 합리적 수준의 탐험 후 좋은 솔루션으로 수렴한다.

알고리즘을 중지하기 위한 전략은 군집에서 최고의 솔루션을 검사하고 정체 상태인지 확인하는 것이다. 정체는 최고의 솔루션 값이 변하지 않거나 크게 변하지 않을 때 발생한다. 이 경우에는 더 많은 반복을 실행해도 더 나은 솔루션을 찾는 데 도움이 되지 않는다. 최고의 솔루션이 정체되면 더 많은 탐험을 위해 업데이트 함수의 매개변수를 조정하는데, 보통 더 많이 반복하도록 조정한다.

정체는 좋은 솔루션을 찾았거나 군집이 지역적으로 최적인 솔루션에 갇혀 있다는 것을 의미한다. 초기에 충분한 탐험을 수행한 후에 군집이 점차 정체한다면, 군집이 좋은 솔루션에 수렴한 것이다(그림 7.29).

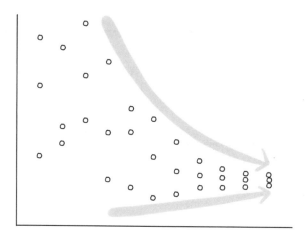

그림 7.29 탐험과 활용을 통한 수렴

입자 군집 최적화 알고리즘 사용 사례

입자 군집 최적화 알고리즘은 자연 현상을 이해하기 쉽도록 시뮬레이션하고, 또한 서로 다른 추상화 수준에서 다양한 문제에 적용할 수 있다는 점에서 흥미롭다. 이번 장에서는 드론 생산에 대한 최적화 문제를 살펴보았다. 입자 군집 최적화 알고리즘은 좋은 솔루션을 찾기 위해 인공 신경망과 같은 다른 알고리즘과도 함께 사용할 때도 일부 중요한 역할을 한다.

입자 군집 최적화 알고리즘의 흥미로운 응용 중 하나는 뇌 심부 자극술deep brain simulation이다. 이 개념은 인간의 뇌에 전극이 있는 탐침을 설치하여 파킨슨 병과 같은 상태를 치료하도록 자극하는 것이다. 각 탐침에는 환자별로 상태를 올바르게 치료하기 위해 서로 다른 방향으로 구성할 수 있는 전극이 있다. 미네소타 대학의 연구원들은 관심 영역을 최대화하고, 회피 영역을 최소화하고, 에너지 사용을 최소화하기 위해 각 전극의 방향을 최적화하는 입자 군집 최적화 알고리즘을 개발했다. 입자는 이러한 다차원 문제 공간을 검색하는 데 효과적이기 때문에 입자 군집 최적화 알고리즘은 탐침 전극의 최적 구성을 찾는데 효과적이다(그림 7.30).

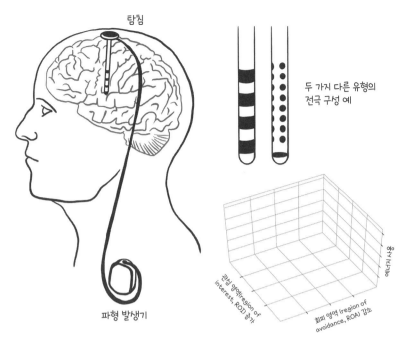

탐침

두 가지 다른 유형의
전극 구성 예

관심 영역(region of
interest, ROI) 증가

회피 영역 (region of
avoidance, ROA) 감소

파형 발생기

그림 7.30 뇌 심부 자극술 탐침 관련 요인 예

다음은 입자 군집 최적화 알고리즘의 다른 적용 사례다.

- **인공 신경망에서 가중치 최적화** — 인공 신경망은 인간의 뇌가 작동하는 방식에 대한 아이디어를 바탕으로 모델링한다. 뉴런은 다른 뉴런으로 신호를 전달하는데 각 뉴런은 신호를 전달하기 전에 신호를 조정한다. 인공 신경망은 가중치를 통해 각 신호를 조정한다. 네트워크의 힘은 데이터 관계에 존재하는 패턴을 찾기 위해 적절한 가중치 균형을 찾는 것이다. 검색 공간이 방대하기 때문에 가중치 조정에는 계산 비용이 많이 든다. 10개의 가중치에 대해 가능한 모든 십진수 조합을 무차별 대입한다면, 이 과정은 몇 년이 걸릴지도 모른다.

  인공 신경망이 어떻게 작동하는지는 9장에서 살펴볼 것이므로 이 개념이 헷갈리더라도 당황할 필요는 없다. 입자 군집 최적화는 각 항목을 모두 시도하지 않고 검색 공간에서 최적의 값을 찾기 때문에 신경망의 가중치를 더 빠르게 조정할 수 있다.

- **비디오의 동작 추적** — 사람의 동작 추적은 컴퓨터 비전에서 어려운 작업이다. 목표는 비디오 속 이미지의 정보만으로 인물의 자세를 파악하고 동작을 예측하는 것이다. 관절이 비슷하게 움직이더라도 사람은 다르게 움직이고, 이미지에는 여러 측면이 나타나 있기 때문에 검색 공간이 커지고 사람의 움직임 예측을 위한 차원이 높아진다. 입자 군집 최적화는 고차원 검색 공간에서 잘 작동하며 동작 추적 및 예측 성능을 개선하는 데 사용할 수 있다.

- **오디오의 음성 향상** — 오디오 녹음에는 미묘한 차이가 있다. 녹음 시에는 항상 배경 잡음 때문에 누군가의 말소리가 잘 들리지 않게 된다. 해결책은 녹음한 음성 오디오 클립에서 잡음을 제거하는 것이다. 이때 사용하는 기술은 오디오 클립의 잡음을 필터링하고 유사한 사운드와 비교하여 오디오 클립의 잡음을 제거하는 것이다. 이 솔루션은 특정 주파수를 줄이면 오디오 클립의 일부에는 좋지만 다른 부분은 악화시킬 수 있어 여전히 복잡하다. 잡음 제거를 잘 하기 위해서는 정밀한 검색과 매칭을 수행해야 하지만, 검색 공간이 크기 때문에 전통적인 방법은 속도가 느리다. 반면, 입자 군집 최적화는 넓은 검색 공간에서 잘 작동하며 오디오 클립에서 노이즈를 제거하는 과정을 가속화하기 위해 사용할 수 있다.

입자 군집 최적화 요약

입자 군집 최적화(PSO)는 큰 검색 공간에서 좋은 솔루션을 찾는다.

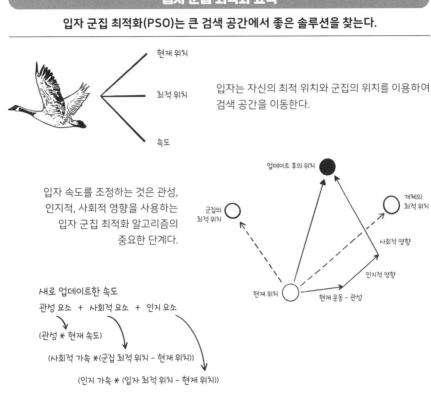

현재 위치

최적 위치

속도

입자는 자신의 최적 위치와 군집의 위치를 이용하여 검색 공간을 이동한다.

입자 속도를 조정하는 것은 관성, 인지적, 사회적 영향을 사용하는 입자 군집 최적화 알고리즘의 중요한 단계다.

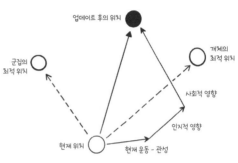

업데이트 후의 위치

개체의 최적 위치

군집의 최적 위치

사회적 영향

인지적 영향

현재 위치

현재 운동 – 관성

새로 업데이트한 속도

관성 요소 + 사회적 요소 + 인지 요소

(관성 ✱ 현재 속도)

(사회적 가속 ✱(군집 최적 위치 – 현재 위치))

(인지 가속 ✱ (입자 최적 위치 – 현재 위치))

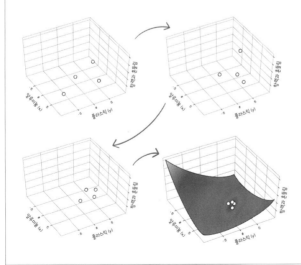

입자는 검색 공간을 이동하면서 서로 다른 좋은 솔루션을 찾고 이상적으로는 전역 최고 솔루션에 수렴한다.

CHAPTER

8

머신러닝

이 장에서 다루는 것들

- 머신러닝 알고리즘 문제 해결
- 머신러닝 수명 주기 파악, 데이터 준비, 알고리즘 선택
- 예측을 위한 선형 회귀 알고리즘 이해 및 구현
- 분류를 위한 의사 결정 트리 학습 알고리즘 이해 및 구현
- 다른 머신러닝 알고리즘과 유용성에 관한 직관력 습득

머신러닝이란?

머신러닝은 학습하고 적용하기에 벅찬 개념처럼 보일지 모르지만, 그 과정과 알고리즘에 대한 올바른 프레임을 잡고 잘 이해하면 흥미롭고 재미있는 분야다.

새 아파트를 찾는다고 가정해 보자. 우선 친구와 가족에게 알리고 온라인으로 도시에 있는 아파트를 검색한다. 조사 과정에서 지역마다 아파트 가격이 서로 다르다는 것도 알게 되는데, 이 과정에서 관찰한 내용은 다음과 같다.

- 도심에 있는 방 한 개짜리 아파트(직장과 가까움)는 월 $5,000다.
- 도심에 있는 방 두 개짜리 아파트는 월 $7,000다.
- 차고가 있는 도심의 방 한 개짜리 아파트는 월 $6,000다.
- 원거리 출퇴근해야 하는 도심 외곽의 방 한 개짜리 아파트는 월 $3,000다.

- 도심 외곽의 방 두 개짜리 아파트는 월 $4,500다.
- 차고가 있는 도심 외곽의 방 한 개짜리 아파트는 월 $3,800다.

위 내용으로 몇 가지 패턴을 발견할 수 있는데 다음과 같다. 우선, 도심에 있는 아파트가 가장 비싸고 일반적으로 한 달에 $5,000에서 $7,000 사이이다. 다음으로, 도시 외곽의 아파트는 좀 더 저렴한데, 방 수가 늘어나면 월 $1,500에서 $2,000가 추가되고 차고가 딸려 있으면 월 $800에서 $1,000가 추가된다(그림 8.1).

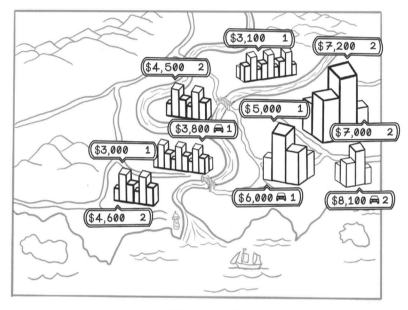

그림 8.1 지역별 부동산 가격 및 특징 예

이 예는 데이터를 이용하여 패턴을 찾고 결정을 내리는 방법을 보여준다. 아마도 도심에서 차고가 있는 방 두 개짜리 아파트를 새로 발견한다면 가격이 한 달에 약 8,000 달러라고 예상하는 것이 타당할 것이다.

머신러닝machine learning을 통해서 실세계에서 유용한 애플리케이션을 위한 데이터 패턴을 찾을 수 있다. 위 예에서와 같은 작은 데이터 세트에서는 사람도 쉽게 패턴을 발견할 수 있다. 하지만 머신러닝을 통해 크고 복잡한 데이터 세트에서도 패턴을 발견할 수 있다. 그림 8.2는 데이터의 다양한 속성 간 관계를 보여주는데, 그림에서 각 점은 개별 속성을 나타낸다.

그림 8.2를 보면 도심과 좀 더 가까운 점이 더 많고 월별 가격과 관련한 명확한 패턴이 있음을 알수 있다. 즉, 도심과 거리가 멀어질수록 가격은 점차 하락한다. 또한, 월별 가격(월세)에는 방 수와 관련한 패턴이 있다. 오른쪽 그림에서 아래쪽 점 군집과 위쪽 점 군집 사이의 간격은 가격이 크게 상승했음을 보여준다. 이 효과가 도심으로부터의 거리와 관련이 있을 수 있다고 단순하게 추정할수도 있는데, 머신러닝 알고리즘이 이러한 추정을 검증하거나 무효화하는 데 도움을 준다. 이번장 전체에서 이 과정이 어떻게 작동하는지 자세히 살펴본다.

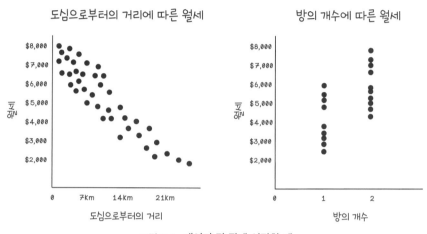

그림 8.2 데이터 간 관계 시각화 예

일반적으로 데이터는 표tables 형식으로 표현하는데, 열columns은 데이터의 **특징**feature*을 나타내고, 행rows은 **견본**example**을 나타낸다. 때때로 머신러닝에서 관련되는 두 특징을 표기할 때 실험을 통해 변경하는 특징은 변수 x로 나타내고, x의 변화에 따라 측정되는 특징은 변수 y로 나타낸다.***

머신러닝이 가능한 문제

머신러닝은 데이터가 주어지고 이런 데이터로 답할 수 있는 질문이 있는 경우에 유용하다. 머신러닝 알고리즘은 데이터에서 패턴을 찾지만 마법처럼 유용한 일을 할 수는 없다. 다양한 유형의 머신러닝 알고리즘이 있는데 서로 다른 시나리오에서 여러 질문에 답하기 위해서 다양한 접근 방식을 사용한다. 이러한 광범위한 범주에는 지도학습, 비지도학습, 강화학습이 있다(그림 8.3).

---

* ⟨옮긴이⟩ 관찰 대상에게서 발견할 수 있는 개별적이고 측정 가능한 경험적 속성
** ⟨옮긴이⟩ 머신러닝 분야에서 데이터 세트의 개별 데이터를 나타내는 다양한 용어로 example, sample, instance, data point 등이 있음. 이 책에서는 원서에서 사용한 example을 견본으로 번역함
*** ⟨옮긴이⟩ x를 독립 변수, y를 종속 변수라고 함(221페이지 참고)

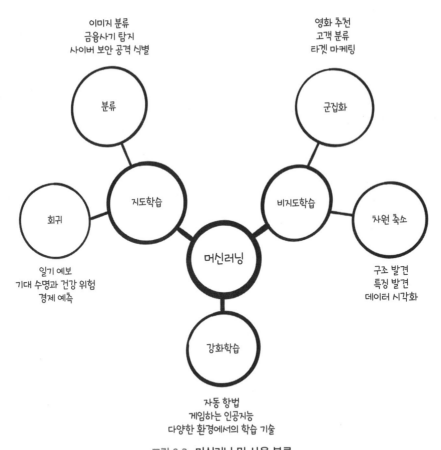

그림 8.3 머신러닝 및 사용 분류

지도학습

지도학습supervised learning은 전통적인 머신러닝에서 가장 일반적인 기술이다. 데이터를 바탕으로 데이터 간 패턴과 관계를 이해하고, 동일한 형식의 다른 데이터의 새로운 견본이 주어졌을 때 결과를 예측한다. 아파트 찾기 문제는 패턴을 찾기 위한 지도학습의 한 예다. 자동 완성되는 검색창에 검색어를 입력하거나 음악 애플리케이션이 활동과 선호도에 따라 새로운 노래를 제안하는 것도 이런 지도학습의 예다. 지도학습에는 회귀와 분류라는 두 가지 하위 범주가 있다.

회귀regression는 데이터의 전체 모양에 가장 가깝게 적합fit하도록 데이터 점 집합을 통해 선을 그리는 것이다. 회귀는 마케팅 전략과 판매 간 추세와 같은 애플리케이션에 사용한다. (온라인 광고를 통한 마케팅과 제품의 실제 판매 사이에 직접적인 관계가 있을까?) 또한 무언가에 영향을 미치는 요인을 결정하는 데에도 사용한다. (시간과 암호 화폐의 가치 사이에 직접적인 관계가 있고, 시간이 지남에 따라 암호 화폐의 가치가 기하 급수적으로 증가할까?)

분류classification는 특징에 따라 견본의 범주를 예측한다. (바퀴 수, 무게, 최고 속도를 기반으로 자동차인지 트럭인지 결정할 수 있을까?)

비지도학습

비지도학습unsupervised learning을 통해 데이터를 수동으로 검사해서는 찾기 어려운 데이터의 기본 패턴을 찾는다. 비지도학습은 유사한 특징을 가진 데이터를 군집화하고 데이터에서 중요한 특징을 발견하는 데 유용하다. 예를 들어, 전자 상거래 사이트에서 고객의 구매 행동에 따라 묶음 판매를 할 수 있도록 제품을 군집화할 수 있다. 즉, 많은 고객이 비누, 스펀지, 타월을 함께 구매한다면 더 많은 고객이 이러한 제품 조합을 원할 가능성이 높으므로 비누, 스펀지, 타월을 하나로 묶어서 신규 고객에게 추천할 것이다.

강화학습

강화학습reinforcement learning은 행동 심리학behavioral psychology에서 영감을 받은 것으로 환경에서 알고리즘의 행동에 따라 알고리즘을 보상하거나 처벌하는 방식으로 작동한다. 강화학습은 지도학습, 비지도학습과 유사한 점도 있지만 차이점도 많다. 강화학습은 보상reward과 벌칙penalty을 통해 환경에서 에이전트를 훈련시킨다. 애완 동물에게 좋은 행동에 대해 간식으로 보상해 주는 것을 상상해 보자. 아마도 애완 동물은 특정 행동에 대한 보상이 많을수록 그 행동을 더 많이 보여줄 것이다. 강화학습은 10장에서 논의한다.

머신러닝 작업 순서

머신러닝은 단지 알고리즘에만 국한된 것은 아니다. 사실, 이것은 종종 데이터의 맥락, 데이터 준비, 그리고 묻고자 하는 질문에 대한 것이다.

두 가지 방법으로 질문을 찾을 수 있다.

- 머신러닝으로 문제를 해결할 수 있고 문제 해결을 위한 올바른 데이터를 수집해야 한다. 은행에 합법적 거래와 사기성 거래에 대한 방대한 양의 거래 데이터가 있고 '실시간으로 부정 거래를 감지할 수 있을까?'라는 질문에 대한 모델을 학습시킨다고 가정한다.
- 특정 맥락의 데이터가 있고, 이를 이용하여 여러 문제를 해결하는 방법을 결정하려고 한다. 예를 들어, 한 농업 회사가 다양한 위치에서의 날씨, 다양한 식물에 필요한 영양, 다양한 위치의 토양 함량에 대한 데이터가 있다. 이로부터 '다른 유형의 데이터 간에 어떤 상관성과

관계를 찾을 수 있을까?'와 같은 질문을 할 수 있다. 더 나아가 이러한 관계는 '해당 위치의 날씨와 토양을 기반으로 특정 식물을 재배하기 위한 최적의 위치를 결정할 수 있을까?'와 같은 더욱 구체적인 질문을 제공할 수 있다.

그림 8.4는 일반적인 머신러닝에 수반되는 작업 단계를 단순화한 것이다.

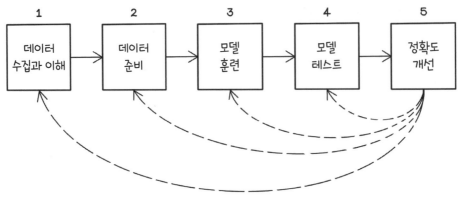

그림 8.4 머신러닝 실험과 과제 작업 순서

데이터 수집 및 이해: 맥락 파악

성공적인 머신러닝 학습을 위해서는 작업할 데이터를 수집하고 이해하는 것이 무엇보다 중요하다. 금융 산업의 특정 분야에서 일한다고 해보자. 어떤 목표를 달성하기 위한 질문의 답을 찾는 데 가장 적합한 데이터를 얻기 위해서는 해당 분야의 용어, 작업 방식workings of the processes, 데이터에 대한 지식이 중요하다. 예를 들어, 사기 감지 시스템을 구축하려면 저장한 거래 데이터와 그것이 의미하는 바를 이해하는 것이 사기 거래를 식별하는 데 중요하다. 많은 경우, 다양한 시스템에서 가져온 데이터를 결합해야 효과를 얻을 수 있다. 때때로 사용하는 데이터의 정확성을 높이기 위해 조직 외부의 데이터로 보강하기도 한다. 이번 절에서는 다이아몬드 측정에 대한 견본 데이터 세트를 이용하여 머신러닝 작업 순서를 이해하고 다양한 알고리즘을 살펴본다(그림 8.5).

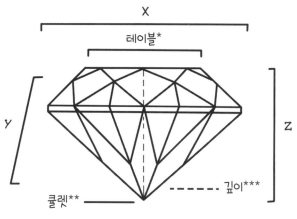

그림 8.5 **다이아몬드 측정 관련 용어**

표 8.1은 여러 다이아몬드와 그 속성을 보여준다. 이 중에 X, Y, Z는 3차원 공간에서의 다이아몬드 크기를 나타낸다. 견본 데이터 10개만 사용하고 있다.

표 8.1 **다이아몬드 데이터 세트**

	캐럿	컷	색상	선명도	깊이	테이블	가격	X	Y	Z
1	0.30	좋음(Good)	J	SI1	64.0	55	339	4.25	4.28	2.73
2	0.41	이상적(Ideal)	I	SI1	61.7	55	561	4.77	4.80	2.95
3	0.75	매우 좋음(Very Good)	D	SI1	63.2	56	2,760	5.80	5.75	3.65
4	0.91	적당함(Fair)	H	SI2	65.7	60	2,763	6.03	5.99	3.95
5	1.20	적당함(Fair)	F	I1	64.6	56	2,809	6.73	6.66	4.33
6	1.31	고급(Premium)	J	SI2	59.7	59	3,697	7.06	7.01	4.20
7	1.50	고급(Premium)	H	I1	62.9	60	4,022	7.31	7.22	4.57
8	1.74	매우 좋음(Very Good)	H	I1	63.2	55	4,677	7.62	7.59	4.80
9	1.96	적당함(Fair)	I	I1	66.8	55	6,147	7.62	7.60	5.08
10	2.21	고급(Premium)	H	I1	62.2	58	6,535	8.31	8.27	5.16

다이아몬드 데이터 세트에는 모두 10개의 데이터 열이 있는데, 각 열을 특징이라고 한다. 각 특징의 의미는 다음과 같다. 참고로, 전체 데이터 세트에는 50,000개 이상 행이 있는데, 표 8.1에는 10개 행만 보여준다.

---

* [옮긴이] 다이아몬드의 제일 넓은 면

** [옮긴이] 가장 하단에 있는 면

*** [옮긴이] 테이블부터 큘렛까지의 높이

- **캐럿**carat — 다이아몬드의 무게. 이번 장에서는 관련 없음: 1 캐럿은 200mg에 해당한다.

- **컷**cut — 다이아몬드의 품질. 품질이 높아지는 순서는 다음과 같다: 적당함fair, 좋음good, 매우 좋음very good, 고급premium, 이상적ideal.

- **색상**color — 다이아몬드 색상은 D에서 J까지이고, 여기서 D는 최고의 색상, J는 가장 나쁜 색상이다. D는 투명한 다이아몬드를, J는 안개가 자욱한 다이아몬드를 나타낸다.

- **선명도**clarity — 다이아몬드의 결점. 품질이 낮아지는 순서로 다음과 같다: FL, IF, VVS1, VVS2, VS1, VS2, SI1, SI2, I1, I2, I3. (이 코드 이름을 이해할 필요는 없다. 단순히 다른 수준의 완벽함을 나타낸다.)

- **깊이**depth — 큘렛에서 다이아몬드 테이블까지로 측정하는 깊이의 백분율. 일반적으로 테이블 대 깊이 비율table-to-depth ratio은 다이아몬드의 '반짝임' 같은 미관에 중요하다.

- **테이블**table — X 치수 대비 다이아몬드의 평평한 끝 부분의 백분율.

- **가격**price — 다이아몬드를 판매할 때의 가격.

- **X** — 다이아몬드의 x 치수(밀리미터 단위로 표시).

- **Y** — 다이아몬드의 y 치수(밀리미터 단위로 표시).

- **Z** — 다이아몬드의 z 치수(밀리미터 단위로 표시).

이 데이터 세트를 눈여겨 봐둔다. 이 책에서 앞으로 머신러닝 알고리즘이 어떻게 데이터를 준비하고 처리하는지 확인하기 위해 이 데이터 세트를 사용한다.

데이터 준비: 정제 및 랭글링*

실제 데이터는 작업하기에 이상적이지 않다. 데이터 무결성에 대한 표준과 규칙이 서로 다른 시스템과 조직에서 데이터를 수집하므로 항상 결측missing(누락) 데이터, 일관되지 않은 데이터, 사용하려는 알고리즘으로 처리하기 어려운 형식의 데이터가 있다.

앞에서 얘기했듯이, 표 8.2의 샘플 다이아몬드 데이터 세트에서 열이 데이터의 **특징**이고 각 행이 **견본**이라는 것을 이해하는 것이 중요하다.

★ 　옮긴이 　정제: 불필요한 데이터 제거 및 결측 데이터 처리
　　　　　 랭글링: 원 데이터를 다른 형태로 수작업으로 전환하거나 매핑하는 과정

표 8.2 결측 데이터가 있는 다이아몬드 데이터 세트

	캐럿	컷	색상	선명도	깊이	테이블	가격	X	Y	Z
1	0.30	좋음(Good)	J	SI1	64.0	55	339	4.25	4.28	2.73
2	0.41	이상적(Ideal)	I	si1	61.7	55	561	4.77	4.80	2.95
3	0.75	매우 좋음(Very Good)	D	SI1	63.2	56	2,760	5.80	5.75	3.65
4	0.91	----	H	SI2	----	60	2,763	6.03	5.99	3.95
5	1.20	적당함(Fair)	F	I1	64.6	56	2,809	6.73	6.66	4.33
6	1.21	좋음(Good)	E	I1	57.2	62	3,144	7.01		
7	1.31	고급(Premium)	J	SI2	59.7	59	3,697	7.06	7.01	4.20
8	1.50	고급(Premium)	H	I1	62.9	60	4,022	7.31	7.22	4.57
9	1.74	매우 좋음(Very Good)	H	i1	63.2	55	4,677	7.62	7.59	4.80
10	1.83	적당함(fair)	J	I1	70.0	58	5,083	7.34	7.28	5.12
11	1.96	적당함(Fair)	I	I1	66.8	55	6,147	7.62	7.60	5.08
12	----	고급(Premium)	H	i1	62.2	----	6,535	8.31	----	5.16

결측 데이터

표 8.2의 견본 4에는 컷 특징과 깊이 특징에 결측값이 있고, 견본 12에는 캐럿, 테이블 및 Y에 결측값이 있다. 견본을 비교하려면 데이터를 완전히 이해해야 하는데, 결측값은 이를 어렵게 만든다. 머신러닝 과제의 목표 중 하나는 이러한 결측값을 추정하는 것이다. 이러한 추정은 뒤에서 다룬다. 결측 데이터를 그대로 유용한 데이터로 간주하고 사용하면 문제가 생기므로 우선 이를 처리해야 한다. 결측 데이터를 처리하기 위한 몇 가지 방법은 다음과 같다.

- 제거remove — 특징에 결측값이 있는 견본을 제거한다. 견본 4, 견본 12가 이에 해당한다(표 8.3). 이 접근 방식의 이점은 아무것도 가정하지 않기 때문에 데이터가 더 안정적이라는 것이다. 그러나 우리가 달성하려는 목표에 중요한 견본을 제거하는 부작용이 있을 수도 있다.

표 8.3 결측 데이터가 있는 다이아몬드 데이터 세트: 견본 제거

	캐럿	컷	색상	선명도	깊이	테이블	가격	X	Y	Z
1	0.30	좋음(Good)	J	SI1	64.0	55	339	4.25	4.28	2.73
2	0.41	이상적(Ideal)	I	si1	61.7	55	561	4.77	4.80	2.95
3	0.75	매우 좋음(Very Good)	D	SI1	63.2	56	2,760	5.80	5.75	3.65
4	0.91	----	H	SI2	----	60	2,763	6.03	5.99	3.95
5	1.20	적당함(Fair)	F	I1	64.6	56	2,809	6.73	6.66	4.33
6	1.21	좋음(Good)	E	I1	57.2	62	3,144	7.01		

(계속)

	캐럿	컷	색상	선명도	깊이	테이블	가격	X	Y	Z
7	1.31	고급(Premium)	J	SI2	59.7	59	3,697	7.06	7.01	4.20
8	1.50	고급(Premium)	H	I1	62.9	60	4,022	7.31	7.22	4.57
9	1.74	매우 좋음(Very Good)	H	i1	63.2	55	4,677	7.62	7.59	4.80
10	1.83	적당함(fair)	J	I1	70.0	58	5,083	7.34	7.28	5.12
11	1.96	적당함(Fair)	I	I1	66.8	55	6,147	7.62	7.60	5.08
12	----	고급(Premium)	H	i1	62.2	----	6,535	8.31	----	5.16

- **평균 또는 중앙값**mean or median — 또 다른 선택은 결측값을 각 특징의 평균 또는 중앙값으로 대체하는 것이다.

  평균mean은 모든 견본 값을 더하고 견본의 총 개수로 나눈 값이다. **중앙값**median은 견본 값에 대해 오름차순으로 정렬하고 중간 위치에서 선택한 견본 값이다.

  평균을 사용하는 것은 쉽고 효율적이지만 특징 사이의 가능한 상관관계는 고려하지 않는다. 참고로, 이 접근 방식은 다이아몬드 데이터 세트(표 8.4)의 컷, 선명도, 깊이 특징과 같은 범주형 특징categorical feature에는 사용할 수 없다.

표 8.4 결측 데이터가 있는 다이아몬드 데이터 세트: 평균값 사용

	캐럿	컷	색상	선명도	깊이	테이블	가격	X	Y	Z
1	0.30	좋음(Good)	J	SI1	64.0	55	339	4.25	4.28	2.73
2	0.41	이상적(Ideal)	I	si1	61.7	55	561	4.77	4.80	2.95
3	0.75	매우 좋음(Very Good)	D	SI1	63.2	56	2,760	5.80	5.75	3.65
4	0.91	----	H	SI2	----	60	2,763	6.03	5.99	3.95
5	1.20	적당함(Fair)	F	I1	64.6	56	2,809	6.73	6.66	4.33
6	1.21	좋음(Good)	E	I1	57.2	62	3,144	7.01		
7	1.31	고급(Premium)	J	SI2	59.7	59	3,697	7.06	7.01	4.20
8	1.50	고급(Premium)	H	I1	62.9	60	4,022	7.31	7.22	4.57
9	1.74	매우 좋음(Very Good)	H	i1	63.2	55	4,677	7.62	7.59	4.80
10	1.83	적당함(fair)	J	I1	70.0	58	5,083	7.34	7.28	5.12
11	1.96	적당함(Fair)	I	I1	66.8	55	6,147	7.62	7.60	5.08
12	**1.19**	고급(Premium)	H	i1	62.2	**57**	6,535	8.31	----	5.16

표 8.4의 테이블 특징의 평균을 계산하기 위해서, 모든 항목의 합계를 구하고 이를 항목의 수로 나눈다.

```
테이블 평균 = (55 + 55 + 56 + 60 + 56 + 62 + 59 + 60 + 55 + 58 + 55) / 11
테이블 평균 = 631 / 11
테이블 평균 = 57.364
```

결측값에 대해 테이블 특징의 평균을 사용하는 것은 타당해 보인다. 데이터의 여러 견본에 대해서 테이블 특징의 크기가 크게 다르지 않기 때문이다. 그러나 테이블 크기와 다이아몬드 너비(X 차원) 사이의 관계와 같이 우리가 볼 수 없는 상관관계가 있을 수도 있다.

반면에 캐럿 평균을 사용하는 것은 이치에 맞지 않는다. 데이터를 그래프로 표시해 보면 캐럿 특징과 가격 특징 간 상관관계를 볼 수 있기 때문이다. 캐럿 값이 커지면 가격이 상승하는 것을 알 수 있다.

- **가장 빈도가 높은 값**most frequent(**최빈값**) — 결측값을 해당 특징에 대해 가장 자주 발생하는 값(데이터 모드라고 함)으로 대체한다. 이 방식은 범주형 특징에는 맞지만 특징 간 가능한 상관관계를 고려하지 않으며 가장 빈번한 값을 사용하기 때문에 편향을 만들 수 있다.

- **(고급) 통계적 접근 방식** — k-최근접 이웃 또는 신경망을 사용한다. k-최근접 이웃은 추정값을 찾기 위해 데이터의 많은 특징을 사용한다. k-최근접 이웃과 마찬가지로 신경망은 충분한 데이터가 있으면 결측값을 정확하게 예측할 수 있다. 다른 방법에 비해 두 알고리즘 모두 결측 데이터를 처리하기 위한 계산 비용이 높다.

- **(고급) 아무것도 하지 않음** — XGBoost*와 같이 일부 알고리즘은 결측 데이터를 그대로 놔두고 처리하지만, 탐험 알고리즘은 실패할 것이다.

모호한 값

또 다른 문제는 같은 의미를 다르게 표현하는 경우다. 다이아몬드 데이터 세트의 행 2, 9, 10, 12에 해당하는데, 이 경우 컷과 선명도 특징의 값이 대문자가 아닌 소문자다. 인간은 추론을 통해서 특징과 그 특징의 또 다른 가능한 값을 이해할 수 있기 때문에 대문자가 소문자로 잘못 표시되어 있다는 것을 알 수 있다. 하지만 이런 추론 지식이 없다면 Fair와 fair를 다른 범주로 본다. 이 문제를 해결하기 위해 Fair와 fair 같은 값을 대문자 또는 소문자로 표준화하여 일관성을 유지한다(표 8.5).

★ 　[옮긴이] Extreme Gradient Boost의 약어. 의사 결정 트리 기반의 앙상블 머신러닝 알고리즘

표 8.5 모호한 데이터가 있는 다이아몬드 데이터 세트: 값 표준화

	캐럿	컷	색상	선명도	깊이	테이블	가격	X	Y	Z
1	0.30	좋음(Good)	J	SI1	64.0	55	339	4.25	4.28	2.73
2	0.41	이상적(Ideal)	I	si1	61.7	55	561	4.77	4.80	2.95
3	0.75	매우 좋음(Very Good)	D	SI1	63.2	56	2,760	5.80	5.75	3.65
4	0.91	----	H	SI2	---	60	2,763	6.03	5.99	3.95
5	1.20	적당함(Fair)	F	I1	64.6	56	2,809	6.73	6.66	4.33
6	1.21	좋음(Good)	E	I1	57.2	62	3,144	7.01		
7	1.31	고급(Premium)	J	SI2	59.7	59	3,697	7.06	7.01	4.20
8	1.50	고급(Premium)	H	I1	62.9	60	4,022	7.31	7.22	4.57
9	1.74	매우 좋음(Very Good)	H	i1	63.2	55	4,677	7.62	7.59	4.80
10	1.83	적당함(fair)	J	I1	70.0	58	5,083	7.34	7.28	5.12
11	1.96	적당함(Fair)	I	I1	66.8	55	6,147	7.62	7.60	5.08
12	1.19	고급(Premium)	H	i1	62.2	57	6,535	8.31	---	5.16

범주형 데이터 인코딩

컴퓨터와 통계 모델은 숫자 값을 사용하기 때문에 문자열 값과 Fair, Good, SI1, I1과 같은 범주형 값을 모델링하는 데 문제가 있다. 이러한 범주형 값을 숫자 값으로 표현하기 위한 방법은 다음과 같다.

- **원-핫 인코딩**one-hot encoding* ― 원-핫 인코딩을 스위치로 생각해 보자. 스위치는 하나만 켜지고(ON) 나머지는 모두 꺼지는데(OFF), 켜 있는 스위치 위치에만 특징이 존재한다는 것을 표현한다. 컷 특징을 원-핫 인코딩하면 5개의 서로 다른 특징으로 표현할 수 있는데, 각 견본의 컷 값에 해당하는 특징만 1이고 다른 특징은 모두 0이다. 공간상 제약으로 표 8.6에 컷을 제외한 다른 특징은 생략한다.

표 8.6 원-핫 인코딩 값으로 표현한 다이아몬드 데이터 세트

	캐럿	컷: Fair	컷: Good	컷: Very Good	컷: Premium	컷: Ideal
1	0.30	0	1	0	0	0
2	0.41	0	0	0	0	1
3	0.75	0	0	1	0	0
4	0.91	0	0	0	0	0

★ 　[옮긴이]　자연어처리 분야에서 단어를 표현하는 가장 기본적인 표현 방법이기도 함

	캐럿	컷: Fair	컷: Good	컷: Very Good	컷: Premium	컷: Ideal
5	1.20	1	0	0	0	0
6	1.21	0	1	0	0	0
7	1.31	0	0	0	1	0
8	1.50	0	0	0	1	0
9	1.74	0	0	1	0	0
10	1.83	1	0	0	0	0
11	1.96	1	0	0	0	0
12	1.19	0	0	0	1	0

- 레이블 인코딩label encoding — 각 범주를 0과 범주의 개수 사이의 숫자로 나타낸다. 이 방식은 클래스 또는 클래스 관련 레이블에만 사용해야 한다. 그렇지 않으면 학습할 모델이 숫자가 견본에 대한 가중치를 나타낸다고 가정하고 의도하지 않은 편향을 유발할 수 있다.

연습: 문제를 일으키는 데이터 식별 및 수정

다음 데이터 세트를 수정하는 데 사용할 수 있는 데이터 준비data preparation 기술을 결정한다. 삭제할 행, 평균을 사용할 값, 범주형 값을 인코딩하는 방법을 결정한다. 참고로, 데이터 세트는 지금까지 작업한 데이터 세트와 약간 다르다.

	캐럿	원산지	깊이	테이블	가격	X	Y	Z
1	0.35	남아프리카 공화국	64.0	55	450	4.25		2.73
2	0.42	캐나다	61.7	55	680		4.80	2.95
3	0.87	캐나다	63.2	56	2,689	5.80	5.75	3.65
4	0.99	보츠와나	65.7		2,734	6.03	5.99	3.95
5	1.34	보츠와나	64.6	56	2,901	6.73	6.66	
6	1.45	남아프리카 공화국	59.7	59	3,723	7.06	7.01	4.20
7	1.65	보츠와나	62.9	60	4,245	7.31	7.22	4.57
8	1.79		63.2	55	4,734	7.62	7.59	4.80
9	1.81	보츠와나	66.8	55	6,093	7.62	7.60	5.08
10	2.01	남아프리카 공화국	62.2	58	7,452	8.31	8.27	5.16

해법: 문제를 일으키는 데이터 식별 및 수정

다음 세 가지 작업을 통해 이 데이터 세트를 수정할 수 있다.

- **원산지 특징이 누락된 8행을 제거** ─ 데이터 세트를 어떤 용도로 사용할지 모르므로 원산지 특징이 중요한 경우 이 행이 누락되면 문제가 발생할 수 있다. 다른 특징과 관계가 있는 경우에는 8행을 제거하는 대신 원산지 특징의 값을 추정해서 대체할 수 있다.

- **원-핫 인코딩을 통해 원산지 열 값을 인코딩** ─ 지금까지 이번 장에서 살펴본 예에서 레이블 인코딩을 통해 문자열 값을 숫자 값으로 변환했다. 이 방법은 숫자 값으로 컷, 선명도, 색상을 나타냈기 때문에 효과적이었다.* 반면, 원산지 값은 다이아몬드 원석을 어디서 가져왔는지를 나타내는데, 이를 레이블 인코딩하면 데이터 세트가 편향을 갖게 된다. 그 이유는 데이터 세트에서 어떤 원산지 위치를 다른 위치보다 낫다고 볼 수 없기 때문이다.

- **결측값의 평균 찾기** ─ 1, 2, 4, 5행에는 각각 Y, X, 테이블, Z에 대한 결측값이 있다. 다이아몬드에 대해 알고 있듯이, 치수 특징과 테이블 특징이 연관**되어 있기 때문에 평균값을 사용하는 것은 좋은 방법이다.

테스트 데이터와 훈련 데이터

선형 회귀 모델linear regression model을 훈련하기 전에 모델 교육(또는 훈련)용 데이터뿐만 아니라 새로운 견본을 예측하는 데 얼마나 효과가 있는지 테스트하기 위한 데이터도 있는지 확인해야 한다. 부동산 가격의 예를 다시 생각해 보면, 가격에 영향을 미치는 속성을 파악한 후 거리와 방 수를 보고 가격을 예측할 수 있었다. 이 예에서는 나중에 학습에 사용할 실제 데이터가 더 많기 때문에 표 8.7을 학습 데이터로 사용한다.

모델 훈련: 선형 회귀로 예측하기

알고리즘 선택은 크게 두 가지 요인, 즉 제기한 질문과 사용할 수 있는 데이터의 특성에 따른다. 특정한 캐럿 무게를 가진 다이아몬드 가격을 예측하는 것이 질문이라면, 회귀 알고리즘이 유용하다. 또한, 알고리즘 선택은 데이터 세트의 특징 수와 해당 특징 간 관계에 따라 달라진다. 데이터에 많은 차원이 있는 경우(예측하기 위해 고려해야 할 특징이 많은 경우), 고려할 수 있는 알고리즘과 접근 방식이 몇 가지 있다.

회귀는 다이아몬드 가격이나 캐럿과 같은 연속적인 값을 예측하는 것이다. 연속continuous은 값이 범위 내에서 임의의 수가 될 수 있음을 의미한다. 예를 들어 $2,271이라는 가격은 0과 회귀를 통해 예측할 수 있는 다이아몬드의 최대 가격 사이에 있는 연속 값이다.

---

* ⟨옮긴이⟩ 여기서는 더 큰 값이 더 좋은 품질을 나타냄

** ⟨옮긴이⟩ 그림 8.5에서 볼 수 있듯이 테이블 특징은 다이아몬드의 제일 넓은 면을 나타내는데, 이는 X, Y, Z와 같은 치수 특징과 관련이 있다는 것을 알 수 있음

선형 회귀는 간단한 기계 학습 알고리즘 중 하나다. 두 변수 사이의 관계를 찾고 한 변수가 주어지면 다른 변수를 예측할 수 있다. 예를 들어, 캐럿 값을 통해 다이아몬드 가격을 예측할 수 있다. 즉, 가격과 캐럿 값을 미리 알고 있는 많은 다이아몬드 견본으로 모델에게 가격과 캐럿 값 간 관계를 가르치고 가격을 예측하도록 할 수 있다.

데이터에 맞도록 직선 적합하기(fitting)

이제 데이터를 통해 추세를 찾아보고 몇 가지를 예측해 보자. 선형 회귀를 살펴보기 위해 우리가 제기하는 질문은 '다이아몬드의 캐럿과 가격 사이에 상관관계가 있을까? 그리고 만약 있다면, 정확하게 예측할 수 있을까?'이다.

우선 캐럿과 가격 특징을 구분해서 그래프에 데이터를 그린다. 캐럿 값을 기준으로 가격을 찾고 싶기 때문에 캐럿을 변수 x, 가격을 변수 y로 나타낸다. 이런 접근법을 선택한 이유는 무엇일까?

- **독립 변수로서의 캐럿** — 독립 변수independent variable는 종속 변수에 대한 영향을 알아보기 위해 실험을 통해 변경하는 변수다. 이 예에서 캐럿 값에 해당하는 다이아몬드의 가격을 알아보기 위해 캐럿 값을 조정한다.
- **종속 변수로서의 가격** — 종속 변수dependent variable는 테스트 대상이 되는 변수다. 독립 변수의 영향을 받으며 독립 변수 값의 변화에 따라 바뀐다. 이 예에서는 특정 캐럿 값이 주어졌을 때의 다이아몬드 가격에 관심이 있다.

그림 8.6은 그래프에 표시한 캐럿과 가격 데이터를 보여주고 있으며, 표 8.7은 실제 데이터를 나타낸다.

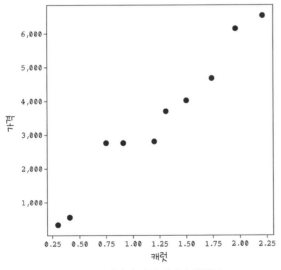

그림 8.6 캐럿과 가격 데이터 산점도

표 8.7 캐럿과 가격 데이터

	캐럿 (x)	가격 (y)
1	0.30	339
2	0.41	561
3	0.75	2,760
4	0.91	2,763
5	1.20	2,809
6	1.31	3,697
7	1.50	4,022
8	1.74	4,677
9	1.96	6,147
10	2.21	6,535

가격에 비해 캐럿 값은 매우 작다. 표 8.7에 보면, 가격은 수천 달러에 달하고 캐럿은 소수점 범위에 있다. 이번 장에서는 학습을 목적으로 좀 더 쉽게 계산을 이해할 수 있도록, 캐럿 값과 가격 값을 크기가 서로 비슷해지도록 크기 조정scale을 한다. 즉, 모든 캐럿 값에 1,000을 곱하면 앞으로 다룰 단계별 절차에서 손으로도 쉽게 계산할 수 있는 숫자를 얻을 수 있다. 모든 행의 크기를 조정해도 모든 견본에 동일한 작업을 적용하므로 데이터의 관계에 영향을 주지 않는다. 크기 조정한 결과 데이터(그림 8.7)는 표 8.8과 같다.

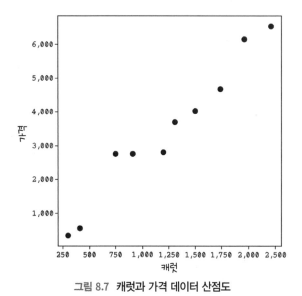

그림 8.7 캐럿과 가격 데이터 산점도

표 8.8 캐럿 값을 조정한 데이터

	캐럿 (x)	가격 (y)
1	300	339
2	410	561
3	750	2,760
4	910	2,763
5	1,200	2,809
6	1,310	3,697
7	1,500	4,022
8	1,740	4,677
9	1,960	6,147
10	2,210	6,535

특징의 평균 찾기

회귀선을 찾기 위해 가장 먼저 각 특징의 평균을 찾는다. 평균은 모든 값의 합을 값의 개수로 나눈 것이다. 캐럿의 평균은 1,229이고 수직선으로 표시되어 있다. 그리고 가격의 평균은 $3,431이고 수평선으로 표시되어 있다(그림 8.8).

수학적으로 우리가 찾은 어떤 회귀선도 x의 평균과 y의 평균의 교차점을 통과하기 때문에 평균이 중요하다. 많은 선이 이 점을 통과하지만, 일부 회귀선은 다른 회귀선보다 데이터 적합fitting에 더 효과적이다. **최소 제곱법**method of least squares으로 선과 데이터 세트의 모든 점 사이의 거리를 최소화하는 선을 찾는다. 최소 제곱법은 회귀선을 찾는 데 널리 사용하는 방법이다. 그림 8.9는 회귀선의 예를 보여준다.

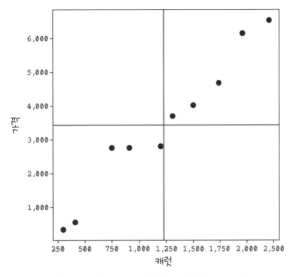

그림 8.8 수직선과 수평선으로 표시한 x, y 평균

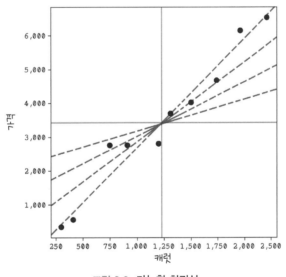

그림 8.9 가능한 회귀선

최소 제곱법으로 회귀선 찾기

하지만 회귀선의 목적이 무엇일까? 모든 주요 사무실 건물에 가능한 한 가깝도록 지하철을 건설한다고 가정해 보자. 모든 건물을 경유하는 지하철 노선은 불가능하다. 역이 너무 많아지고 비용이 많이 들기 때문이다. 그래서 역과 각 건물까지의 거리를 최소화하는 직선 경로를 만드는 것이 타당할 것이다. 일부 통근자는 다른 사람보다 더 멀리 걸어야 할 수 있지만 직선은 모든 사람의 사무실 위치에 최적화되어 있다. 이는 정확히 회귀선이 달성하려는 목표와 같다. 건물은 데이터 점이고 선은 직선 지하철 경로다(그림 8.10).

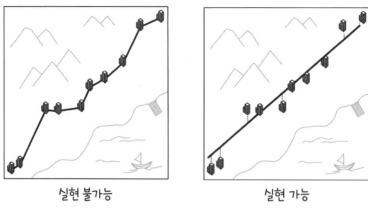

실현 불가능 　　　　　　　　　　　　실현 가능

그림 8.10 회귀선의 직관적 이해

선형 회귀는 항상 전체적으로 점 간 거리를 최소화하는 데이터에 적합한 직선을 찾는다. 직선을 표현하는 변수의 값을 찾는 방법을 배우게 되므로 먼저 직선의 방정식을 이해하는 것이 중요하다.

직선은 방정식 $y = c + mx$로 표시한다(그림 8.11).

- y: 종속 변수
- x: 독립 변수
- m: 선의 기울기
- c: 선이 y축과 만나는 지점의 y값

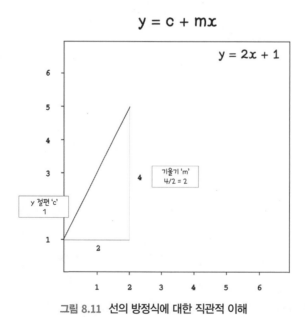

그림 8.11 선의 방정식에 대한 직관적 이해

회귀선을 찾기 위해 최소 제곱법을 사용하는데, 개략적으로 이 과정은 그림 8.12에 나열한 단계로 구성된다. 데이터에 가장 가까운 직선을 찾기 위해 실제 데이터 값과 예측 데이터 값의 차이를 찾는데, 이 차이 값의 크기는 다양하다. 어떤 차이 값은 크고 어떤 차이 값은 작다. 또한, 일부 차이 값은 음수이고 일부는 양수다. 차이 값들을 제곱하고 이를 모두 합산함으로써 모든 데이터 점에 대한 차이를 고려한다. 전체 차이를 최소화하는 것은 좋은 회귀선을 얻기 위한 최소 제곱 차이least square difference를 구하는 것과 같다. 그림 8.12가 다소 부담스럽게 보이더라도 걱정할 필요는 없다. 앞으로 각 단계를 순차적으로 자세히 살펴본다.

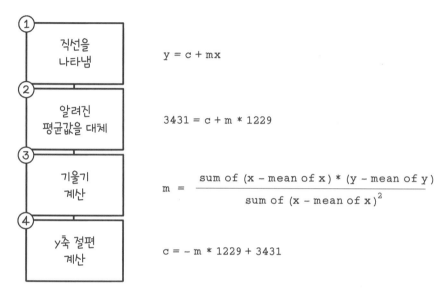

그림 8.12 회귀선 계산의 기본 절차

앞서 살펴본 대로, 회귀선 계산에 쓰이는 몇 가지 변숫값을 알고 있다. 즉, 2단계에서 볼 수 있듯이 x값은 1,229이고 y값은 3,431이다.

다음으로 3단계에서 사용할 ($x - x$의 평균) 및 ($y - y$의 평균)을 찾기 위해 모든 캐럿 값과 캐럿 평균의 차이, 모든 가격 값과 가격 평균의 차이를 계산한다(표 8.9).

표 8.9 다이아몬드 데이터 세트 및 계산(1부)

	캐럿 (x)	가격 (y)	x - x의 평균		y - y의 평균	
1	300	339	300 - 1,229	-929	339 - 3,431	-3,092
2	410	561	410 - 1,229	-819	561 - 3,431	-2,870
3	750	2,760	750 - 1,229	-479	2,760 - 3,431	-671
4	910	2,763	910 - 1,229	-319	2,763 - 3,431	-668
5	1,200	2,809	1,200 - 1,229	-29	2,809 - 3,431	-622
6	1,310	3,697	1,310 - 1,229	81	3,697 - 3,431	266
7	1,500	4,022	1,500 - 1,229	271	4,022 - 3,431	591
8	1,740	4,677	1,740 - 1,229	511	4,677 - 3,431	1,246
9	1,960	6,147	1,960 - 1,229	731	6,147 - 3,431	2,716
10	2,210	6,535	2,210 - 1,229	981	6,535 - 3,431	3,104
	1,229	3,431				
	평균					

3단계에서는 $(x - x의 평균)^2$을 구하기 위해 모든 캐럿과 캐럿 평균 간 차이의 제곱을 계산한다. 또한, 최소화를 위해 이 값을 합산해야 하는데, 합계는 3,703,690과 같다(표 8.10).

표 8.10 다이아몬드 데이터 세트 및 계산(2부)

	캐럿 (x)	가격 (y)	x - x의 평균		y - y의 평균		$(x - x의 평균)^2$
1	300	339	300 - 1,229	-929	339 - 3,431	-3,092	863,031
2	410	561	410 - 1,229	-819	561 - 3,431	-2,870	670,761
3	750	2,760	750 - 1,229	-479	2,760 - 3,431	-671	229,441
4	910	2,763	910 - 1,229	-319	2,763 - 3,431	-668	101,761
5	1,200	2,809	1,200 - 1,229	-29	2,809 - 3,431	-622	841
6	1,310	3,697	1,310 - 1,229	81	3,697 - 3,431	266	6,561
7	1,500	4,022	1,500 - 1,229	271	4,022 - 3,431	591	73,441
8	1,740	4,677	1,740 - 1,229	511	4,677 - 3,431	1,246	261,121
9	1,960	6,147	1,960 - 1,229	731	6,147 - 3,431	2,716	534,361
10	2,210	6,535	2,210 - 1,229	981	6,535 - 3,431	3,104	962,361
	1,229	3,431					3,703,690
	평균						합계

3단계에서 방정식을 계산하기 위해 마지막으로 구해야 하는 것은 $(x - x$의 평균$) \times (y - y$의 평균$)$ 값이다. 다시 한번 이 값의 합계가 필요한데, 합계는 11,624,370이다(표 8.11).

표 8.11 다이아몬드 데이터 세트 및 계산(3부)

	캐럿 (x)	가격 (y)	x - x의 평균		y - y의 평균		(x - x의 평균)²	(x - x의 평균) × (y - y의 평균)
1	300	339	300 – 1,229	-929	339 – 3,431	-3,092	863,031	2,872,468
2	410	561	410 – 1,229	-819	561 – 3,431	-2,870	670,761	2,350,530
3	750	2,760	750 – 1,229	-479	2,760 – 3,431	-671	229,441	321,409
4	910	2,763	910 – 1,229	-319	2,763 – 3,431	-668	101,761	213,092
5	1,200	2,809	1,200 – 1,229	-29	2,809 – 3,431	-622	841	18,038
6	1,310	3,697	1,310 – 1,229	81	3,697 – 3,431	266	6,561	21,546
7	1,500	4,022	1,500 – 1,229	271	4,022 – 3,431	591	73,441	160,161
8	1,740	4,677	1,740 – 1,229	511	4,677 – 3,431	1,246	261,121	636,706
9	1,960	6,147	1,960 – 1,229	731	6,147 – 3,431	2,716	534,361	1,985,396
10	2,210	6,535	2,210 – 1,229	981	6,535 – 3,431	3,104	962,361	3,045,024
	1,229	3,431					3,703,690	11,624,370
	평균						합계	

이제 계산한 값을 최소 제곱 방정식에 대입해서 m을 계산한다.

```
m = 11624370 / 3703690
m = 3.139
```

이제 m 값을 구했으므로 x와 y에 대한 평균값을 대입하여 c를 계산한다. 모든 회귀선은 이 점을 통과하므로 회귀선 내에서 알고 있는 점이다.

```
y = c + mx

3431 = c + 3.139x
3431 = c + 391.5594
3431 - 391.5594 = c
c = 3,039.4406
```

전체 회귀선:

```
y = 3039.4406 + 3.139x
```

마지막으로 최솟값과 최댓값 사이의 일부 캐럿 값을 생성하고 회귀선을 나타내는 방정식에 대입한 다음 캐럿값과 결괏값을 표시하여 직선을 그릴 수 있다(그림 8.13).

x(캐럿) 최솟값 = 300
x(캐럿) 최댓값 = 2210

최솟값과 최댓값 사이에 500 간격의 표본
x = [300, 2210]

x 값을 회귀선에 대입
y = [-426 + 3.139(300) = 515.7,
      -426 + 3.139(2210) = 6511.19]

전체 x, y 표본
x = [300, 2210]
y = [3981, 9975]

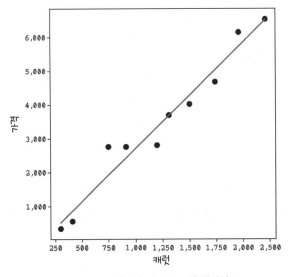

그림 8.13 데이터 점으로 그린 회귀선

지금까지 완전한 데이터 세트*를 사용해서 선형 회귀선을 훈련해 보았다. 이로써 수작업으로 일부 머신러닝을 해본 셈이다.

★ [옮긴이] 결측값이나 이상값이 없는 데이터 세트

앞에 설명한 단계에 따라 다음 데이터 세트를 사용하여 최소 제곱법으로 회귀선을 계산해 본다.

	캐럿 (x)	가격 (y)
1	320	350
2	460	560
3	800	2,760
4	910	2,800
5	1,350	2,900
6	1,390	3,600
7	1,650	4,000
8	1,700	4,650
9	1,950	6,100
10	2,000	6,500

해법: 최소 제곱 방법을 이용한 회귀선 계산

각 차원에 대한 평균을 계산한다. x의 평균은 1,253이고 y의 평균은 3,422다. 다음 단계에서 각 값과 평균의 차이를 계산한다. 다음으로 x와 x의 평균 차이의 제곱을 계산하고 이 값들을 더하면 3,251,610이 된다. 마지막으로 x와 x의 평균 간 차이와 y와 y의 평균 간 차이를 곱하고 이들을 합하면 10,566,940이 된다.

	캐럿 (x)	가격 (y)	x - x의 평균	y - y의 평균	(x - x의 평균)²	(x - x의 평균) × (y - y의 평균)
1	320	350	-933	-3,072	870,489	2,866,176
2	460	560	-793	-2,862	628,849	2,269,566
3	800	2,760	-453	-662	205,209	299,886
4	910	2,800	-343	-622	117,649	213,346
5	1,350	2,900	97	-522	9,409	-50,634
6	1,390	3,600	137	178	18,769	24,386
7	1,650	4,000	397	578	157,609	229,466
8	1,700	4,650	447	1,228	199,809	548,916
9	1,950	6,100	697	2,678	485,809	1,866,566
10	2,000	6,500	747	3,078	558,009	2,299,266
	1,253	3,422			3,251,610	10,566,940

위 표의 값을 이용하여 기울기 m을 다음과 같이 계산한다.

m = 10566940/3251610
m = 3.25

앞에서 살펴본 직선 방정식은 다음과 같다.

y = c + mx

위 직선 방정식의 x와 y는 평균값으로 대입하고, m을 새로 계산한 m 값으로 대체하면 다음과 같다.

3422 = c + 3.35 * 1253
c = -775.55

x의 최솟값과 최댓값을 대체하여 선을 그릴 점을 계산한다.

포인트 1, 캐럿의 최솟값을 사용한다: x = 320
y = 775.55 + 3.25 * 320
y = 1,815.55

포인트 2, 캐럿의 최댓값을 사용한다: x = 2000
y = 775.55 + 3.25 * 2000
y = 7 275.55

이제 선형 회귀를 사용하는 방법과 회귀선을 계산하는 방법에 대한 직관을 얻었으므로 의사코드를 살펴보자.

의사코드

코드는 우리가 살펴본 단계와 유사하다. 한가지 흥미로운 점은 데이터 세트의 모든 요소에 대해 반복하여 합계를 계산하는 두 개의 for 루프다.

```
fit_regression_line(carats, prices):
  let mean_X equal mean(carats)
  let mean_Y equal mean(price)
  let sum_x_squared equal 0
  for i in range(n):
    let ans equal (carats[i] - mean_X) ** 2
```

```
    sum_x_squared equal sum_x_squared + ans
let sum_multiple equal 0
for i in range(n):
    let ans equal (carats[i] - mean_X) * (price[i] - mean_Y)
    sum_multiple equal sum_multiple + ans
let b1 equal sum_multiple / sum_x_squared
let b0 equal mean_Y - (b1 * mean_X)
let min_x equal min(carats)
let max_x equal max(carats)
let y1 equal b0 + b1 * min_x    ←── 회귀선의 첫 번째 점을 y = c + mx로 표현
let y2 equal b0 + b1 * max_x    ←── 회귀선의 두 번째 점을 y = c + mx로 표현
```

모델 테스트: 모델의 정확성 확인

이제 회귀선을 결정했으므로 이를 이용하여 다른 캐럿 값에 대한 가격을 예측할 수 있다. 실젯값*
을 알고 있는 새로운 견본을 사용하여 회귀선의 성능을 측정하고 선형 회귀 모델이 얼마나 정확
한지 확인한다.

학습에 사용한 것과 동일한 데이터로 모델을 테스트하면 안 된다. 이런 테스트 방식은 정확도는
높지만 의미가 없다. 학습에 사용하지 않은 실제 데이터로 학습한 모델을 테스트해야 한다.

훈련용 데이터와 테스트용 데이터 분리

일반적으로 훈련용 데이터와 테스트용 데이터는 80 대 20으로 분할해서 사용한다. 즉, 사용 가능
한 데이터의 80%를 훈련 데이터로 사용하고 나머지 20%는 모델 테스트에 사용한다. 모델을 정확
하게 훈련시키는 데 필요한 견본의 수를 알기 어렵기 때문에 백분율을 사용한다. 문제에 대한 맥
락과 질문에 따라서 더 많거나 적은 데이터가 필요할 수도 있다.

그림 8.14와 표 8.12는 다이아몬드 예에 대한 테스트 데이터 세트를 나타낸다. 더 읽기 쉽고 사용
하기 쉽도록 캐럿 값과 가격 값을 비슷한 크기의 숫자로 조정했다(모든 캐럿 값에 1,000을 곱함). 점
은 테스트 데이터를 나타내고 직선은 훈련한 회귀선을 나타낸다.

★ [옮긴이] 지도학습의 레이블(Label)에 해당함

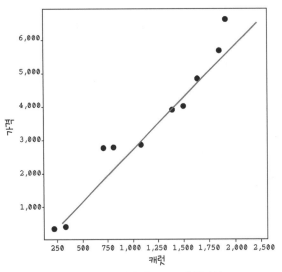

그림 8.14 데이터 점으로 그린 회귀선

표 8.12 캐럿과 가격 데이터

	캐럿 (x)	가격 (y)
1	220	342
2	330	403
3	710	2,772
4	810	2,789
5	1,080	2,869
6	1,390	3,914
7	1,500	4,022
8	1,640	4,849
9	1,850	5,688
10	1,910	6,632

모델을 테스트할 때는 훈련에 사용하지 않은 데이터로 예측값과 실젯값을 비교하여 모델 예측의 정확도를 평가한다. 다이아몬드 예에서는 실젯값이 있으므로 모델이 예측값과 실젯값과의 차이를 비교한다.

회귀선의 성능 측정

선형 회귀에서 모델의 정확도를 측정하는 일반적인 방법은 R^2(R 제곱)을 계산하는 것이다. R^2은 실젯값과 예측값 간 분산을 결정하는 데 사용한다. 다음 방정식으로 R^2 점수를 계산한다.

$$R^2 = \frac{(y\ \text{예측값} - y\ \text{실젯값의 평균})^2\text{의 합}}{(y\ \text{실젯값} - y\ \text{실젯값의 평균})^2\text{의 합}}$$

훈련 단계와 마찬가지로 가장 먼저 해야 할 일은 실젯값의 평균, 실젯값과 실젯값의 평균 사이의 거리를 계산하는 것이다. 그 다음 해당 값의 제곱을 계산한다. 그림 8.14(표 8.13)에서는 점으로 표시한 값을 사용하고 있다.

표 8.13 다이아몬드 데이터 세트 및 계산(1부)

	캐럿 (x)	가격 (y)	y - y의 평균	(y - y의 평균)2
1	220	342	-3,086	9,523,396
2	330	403	-3,025	9,150,625
3	710	2,772	-656	430,336
4	810	2,789	-639	408,321
5	1,080	2,869	-559	312,481
6	1,390	3,914	486	236,196
7	1,500	4,022	594	352,836
8	1,640	4,849	1,421	2,019,241
9	1,850	5,688	2,260	5,107,600
10	1,910	6,632	3,204	10,265,616
		3,428		37,806,648
		평균		합계

다음 단계에서는 모든 캐럿 값에 대해 예측값을 계산하고, 값을 제곱하고, 모든 값의 합계를 계산한다(표 8.14).

표 8.14 다이아몬드 데이터 세트 및 계산(2부)

	캐럿 (x)	가격 (y)	y - y의 평균	(y - y의 평균)²	y의 예측값	y의 예측값 - y의 평균값	(y의 예측값 - y의 평균값)²
1	220	342	-3,086	9,523,396	264	-3,164	10,009,876
2	330	403	-3,025	9,150,625	609	-2,819	7,944,471
3	710	2,772	-656	430,336	1,802	-1,626	2,643,645
4	810	2,789	-639	408,321	2,116	-1,312	1,721,527
5	1,080	2,869	-559	312,481	2,963	-465	215,900
6	1,390	3,914	486	236,196	3,936	508	258,382
7	1,500	4,022	594	352,836	4,282	854	728,562
8	1,640	4,849	1,421	2,019,241	4,721	1,293	1,671,748
9	1,850	5,688	2,260	5,107,600	5,380	1,952	3,810,559
10	1,910	6,632	3,204	10,265,616	5,568	2,140	4,581,230
		3,428		37,806,648			33,585,901
		평균		합계			합계

예측값과 평균값의 차이의 제곱 합과 실젯값과 평균값의 차이의 제곱 합을 이용하여 R^2 점수를 계산한다.

$$R^2 = \frac{(y \text{ 예측값} - y \text{ 실젯값의 평균})^2 \text{의 합}}{(y \text{ 실젯값} - y \text{ 실젯값의 평균})^2 \text{의 합}}$$

R^2 = 33585901 / 37806648
R^2 = 0.88

계산한 결괏값(0.88)은 훈련에 사용하지 않은 새로운 데이터에 대해 모델이 88% 정확하다는 것을 의미한다. 이 결과는 꽤 좋은 편으로 선형 회귀 모델이 상당히 정확함을 보여준다. 다이아몬드 예의 경우 이 결과는 만족스럽다. 하지만 모델의 정확도가 해결하려고 하는 문제에 대해 만족스러운지 판단하는 것은 문제 도메인에 따라 다르다. 다음 절에서는 머신러닝 모델의 성능을 살펴본다.[*]

정확도 개선

데이터로 모델을 훈련하고 새로운 테스트 데이터로 성능을 측정한 후에야 모델이 얼마나 우수한지 알 수 있다. 종종 모델이 원하는 대로 제대로 작동하지 않을 수 있으며 가능하면 모델을 개선하기 위해 추가 작업을 수행해야 한다. 이러한 개선을 위해 머신러닝 수명 주기의 여러 단계를 반복해야 할 수도 있다(그림 8.15).

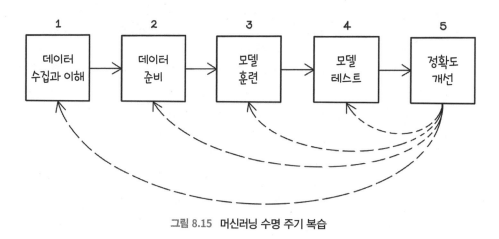

그림 8.15 머신러닝 수명 주기 복습

---

[*] 추가 정보: 데이터에 직선을 적합하는 방법에 대한 간략한 소개는 http://mng.bz/Ed5q - 매닝 출판사에서 출간한 《Math for Programmers》를 참조한다. 선형 회귀를 더 높은 차원에 적용할 수 있는데, 예를 들어, 다중 회귀(multiple regression)라고 불리는 과정을 통해 캐럿 값, 가격, 다이아몬드 컷 간 관계를 확인할 수 있다. 이 과정은 계산이 약간 복잡하지만 기본 원칙은 동일하다.

따라서 다음 영역 중 하나 이상에 주의를 기울여야 한다. 머신러닝은 최고 성능을 발휘하는 접근 방식을 결정하기 위해 여러 단계에서 서로 다른 전술을 시험해 봐야 하는 실험적인 작업이다. 다이아몬드 예에서 가격을 예측하기 위해 캐럿 값을 사용한 모델의 성능이 나쁘다면, 가격을 더 정확하게 예측하기 위해 크기를 나타내는 다이아몬드의 치수를 캐럿 값과 결합하여 사용해야 할지도 모른다. 다음은 모델의 정확도를 개선하는 몇 가지 방법이다.

- **추가 데이터 수집** — 한 가지 해결책은 관련 외부 데이터로 현재 데이터를 보강하거나 이전에 고려하지 않았던 데이터를 추가함으로써 모델 개발에 사용 중인 데이터 세트와 관련된 더 많은 데이터를 수집하는 것이다.

- **데이터를 다른 방식으로 준비** — 훈련 데이터를 다른 방식으로 준비한다. 이번 장의 앞부분에서 완전하지 않은 데이터를 수정하는 데 사용한 기술을 맹목적으로 적용하면 오류가 있을 수 있다. 즉, 결측 데이터의 값을 찾고, 모호한 데이터를 대체하고, 범주형 데이터를 인코딩하기 위해 다른 기술을 사용해야 할 수도 있다.

- **데이터에서 다른 특징 선택** — 데이터 세트의 다른 특징feature이 종속 변수를 예측하는 데 더 적합할 수 있다. 다이아몬드 관련 용어를 설명한 그림(그림 8.5)에 표시한 것처럼 X 차원 값은 테이블 값과 물리적 관계가 있기 때문에 테이블 값을 예측하는 데 좋은 선택이 될 수 있지만 X 차원으로 선명도를 예측하는 것은 의미가 없다.

- **다른 알고리즘으로 모델 훈련** — 때로는 선택한 알고리즘이 해결하려는 문제나 데이터의 특성에 적합하지 않을 수 있다. 다음 절에서 설명하는 것처럼 다른 목표를 달성하기 위해서는 또 다른 알고리즘을 사용할 수 있다.

- **거짓 양성 테스트**false-positive test **처리** — 테스트는 기만적일 수 있다. 즉, 좋은 테스트 점수가 모델의 우수한 성능을 나타낼지는 모르지만 모델을 새로운 데이터에 적용하면 성능이 저하될 수 있다. 이 문제는 데이터의 **과적합**overfitting으로 인해 발생한다. 과적합은 모델이 학습 데이터에 너무 가깝게 조정되어서 분산이 더 큰 새로운 데이터를 유연하게 처리하지 못하는 경우다. 거짓 양성 테스트는 일반적으로 분류 문제에 적용할 수 있으며 다음 절에서 자세히 다룬다.

선형 회귀가 유용한 결과를 제공하지 못했거나 다른 질문이 있는 경우 다양한 알고리즘을 시도해 볼 수 있다. 다음 두 절에서는 질문의 특성이 다를 때 사용하는 알고리즘을 살펴본다.

의사 결정 트리를 통한 분류

간단히 말해서, 분류 문제는 속성을 바탕으로 견본에 레이블을 할당하는 것과 관련이 있다. 이러한 문제는 값을 추정하는 회귀와는 다르다. 분류 문제에 대해 자세히 살펴보고 해결 방법을 알아본다.

분류 문제: 이것 아니면 저것

회귀regression는 캐럿 값이 주어졌을 때 다이아몬드 가격을 예측하는 것과 같이 하나 이상의 서로 다른 변수를 바탕으로 값을 예측하는 것이라고 배웠다. 분류classification는 값을 예측한다는 점에서는 회귀와 유사하지만, 연속 값 대신 이산 클래스를 예측한다. 참고로, 이산 값은 가격, 깊이와 같은 연속 값과 달리 다이아몬드 데이터 세트의 컷, 색상, 선명도와 같은 데이터 세트의 범주형 특징categorical feature이다.

다른 예로 자동차와 트럭을 포함해서 여러 차량이 있다고 가정해 보자. 각 차량의 무게와 바퀴 수를 측정한다. 일단 자동차와 트럭이 서로 다르게 보인다는 사실은 당분간 고려하지 않는다. 거의 모든 자동차에는 4개의 바퀴가 있고, 많은 대형 트럭에는 4개 이상의 바퀴가 있다. 보통은 트럭이 자동차보다 무겁지만 대형 스포츠 유틸리티 차량은 소형 트럭만큼 무겁기도 하다. 차량이 자동차인지 트럭인지 예측하기 위해 차량의 무게와 바퀴 수 사이의 관계를 찾아본다(그림 8.16).

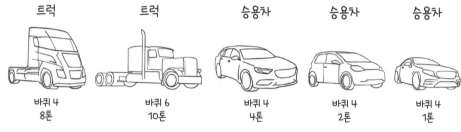

| 트럭 | 트럭 | 승용차 | 승용차 | 승용차 |

바퀴 4
8톤

바퀴 6
10톤

바퀴 4
4톤

바퀴 4
2톤

바퀴 4
1톤

그림 8.16 바퀴 수와 무게에 따른 잠재적 분류를 위한 차량 예

연습: 회귀 대 분류

다음 시나리오가 회귀 문제인지 분류 문제인지 판단해 보자.

1. 쥐에 대한 데이터를 바탕으로 기대 수명 특징과 비만 특징이 있다. 두 특징 간 상관관계를 찾으려고 한다.

2. 동물에 대한 데이터를 기반으로 각 동물의 무게와 날개가 있는지 여부를 알고 있다. 어떤 동물이 새인지 알아내려고 한다.

3. 컴퓨팅 장치에 대한 데이터를 바탕으로 여러 장치의 화면 크기, 무게, 운영 체제를 제공한다. 어떤 장치가 태블릿, 랩톱, 전화기인지 결정하려고 한다.

4. 날씨에 대한 데이터를 바탕으로 강우량과 습도 값을 가지고 있다. 다른 우기의 습도를 알아보려고 한다.

해법: 회귀 대 분류

1. **회귀** — 두 변수 간의 관계를 살펴본다. 기대 수명은 종속 변수이고 비만은 독립 변수다.

2. **분류** — 견본의 무게와 날개 특성을 이용하여 새인지 또는 새가 아닌지 분류한다.

3. **분류** — 다른 특성을 이용하여 견본을 태블릿, 랩톱, 전화기로 분류한다.

4. **회귀** — 강우량과 습도 사이의 관계를 살펴본다. 습도는 종속 변수이고 강우량은 독립 변수다.

의사 결정 트리 기초

회귀와 분류 문제에는 각각 다른 알고리즘을 사용한다. 몇몇 인기 있는 알고리즘은 서포트 벡터 머신support vector machine*, 의사 결정 트리decision tree, 랜덤 포레스트random forest**다. 이번 절에서는 분류를 학습하기 위한 의사 결정 트리 알고리즘을 살펴본다.

의사 결정 트리는 문제에 대한 솔루션을 찾기 위한 일련의 결정을 나타내는 구조다(그림 8.17). 예를 들어, 하루 동안 반바지를 입을지 말지를 결정하려고 할 때 결론에 다다르기 위해 다음과 같은 일련의 질문에 대한 결정을 내려야 할지도 모른다. 낮에는 추운가? 그렇지 않다면 날씨가 추워질 때 저녁 늦게 외출할 것인가? 따뜻한 날에는 반바지를 입기로 결정할 수 있지만 날씨가 추워질 때 밖에 나가게 된다면 그렇게 결정하지는 않을 것이다.

---

* 옮긴이 머신러닝 분야 중 하나로 패턴 인식, 자료 분석을 위한 지도학습 모델이며, 주로 분류와 회귀 분석을 위해 사용함

** 옮긴이 분류, 회귀 분석 등에 사용되는 앙상블 학습 방법의 일종으로, 훈련 과정에서 구성한 다수의 결정 트리로부터 부류 또는 평균 예측치를 출력함

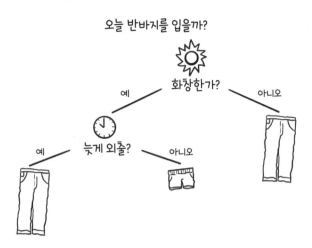

그림 8.17 기본적인 의사 결정 트리 예

다이아몬드 예에서, 의사 결정 트리를 이용하여 캐럿 값과 가격 값에 따라 다이아몬드 컷을 예측하려고 한다. 이 예를 단순화하기 위해 각각의 특정 컷에 대해서는 신경 쓰지 않는 다이아몬드 딜러라고 가정하고, 서로 다른 컷을 가진 다이아몬드를 두 가지 더 넓은 범주로 그룹화한다. 즉, 적당한 컷과 좋은 컷은 오케이Okay라는 범주로 그룹화하고 매우 좋은, 고급, 이상적인 컷은 퍼펙트Perfect라는 범주로 그룹화한다.

1	적당한(Fair)	1	오케이(Okay)
2	좋은(Good)		
3	매우 좋은(Very Good)	2	퍼펙트(Perfect)
4	고급(Premium)		
5	이상적(Ideal)		

표본 데이터 세트는 표 8.15와 같다.

표 8.15 분류 예에 사용하는 데이터 세트

	캐럿	가격	컷
1	0.21	327	오케이
2	0.39	897	퍼펙트
3	0.50	1,122	퍼펙트
4	0.76	907	오케이
5	0.87	2,757	오케이
6	0.98	2,865	오케이

(계속)

	캐럿	가격	컷
7	1.13	3,045	퍼펙트
8	1.34	3,914	퍼펙트
9	1.67	4,849	퍼펙트
10	1.81	5,688	퍼펙트

위와 같은 작은 예에서 값을 보고 직관적으로 패턴을 찾다 보면 무언가를 알아차릴 수도 있다. 가격은 0.98 캐럿 이후 크게 비싸지는 것처럼 보이고, 이런 비싼 가격은 퍼펙트 다이아몬드와 상관관계가 있는 것처럼 보인다. 반면 캐럿 값이 더 작은 다이아몬드는 평균$_{average}$인 경향이 있다. 그러나 퍼펙트 범주에 속하는 견본 3은 캐럿 값이 작다. 그림 8.18은 수작업으로 데이터를 필터링하고 분류하기 위한 질문을 만드는 방법을 보여준다. 여기서 결정 노드는 질문을 포함하고 리프 노드는 분류한 견본을 포함한다.

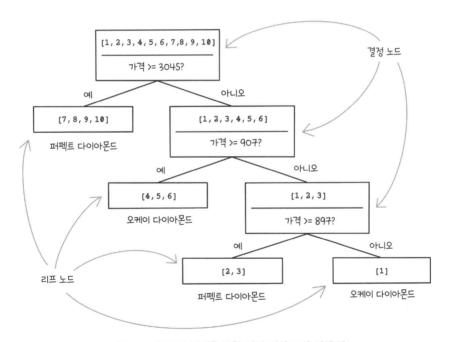

그림 8.18 인간의 직관을 통한 의사 결정 트리 설계 예

작은 데이터 세트의 다이아몬드는 수작업으로 쉽게 분류할 수 있다. 그러나 실제 데이터 세트에는 처리해야 할 견본이 수천 개나 있고, 견본마다 수천 개의 특징이 있을 수 있으므로 사람이 직접 의사 결정 트리를 만드는 것이 거의 불가능하다. 여기서 의사 결정 트리 알고리즘이 등장한다. 의사 결정 트리는 견본을 필터링하는 질문을 생성하고, 우리가 놓칠 수 있는 패턴을 찾고 더 정확하게 필터링한다.

의사 결정 트리 훈련

다이아몬드를 분류하기 위한 올바른 결정을 내릴 수 있는 지능적인 트리를 만들려면, 데이터를 사용해서 학습할 수 있는 훈련 알고리즘이 필요하다. 의사 결정 트리 학습을 위한 여러 알고리즘이 있다. 그중에 분류 및 회귀 트리classification and regression tree, CART라는 알고리즘을 사용한다. CART 및 기타 트리 학습 알고리즘의 기초는 견본을 해당 범주로 가장 잘 필터링하기 위해 어떤 질문을 할지 그리고 그 질문을 언제 할지를 결정하는 것이다. 다이아몬드 예에서 알고리즘은 캐럿과 가격 값을 묻기 위한 가장 좋은 질문과 평균과 퍼펙트 다이아몬드를 가장 잘 분류하기 위해 언제 그러한 질문을 해야 할지를 학습해야 한다.

의사 결정 트리 데이터 구조

트리의 결정을 어떻게 구성하는지 이해하기 위해, 우선 의사 결정 트리 학습 알고리즘에 적합한 방식으로 논리와 데이터를 구성하는 데이터 구조를 검토한다.

- **클래스/레이블 그룹화 맵** — 맵map은 두 개의 동일한 키를 가질 수 없는 키-값 요소 쌍이다. 이 구조는 특정 레이블과 일치하는 견본의 수와 불확실성uncertainty이라고도 하는 엔트로피 계산에 필요한 값을 저장하는 데 유용하다. 엔트로피에 대해서는 곧 배운다.

- **노드 트리** — 이전의 트리 그림(그림 8.18)에 표시한 것처럼 여러 노드를 연결해서 트리를 구성한다. 이 예는 이전 장에서 이미 소개해서 익숙할 텐데, 트리의 노드는 견본을 다음과 같은 범주로 필터링/분할하는 데 중요하다.

    - **의사 결정 노드** — 데이터 세트를 분할 또는 필터링하는 노드다.
        - 질문: 어떤 질문을 받고 있나? (다음 질문 포인트 참조).
        - 참인 견본: 질문을 만족시키는 견본.
        - 거짓인 견본: 질문을 충족하지 않는 견본.

    - **견본 노드/리프 노드** — 견본 목록만 포함하는 노드다. 이 목록의 견본은 모두 올바르게 분류한 견본이다.

- **질문** — 질문이 얼마나 유연할 수 있는지에 따라 다르게 표현할 수 있다. 예를 들어, '캐럿 값이 > 0.5이고 < 1.13인가?'라고 물을 수 있다. 이 질문을 이해하기 쉽도록 특징feature 변수, 값value 변수, >= 연산자로 단순화하면 '캐럿 >= 0.5인가?' 또는 '가격 >= 3,045인가?'와 같다.

    - **특징** — 심문 중인 특징
    - **값** — 비교 대상보다 크거나 같은지 판단의 기준이 되는 상수 값

의사 결정 트리 학습 수명 주기

이번 절에서는 데이터 세트를 올바르게 분류하기 위한 의사 결정을 통해 의사 결정 트리 알고리즘으로 데이터를 필터링하는 방법을 논의한다. 그림 8.19는 의사 결정 트리 훈련 단계를 보여주는데, 이 그림에서 보여주는 흐름도는 이번 절의 나머지 부분에서 다룬다.

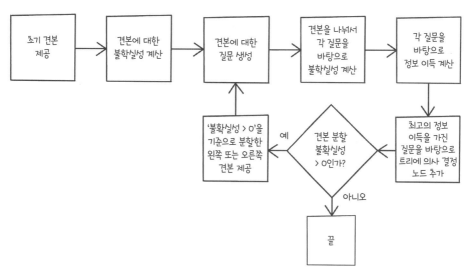

그림 8.19 의사 결정 트리 구성의 기본 흐름도

의사 결정 트리를 구축할 때 가능한 모든 질문을 테스트하여 의사 결정 트리의 특정 지점에서 가장 적합한 질문을 결정한다. 질문을 테스트하기 위해 데이터 세트의 불확실성을 측정하는 엔트로피 개념을 사용한다. 퍼펙트 다이아몬드 5개와 오케이 다이아몬드 5개가 있고 10개 중에서 무작위로 다이아몬드를 선택하여 퍼펙트 다이아몬드를 선택하려고 했다면 다이아몬드가 퍼펙트가 될 확률은 얼마일까(그림 8.20)?

그림 8.20 불확실성 예

캐럿, 가격, 컷 특징이 있는 다이아몬드의 초기 데이터 세트를 고려하여, 지니 계수Gini index*를 이용하여 데이터 세트의 불확실성을 결정할 수 있다. 지니 계수가 0이면 데이터 세트에 불확실성이 없고 완전함을 의미한다. 예를 들어 10개의 다이아몬드가 모두 퍼펙트 다이아몬드인 경우다. 그림 8.21은 지니 계수를 계산하는 방법을 보여준다.

	캐럿	가격	컷
1	0.21	327	오케이
2	0.39	897	퍼펙트
3	0.50	1,122	퍼펙트
4	0.76	907	오케이
5	0.87	2,757	오케이
6	0.98	2,865	오케이
7	1.13	3,045	퍼펙트
8	1.34	3,914	퍼펙트
9	1.67	4,849	퍼펙트
10	1.81	5,688	퍼펙트

지니 = 1 - (오케이 다이아몬드 개수 / 전체 다이아몬드 개수)^2 - (퍼펙트 다이아몬드 개수 / 전체 다이아몬드 개수)^2

지니 = $1 - (5 / 10)^2 - (5 / 10)^2$

지니 = $1 - (0.5)^2 - (0.5)^2$

지니 = $1 - 0.5$

지니 = 0.5

그림 8.21 지니 계수 계산

그림 8.21에서 계산한 지니 계수는 0.5이므로 앞의 그림 8.20에서와 같이 무작위로 선택할 때 레이블이 잘못 지정된 견본을 선택할 확률이 50%다.

다음 단계는 데이터를 분할할 의사 결정 노드를 만드는 것이다. 의사 결정 노드는 합리적인 방식으로 데이터를 분할하고 불확실성을 줄이는 데 사용할 수 있는 질문을 포함한다. 0은 불확실성이 없음을 의미한다. 데이터 세트를 불확실성이 없는 하위 집합으로 분할하는 것이 목표다.

데이터를 분할하고 최적의 분할 결과를 결정하기 위해 각 견본의 모든 특징을 바탕으로 많은 질문을 생성한다. 2개의 특징과 10개의 견본이 있으므로 모두 20개의 질문을 생성한다. 그림 8.22는 몇 가지 질문을 보여주는데, 특징 값이 특정한 값보다 크거나 같은지 여부에 대한 간단한 질문이다.

데이터 세트의 불확실성은 지니 계수가 결정하며 질문은 불확실성을 줄이는 것을 목표로 한다. **엔트로피**entropy는 질문을 바탕으로 지니 계수를 이용하여 특정 데이터 분할에 대해 무질서disorder를 측정하는 또 다른 개념이다. 질문이 불확실성을 얼마나 잘 감소시켰는지 확인할 수 있는 방법이 있어야 한다. 정보 이득을 측정하여 이 작업을 수행한다. **정보 이득**information gain은 특정 질문을 통해 획득한 정보의 양을 나타내는데, 많은 정보를 얻으면 불확실성이 줄어든다.

★ 옮긴이 의사 결정 트리에서 가장 널리 사용되는 불순도 지표. 1에서 '전체 데이터 개수 중 각 하위 집합에 속하는 데이터 개수의 비율'의 제곱을 뺀 값으로 계산함

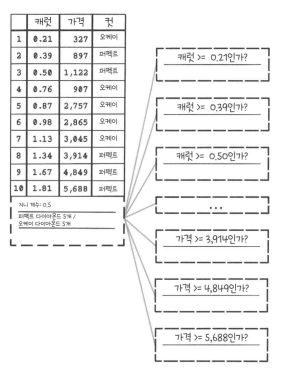

그림 8.22 데이터 분할을 위한 의사 결정 노드 질문 예

정보 이득은 질문하기 전의 엔트로피에서 질문한 후의 엔트로피를 빼서 계산한다. 계산은 다음 단계를 따른다.

1. 질문을 통해 데이터 세트를 분할한다.

2. 왼쪽 분할에 대한 지니 계수를 측정한다.

3. 분할 전 데이터 세트와 비교해서 왼쪽 분할의 엔트로피를 측정한다.

4. 오른쪽 분할에 대한 지니 계수를 측정한다.

5. 분할 전 데이터 세트와 비교해서 오른쪽 분할에 대한 엔트로피를 측정한다.

6. 왼쪽 엔트로피와 오른쪽 엔트로피를 더해서 총 엔트로피를 계산한다.

7. 이전의 총 엔트로피에서 앞 단계에서 구한 총 엔트로피를 빼서 정보 이득을 계산한다.

그림 8.23은 '가격 >= 3914인가?'라는 질문에 대한 데이터 분할 및 정보 이득을 보여준다.

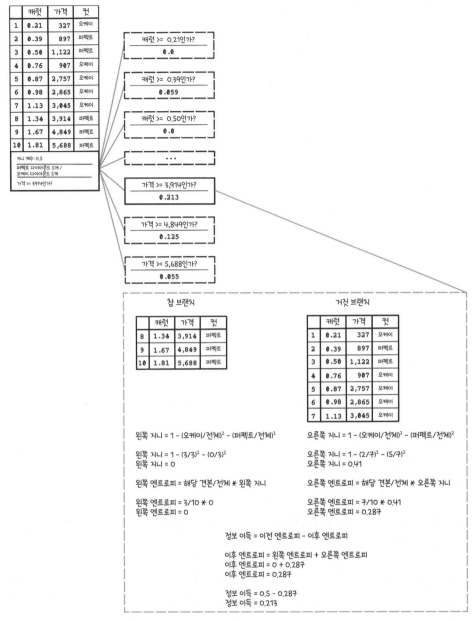

그림 8.23 질문에 따른 데이터 분할 및 정보 이득 예시

그림 8.23의 예에서 모든 질문에 대한 정보 이득을 계산하고 정보 이득이 가장 높은 질문을 트리의 해당 지점에서 가장 좋은 질문으로 선택한다. 그런 다음 원래 데이터 세트를 '가격 >= 3,914인가?'라는 질문이 있는 결정 노드를 바탕으로 분할한다. 이 질문을 포함하는 의사 결정 노드를 의사 결정 트리에 추가하고, 이 노드에서 왼쪽과 오른쪽으로 분할한다.

그림 8.24에서 데이터 세트를 분할한 후, 왼쪽은 퍼펙트 다이아몬드만 있는 순수한 데이터 세트를 포함하고 오른쪽은 퍼펙트 다이아몬드 2개와 오케이 다이아몬드 5개가 있는 혼합 다이아몬드 분류 데이터 세트를 포함한다. 데이터 세트를 더 분할하려면 데이터 세트의 오른쪽에 또 다른 질문을 해야 한다. 다시 한번, 데이터 세트의 각 견본의 특징을 이용하여 몇 가지 질문을 생성한다.

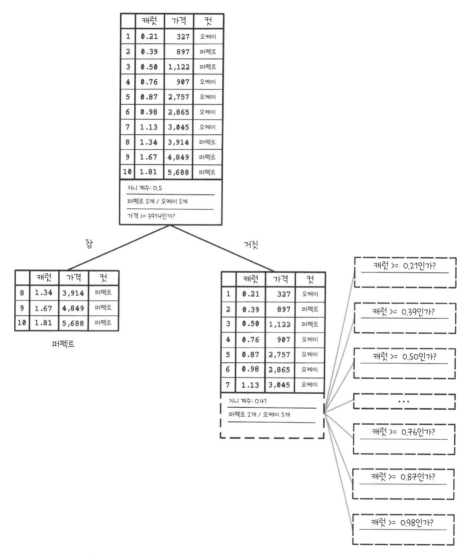

그림 8.24 첫 번째 결정 노드 및 가능한 질문 이후의 의사 결정 트리 결과

연습: 질문에 대한 불확실성 및 정보 이득 계산

지금까지 얻은 지식과 그림 8.23의 지침을 이용하여 '캐럿 >= 0.76인가?' 질문에 대한 정보 이득을 계산한다.

그림 8.25의 솔루션에서 볼 수 있듯이, 주어진 질문에 엔트로피와 정보 이득을 결정하는 계산 패턴을 재사용하는 것이 중요하다. 더 많은 질문을 연습하고 결과를 그림의 정보 이득 값과 비교해 보자.

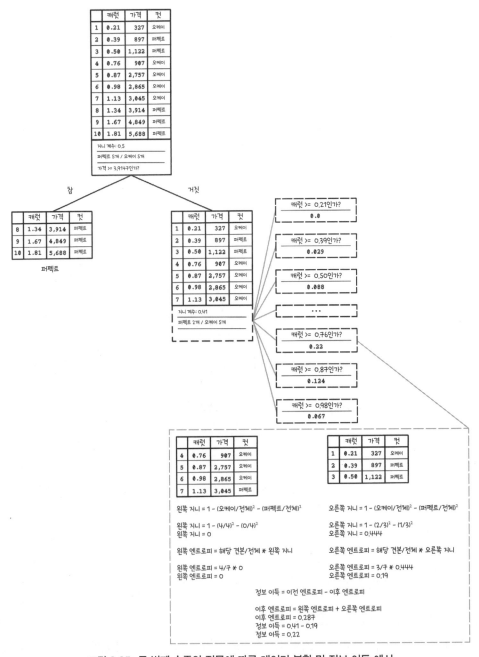

그림 8.25 두 번째 수준의 질문에 따른 데이터 분할 및 정보 이득 예시

질문을 통해 데이터 세트를 완전히 분류할 때까지 분할, 질문 생성, 얻은 정보를 확인하는 과정을 반복해서 진행한다. 그림 8.26은 완전한 의사 결정 트리를 보여주는데, 모든 질문과 그에 따른 분할 결과를 포함하고 있다.

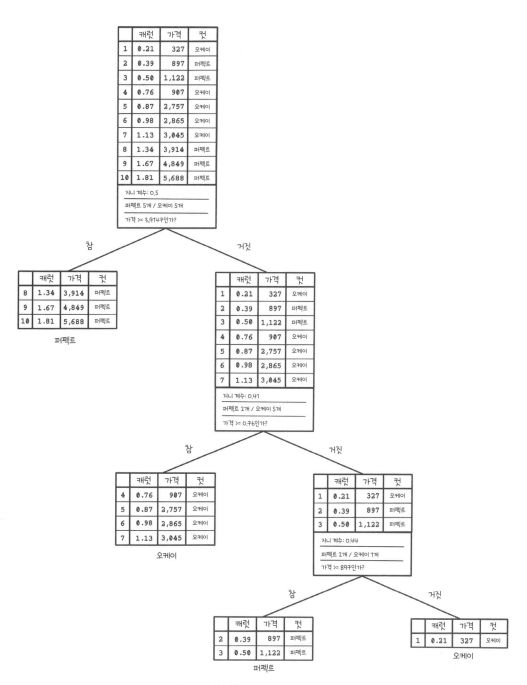

그림 8.26 훈련을 마친 완전한 의사 결정 트리

일반적으로 의사 결정 트리는 훨씬 더 큰 데이터 샘플로 훈련한다는 점에 유의해야 한다. 다양한 데이터를 수용하기 위해서 질문이 더 일반적이어야 하고 따라서 학습에 사용할 다양한 견본이 필요하다.

의사 결정 트리를 바닥부터 프로그래밍할 때 첫 번째 단계는 각 클래스의 견본 수를 세는 것인데, 이 경우에는 오케이 다이아몬드 수와 퍼펙트 다이아몬드 수다.

```
find_unique_label_counts(examples):
  let class_count equal empty map
  for example in examples:
    let label equal example['quality']
    if label not in class_count:
      let class_count[label] equal 0
    class_count[label] equal class_count[label] + 1
  return class_count
```

다음에는 질문에 따라 견본을 분할한다. 질문을 충족하는 견본은 examples_true에 저장하고 나머지는 examples_false에 저장한다.

```
split_examples(examples, question):
  let examples_true equal empty array
  let examples_false equal empty array
  for example in examples:
    if question.filter(example):
      append example to examples_true
    else:
      append example to examples_false
  return examples_true, examples_false
```

견본 집합에 대한 지니 계수를 계산하는 함수가 필요하다. 다음 함수는 그림 8.23에서 설명한 방법을 이용하여 지니 계수를 계산한다.

```
calculate_gini(examples):
  let label_counts equal find_unique_label_counts(examples)
  let uncertainty equal 1
  for label in label_counts:
    let probability_of_label equal label_counts[label] / length(examples))
    uncertainty equals uncertainty - probability_of_label ^ 2
  return uncertainty
```

information_gain은 왼쪽 분할, 오른쪽 분할, 현재 불확실성을 이용하여 정보 이득을 결정한다.

```
calculate_information_gain(left, right, current_uncertainty):
  let total equal length(left) + length(right)
  let left_gini equal calculate_gini(left)
  let left_entropy equal length(left) / total * left_gini
  let right_gini equal calculate_gini(right)
  let right_entropy equal length(right) / total * right_gini
  let uncertainty_after equal left_entropy + right_entropy
  let information_gain equal current_uncertainty - uncertainty_after
  return information_gain
```

다음 함수는 다소 어려워 보일 수 있는데, 데이터 세트의 모든 특징과 해당 값에 대해서 반복 적용하면서 가장 좋은 질문을 결정하기 위해 최적의 정보 이득을 찾는다.

```
find_best_split(examples, number_of_features):
  let best_gain equal 0
  let best_question equal None
  let current_uncertainty equal calculate_gini(examples)
  for feature_index in range(number_of_features):
    let values equal [example[feature_index] for example in examples]
    for value in values:
      let question equal Question(feature_index, value)
      let true_examples, false_examples equal
        split_examples(examples, question)
      if length(true_examples) != 0 or length(false_examples) != 0:
        let gain equal calculate_information_gain
            (true_examples, false_examples, current_uncertainty)
        if gain >= best_gain:
          best_gain, best_question equal gain, question
  return best_gain, best_question
```

다음 함수는 앞에서 의사 결정 트리를 만들기 위해 정의한 함수를 사용하여 지금까지 살펴본 모든 내용을 포함한다.

```
build_tree(examples, number_of_features):
  let gain, question equal find_best_split(examples, number_of_features)
  if gain == 0:
    return ExamplesNode(examples)
  let true_examples, false_examples equal split_examples(examples, question)
  let true_branch equal build_tree(true_examples)
  let false_branch equal build_tree(false_examples)
  return DecisionNode(question, true_branch, false_branch)
```

이 함수는 재귀적이다. 정보 이득이 없을 때까지 즉, 견본을 더 이상 분할할 수 없을 때까지 데이터를 분할한 결과 얻어지는 데이터 세트를 재귀적으로 분할한다. 참고로 다시 상기시키자면 결정 노드는 견본을 분할하는 데 사용하고 견본 노드는 분할한 견본 세트를 저장하는 데 사용한다.

지금까지 의사 결정 트리 분류기를 만드는 방법을 배웠다. 훈련을 마친 의사 결정 트리 모델은 훈련에 사용하지 않은 새로운 데이터로 테스트한다. 이는 앞서 살펴본 선형 회귀 때 방식과 유사하다.

의사 결정 트리의 한 가지 문제는 과적합overfitting인데, 모델이 몇 가지 견본에 대해서 너무 잘 훈련되어서 새로운 견본에 대해서는 성능이 좋지 않은 것이다. 즉, 과적합은 모델이 훈련 데이터의 패턴은 잘 학습하지만 새로운 테스트 데이터가 약간 달라서 학습한 모델의 분할 기준을 충족하지 않을 때 발생한다. 100% 정확한 모델은 일반적으로 데이터에 과적합된다. 반면, 이상적인 모델은 다양한 사례를 지원할 수 있도록 보다 일반적이기 때문에 오히려 일부 견본을 잘못 분류하기도 한다. 그리고 과적합은 의사 결정 트리뿐만 아니라 모든 머신러닝 모델에서 발생할 수 있다.

그림 8.27은 과적합의 개념을 보여주는데, 그림에서 과소적합underfitting에는 잘못 분류된 것이 너무 많고 과적합에는 잘못 분류된 것이 너무 적거나 하나도 없다. 이상적인 경우는 과적합과 과소적합 사이 어딘가에 있다.

과소적합   이상적인 적합   과적합

그림 8.27 과소적합, 이상적인 적합, 과적합

의사 결정 트리를 이용한 견본 분류

이제 의사 결정 트리를 훈련하고 올바른 질문을 결정했으므로 새로운 데이터로 분류 테스트를 할 수 있다. 여기서 적용할 모델은 훈련 단계에서 생성한 질문으로 구성된 의사 결정 트리다.

모델 테스트를 위해, 몇 가지 새로운 데이터 견본을 제공하고 올바르게 분류하는지 측정하므로 테스트 데이터의 레이블을 알고 있어야 한다. 다이아몬드 예에서는 의사 결정 트리를 테스트하기 위해 컷 특징을 포함한 더 많은 다이아몬드 데이터가 필요하다(표 8.16).

표 8.16 **분류를 위한 다이아몬드 데이터 세트**

	캐럿	가격	컷
1	0.26	689	퍼펙트
2	0.41	967	퍼펙트
3	0.52	1,012	퍼펙트
4	0.76	907	오케이
5	0.81	2,650	오케이
6	0.90	2,634	오케이
7	1.24	2,999	퍼펙트
8	1.42	3,850	퍼펙트
9	1.61	4,345	퍼펙트
10	1.78	3,100	오케이

그림 8.28은 훈련을 마친 의사 결정 트리 모델을 도식적으로 보여주는데, 새로운 견본을 처리하는 데 사용할 것이다. 즉, 각 견본을 트리에 입력하고 단계별로 분류해 나간다.

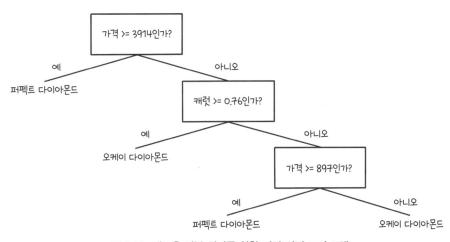

그림 8.28 **새로운 견본 처리를 위한 의사 결정 트리 모델**

예측한 분류 결과는 표 8.17에서 자세히 보여준다. 오케이 다이아몬드를 예측한다고 할 때 3개 견본의 예측 결과가 다르다. 이 결과는 견본 10개 중 3개가 틀린 것으로, 이는 모델이 테스트 데이터 10개 중 7개 또는 70%를 올바르게 예측했음을 의미한다. 이 성능은 그럭저럭 괜찮지만, 견본을 어떻게 잘못 분류하는지를 보여준다.

표 8.17 분류와 예측을 위한 다이아몬드 데이터 세트

	캐럿	가격	컷	예측	
1	0.26	689	오케이	오케이	✓
2	0.41	880	퍼펙트	퍼펙트	✓
3	0.52	1,012	퍼펙트	퍼펙트	✓
4	0.76	907	오케이	오케이	✓
5	0.81	2,650	오케이	오케이	✓
6	0.90	2,634	오케이	오케이	✓
7	1.24	2,999	**퍼펙트**	**오케이**	†
8	1.42	3,850	**퍼펙트**	**오케이**	†
9	1.61	4,345	퍼펙트	퍼펙트	✓
10	1.78	3,100	**오케이**	**퍼펙트**	†

혼동 행렬confusion matrix(오차 행렬)은 테스트 데이터로 모델의 성능을 측정하는 데 종종 사용한다. 혼동 행렬은 다음 메트릭을 이용하여 성능을 나타낸다(그림 8.29).

- **참 양성**true positive, TP — 오케이로 올바르게 분류한 견본
- **참 음성**true negative, TN — 퍼펙트로 올바르게 분류한 견본
- **거짓 양성**false positive, FP — 오케이로 분류한 퍼펙트 견본
- **거짓 음성**false negative, FN — 퍼펙트로 분류한 오케이 견본

	예측한 양성	예측한 음성	
실제 양성	참 양성 TP	거짓 음성 FN	민감도(sensitivity) TP / TP+FN
실제 음성	거짓 양성 FP	참 음성 TN	특이도(specificity) TN / TN+FP
	정밀도(precision) TP / TP+FP	음의 정밀도 (negative precision) TN / TN+FN	정확도(accuracy) $\dfrac{TP+TN}{TP+TN+FP+FN}$

그림 8.29 혼동 행렬

훈련에 사용하지 않은 견본에 대한 모델의 테스트 결과는 다양한 척도를 추론하는 데 사용한다.

- **정밀도**precision — 오케이 견본을 올바르게 분류하는 빈도
- **음의 정밀도**negative precision — 퍼펙트 견본을 올바르게 분류하는 빈도
- **민감도 또는 재현율**sensitivity or recall — **참 양성 비율**true-positive rate이라고도 한다. 올바르게 분류한 오케이 다이아몬드와 훈련 세트의 모든 실제 오케이 다이아몬드의 비율
- **특이도**specificity — **참 음성 비율**true-negative rate이라고도 한다. 올바르게 분류한 퍼펙트 다이아몬드와 훈련 세트의 모든 실제 퍼펙트 다이아몬드의 비율
- **정확도**accuracy — 전체 클래스에 대한 분류기의 올바른 분류 빈도

그림 8.30은 다이아몬드 예에서 얻은 결과를 입력해서 얻은 혼동 행렬의 결과를 보여준다. 정확도도 중요하지만 다른 척도를 통해 모델 성능에 대한 유용한 추가 정보를 알 수 있다.

	예측한 양성	예측한 음성	
실제 양성	참 양성 4	거짓 음성 1	민감도(sensitivity) 4 / 4+1 = 0.8
실제 음성	거짓 양성 2	참 음성 3	특이도(specificity) 3 / 3+2 = 0.6
	정밀도(precision) 4 / 6 = 0.67	음의 정밀도 (negative precision) 3 / 4 = 0.75	정확도(accuracy) $\frac{7}{10}$ = 0.7

그림 8.30 다이아몬드 테스트 견본에 대한 혼동 행렬

이러한 척도를 바탕으로, 머신러닝 수명 주기에서 더 많은 정보에 입각한 결정을 내려서 모델의 성능을 개선한다. 이번 장 전체를 통해서 언급했듯이 머신러닝은 시행착오를 수반하는 실험적 연습이다. 이러한 척도는 머신러닝 과정의 지침이 된다.

또 다른 인기 있는 머신러닝 알고리즘

이번 장에서는 인기 있고 기본적인 두 가지 머신러닝 알고리즘을 살펴보았다. 선형 회귀 알고리즘은 특징 간 관계를 발견하는 회귀 문제에 사용하고, 의사 결정 트리 알고리즘은 특징과 견본 범주 간 관계를 발견하기 위한 분류 문제에 사용한다. 그러나 서로 다른 맥락에서 다양한 문제를 해결하는 데 알맞은 또 다른 머신러닝 알고리즘도 많다. 그림 8.31은 인기 있는 몇 가지 알고리즘과 이러한 알고리즘이 머신러닝 환경에 어떻게 적합한지를 보여준다.

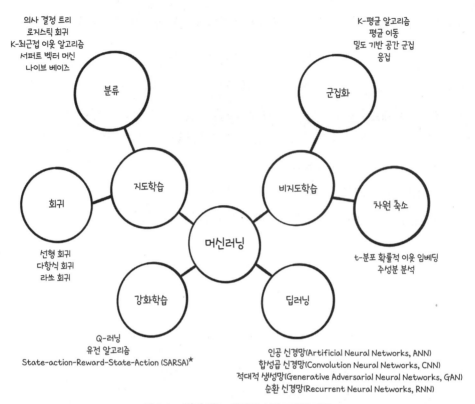

그림 8.31 인기 있는 머신러닝 알고리즘 지도

분류 및 회귀 알고리즘은 이번 장에서 살펴본 것과 유사한 문제를 해결한다. 비지도학습은 일부 데이터 준비 단계를 지원하고, 데이터에 숨겨진 기본 관계를 찾고, 머신러닝 실험에서 어떤 질문을 할 수 있는지 알려주는 알고리즘을 포함한다.

그림 8.31의 우측 하단의 딥러닝을 주목해 보자. 딥러닝의 핵심 개념인 인공 신경망은 9장에서 다루는데, 우선 이번 장에서는 이런 접근 방식으로 해결할 수 있는 문제의 유형과 알고리즘 구현 방법을 더 잘 이해할 수 있을 것이다.

머신러닝 알고리즘 사용 사례

머신러닝은 거의 모든 산업에서 서로 다른 도메인의 수많은 문제를 해결할 수 있다. 올바른 데이터와 질문이 주어지면 가능성은 무궁무진하다. 일상 생활의 많은 부분에서 머신러닝과 일부 데이터 모델링을 사용하는 제품 또는 서비스를 사용하고 있다. 이번 절에서는 머신러닝을 통해 적정

★ 옮긴이 머신러닝의 강화학습 영역에서 사용하는 마르코프(Markov) 의사 결정 프로세스 정책을 학습하기 위한 알고리즘

규모의 실제 문제를 해결하는 데 널리 사용하는 몇 가지 방법을 중점적으로 살펴본다.

- **사기 및 위협 탐지** — 금융 업계에서는 사기 거래를 탐지하고 방지하기 위해 머신러닝을 사용해왔다. 금융 기관은 고객의 사기 거래 보고서를 포함하여 수년 동안 풍부한 거래 정보를 확보해 왔는데, 이런 사기 거래 보고서는 사기성 거래에 레이블을 붙이고 특징을 나타내기 위한 입력 사항이다. 머신러닝 모델은 거래를 분류하기 위해 거래의 위치, 금액, 판매자 등을 고려할 수 있으며, 잠재적 손실로부터 소비자를 보호하고 보험 손실로부터 금융 기관을 구할 수 있다. 이미 알려져 있는 네트워크 사용 형태 및 보고된 비정상 동작을 기반으로 공격을 탐지하고 방지하는 네트워크 위협 탐지에 동일한 모델을 적용할 수 있다.

- **제품 및 콘텐츠 추천** — 많은 사람들이 전자 상거래 사이트에서 상품이나 오디오, 비디오 소비를 위한 미디어 스트리밍 서비스를 구매한다. 구매 이력에 따라 제품을 추천하거나, 관심사를 바탕으로 콘텐츠를 추천한다. 일반적으로 이러한 기능은 사람들의 상호 작용으로부터 구매 또는 시청 행동의 패턴을 추론하는 머신러닝을 통해서 가능하다. 추천 시스템은 더 많은 판매를 가능하게 하고 더 나은 사용자 경험을 제공하기 위해 점점 더 많은 산업과 애플리케이션에서 사용하고 있다.

- **제품과 서비스에 대한 동적 가격 책정** — 제품과 서비스는 종종 누군가가 기꺼이 지불하려는 금액이나 위험에 따라 가격을 책정한다. 승차 공유 시스템의 경우 승차 수요보다 사용 가능한 차량이 적으면 가격을 인상하는 것이 합리적인데, 이를 급증 가격_{surge pricing}이라고도 한다. 보험 업계에서는 고위험군으로 분류되는 사람의 보험료를 인상한다. 동적인 조건과 개인의 고유한 세부 정보를 바탕으로 가격 책정에 영향을 미치는 속성 간 특성 및 관계를 찾는 데 머신러닝을 사용한다.

- **건강 상태 위험 예측** — 의료 산업에서 의료 전문가는 환자를 진단하고 치료하기 위해서 풍부한 지식을 습득해야 한다. 수년 동안 의료계에서는 혈액형, DNA, 가족 병력, 지리적 위치, 생활 양식 등 환자에 대한 방대한 양의 데이터를 축적해 왔다. 이 데이터를 활용해서 질병 진단을 안내할 수 있는 잠재적 패턴을 찾을 수 있다. 데이터를 통한 빠른 진단을 통해 상태가 악화되기 전에 치료할 수 있다. 또한, 결과를 이용해서 머신러닝 시스템의 예측에 대한 신뢰도를 더 높일 수 있다.

머신러닝 요약

머신러닝은 단순한 알고리즘 그 이상의 것으로 맥락, 데이터 이해, 올바른 질문을 포괄한다.

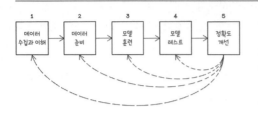

머신러닝 과제의 수명 주기는 반복적이고 실험적이다.

선형 회귀는 데이터에 가장 잘 적합하는 직선을 찾는 것인데, 이는 각 데이터 점과 직선과의 오차를 최소화하는 것을 의미한다.

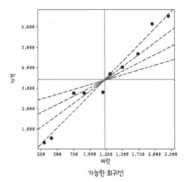

가능한 회귀선

의사 결정 트리는 질문을 사용해서 데이터 세트를 완벽하게 해당 범주로 나눌 때까지 데이터를 분할한다. 핵심 개념은 데이터 세트의 불확실성을 줄이는 것이다.

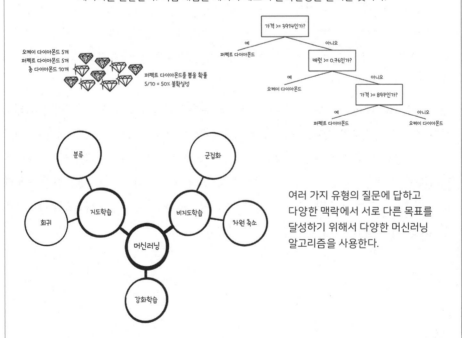

여러 가지 유형의 질문에 답하고 다양한 맥락에서 서로 다른 목표를 달성하기 위해서 다양한 머신러닝 알고리즘을 사용한다.

CHAPTER

9

인공 신경망

이 장에서 다루는 것들

- 인공 신경망에 영감과 직관을 주는 요소 이해
- 인공 신경망으로 해결할 수 있는 문제 파악
- 훈련된 네트워크를 통한 순전파 이해 및 구현
- 네트워크 훈련을 위한 역전파 이해 및 구현
- 다양한 문제 해결을 위한 인공 신경망 구조 설계

인공 신경망이란?

인공 신경망artificial neural networks, ANN은 이미지 인식, 자연어 처리, 게임 플레이와 같은 목표를 달성하기 위해 다양한 방법으로 사용하는 머신러닝 툴킷 중 강력한 도구다. 인공 신경망은 다른 머신러닝 알고리즘과 유사하게 훈련 데이터를 통해 학습한다. 특징이 서로 어떻게 관련되어 있는지 이해하기 어려운 구조화되지 않은 데이터에 가장 적합하다. 이번 장에서는 인공 신경망에 영감을 주는 요소, 알고리즘이 작동하는 방식, 다양한 문제를 해결하기 위한 인공 신경망 설계 방법을 보여준다.

인공 신경망이 어떻게 더 큰 머신러닝 범위에 속하는지를 명확하게 이해하려면 우선 머신러닝 알고리즘의 구성과 분류 방식을 살펴봐야 한다. **딥러닝**deep learning은 목표 달성을 위해 다양한 구조의 인공 신경망을 사용하는 알고리즘에 부여한 이름이다. 인공 신경망을 포함해서 딥러닝은 지도학습, 비지도학습, 강화학습 문제를 해결하는 데 사용할 수 있다. 그림 9.1은 딥러닝이 인공 신경망과 다른 머신러닝 개념과 어떻게 관련되는지 보여준다.

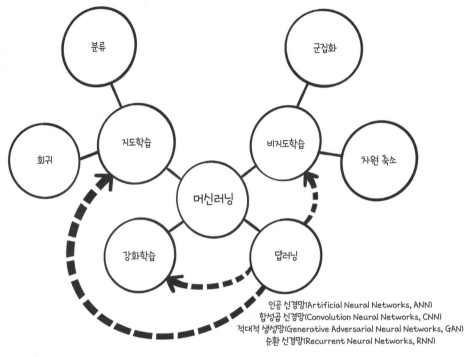

인공 신경망(Artificial Neural Networks, ANN)
합성곱 신경망(Convolution Neural Networks, CNN)
적대적 생성망(Generative Adversarial Neural Networks, GAN)
순환 신경망(Recurrent Neural Networks, RNN)

그림 9.1 딥러닝과 인공 신경망(ANN)의 적응성을 보여주는 맵

인공 신경망은 머신러닝 수명 주기(8장)의 또 다른 모델에 불과하다고 할 수 있다. 그림 9.2는 머신
러닝 수명 주기를 다시 보여주는데, 머신러닝과 마찬가지로 문제를 식별하고, 데이터를 수집하고,
이해하고 준비해야 한다. 그리고 필요한 경우 인공 신경망 모델을 테스트하고 개선한다.

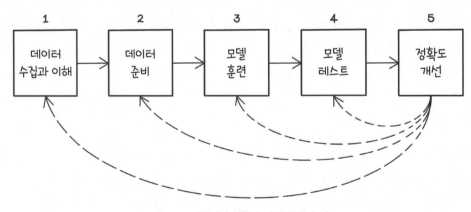

그림 9.2 머신러닝 실험과 과제 작업 순서

이제 인공 신경망이 관념적으로 어떻게 머신러닝의 넓은 범위에 속하는지, 그리고 인공 신경망이 수명 주기에 따라 훈련된 또 다른 모델이라는 것을 알게 되었으므로 인공 신경망에 대한 직관적인 부분과 작동 방식을 살펴보자. 유전 알고리즘과 군집 지능 알고리즘처럼 인공 신경망도 자연 현상에서, 이 경우에는 뇌와 신경계에서 영감을 받았다. 여기서 신경계nervous system는 감각을 느낄 수 있는 생물학적 구조이며 뇌가 작동하는 방식의 기초가 된다. 또한, 우리 몸에는 몸 전체를 가로지르는 신경과 뇌에서 비슷하게 행동하는 신경 세포neuron(뉴런)가 있다.

신경망은 상호 연결된 뉴런으로 구성되는데, 전기 및 화학 신호를 통해 정보를 전달한다. 뉴런은 정보를 다른 뉴런에 전달하고 특정 기능function을 수행하기 위해 정보를 조절한다. 컵을 들고 물을 한 모금 마시면, 수백만 개의 뉴런이 수행하려는 의도, 이를 달성하기 위한 물리적 행동, 성공 여부를 판단하기 위한 피드백을 처리한다. 컵으로 마시는 법을 배우는 어린 아이들을 생각해 보자. 보통 아이들은 처음에는 서툴러서 컵을 많이 떨어뜨린다. 그러다가 두 손으로 잡는 법을 배우게 된다. 그들은 점차 한 손으로 컵을 잡고 문제없이 한 모금을 마시는 법을 배운다. 이 과정은 몇 달이 걸리는데, 그들의 뇌와 신경계는 연습이나 훈련을 통해 학습한다. 그림 9.3은 입력(자극)을 받고 신경망에서 처리하고 출력(응답)을 제공하는 단순화된 모델을 보여준다.

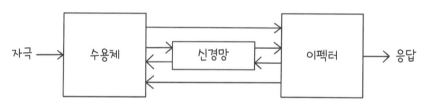

그림 9.3 생물학적 신경 시스템을 단순하게 표현한 모델

간단히 말해서, **뉴런**neuron(그림 9.4)은 다른 뉴런으로부터 신호를 받는 수상돌기, 신호를 활성화하고 조절하는 세포체와 핵, 신호를 다른 뉴런으로 전달하는 축삭돌기, 다음 뉴런의 수상돌기까지 신호를 전달하고 그 과정에서 신호를 조절하는 시냅스로 구성된다. 그리고 함께 작동하는 약 900억 개의 뉴런을 통해, 두뇌는 우리가 알고 있는 높은 수준의 지능으로 기능한다.

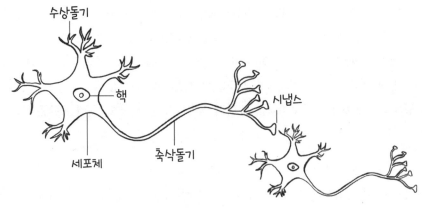

그림 9.4 일반적인 뉴런 구성

비록 인공 신경망이 생물학적 신경망에서 영감을 받았고 생물학적 신경망에서 관찰할 수 있는 많은 개념을 사용하지만, 인공 신경망이 생물학적 신경 시스템의 동일한 표현은 아니다. 왜냐하면 아직도 뇌와 신경계에 대해 배울 것이 많이 남아 있기 때문이다.*

퍼셉트론: 뉴런의 개념적 표현

뉴런은 뇌와 신경계를 구성하는 기본 개념이다. 앞서 언급했듯이 다른 뉴런으로부터 많은 입력을 받아들이고 그러한 입력을 처리한 결과를 연결된 다른 뉴런으로 전달한다. 인공 신경망은 하나의 생물학적 뉴런에 대한 논리적 표현인 **퍼셉트론**perceptron**을 기본 개념으로 한다.

뉴런과 마찬가지로 퍼셉트론은 수상돌기와 같이 입력을 받고, 가중치(시냅스와 같은)를 이용하여 이러한 입력을 변경하고, 가중치를 적용한 입력(세포체, 핵)을 처리하고, 결과를 출력한다(예: 축삭돌기). 퍼셉트론은 개념적으로만 뉴런을 참조하는데, 그림 9.4의 뉴런의 구성에서도 시냅스를 수상돌기 뒤에 표시해서 들어오는 입력에 대한 시냅스의 영향을 나타내고 있다. 그림 9.5는 퍼셉트론의 논리적 구조를 보여준다.

---

* 〔옮긴이〕 우리가 완벽히 알지 못하는 대상을 똑같이 표현할 수는 없음. 인공 신경망은 단지 뇌를 개념적으로 모방할 뿐임

** 〔옮긴이〕 각 범주의 예제 입력들로부터 원하는 범주들을 정의하는 가중치들을 학습할 수 있는 최초의 모형. 1957년에 코넬 항공 연구소(Cornell Aeronautical Lab)의 프랑크 로젠블라트(Frank Rosenblatt)에 의해 고안되었음. 이것은 가장 간단한 형태의 피드포워드(Feedforward) 네트워크(선형분류기)로도 볼 수 있음

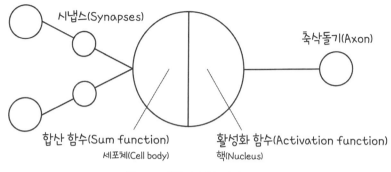

입력　　가중치　　　은닉노드　　　　　　출력

수상돌기(Dendrites)

시냅스(Synapses)

축삭돌기(Axon)

합산 함수(Sum function)　　　　활성화 함수(Activation function)

세포체(Cell body)　　　　핵(Nucleus)

그림 9.5 퍼셉트론의 논리적 구조

퍼셉트론의 구성 요소는 출력을 계산하는 데 필요한 변수로 나타낸다. 가중치로 입력의 강도를 조정하고, 그 값은 은닉노드가 처리한다. 마지막으로 결과를 출력으로 전달한다. 다음은 퍼셉트론의 구성 요소에 대한 간략한 설명이다.

- **입력**input — 입력값을 나타낸다. 뉴런에서는 이 값이 입력 신호에 해당한다.
- **가중치**weight — 입력노드와 은닉노드 사이의 각 연결에 대한 가중치를 나타낸다. 가중치는 입력의 강도에 영향을 미쳐서 가중치를 적용한 입력을 만든다. 뉴런에서는 시냅스가 이러한 연결에 해당한다.
- **은닉노드**hidden node(합산 및 활성화sum and activation) — 가중치를 적용한 입력값을 합산한 결과에 활성화 함수를 적용한다. 활성화 함수는 은닉노드/뉴런의 활성화/출력을 결정한다.
- **출력**output — 퍼셉트론의 최종 출력을 나타낸다.

퍼셉트론의 작동 원리를 이해하기 위해, 8장의 아파트 찾기 예를 다시 살펴보자. 이번에는 아파트의 크기와 가격을 기준으로 한 달 안에 특정 아파트를 임대할지 여부를 결정하려는 부동산 중개인이라고 가정한다. 참고로 퍼셉트론을 이미 훈련했다고 가정한다. 이는 퍼셉트론의 가중치가 이미 조정되었음을 의미한다.

이번 장의 뒷부분에서 인식과 인공 신경망을 훈련하는 방법을 살펴보는데, 일단 지금은 가중치가 입력의 강도를 조정해서 입력 간 관계를 표현한다고 이해한다.

그림 9.6은 사전 훈련된pretrained 퍼셉트론을 이용해서 아파트 임대 여부를 분류하는 방법을 보여준다.

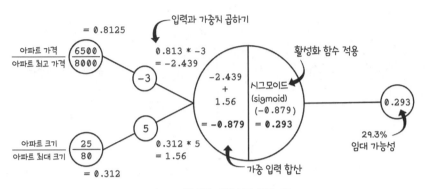

입력   가중치   은닉노드   출력

그림 9.6 훈련된 퍼셉트론 사용 예

입력은 특정 아파트의 가격과 해당 아파트의 크기이고, 최대 가격과 최대 크기를 이용해서 입력의 크기를 조정한다(최대 가격은 \$8,000, 최대 크기는 80m²). 데이터의 크기 조정에 대한 자세한 내용은 다음 절을 참조한다.

가격과 크기가 입력값이고 아파트 임대 예상 확률이 출력값이다. 가중치는 예측하는 데 가장 중요한데, 이는 입력 간 관계를 학습하기 위한 네트워크의 변수다. 예측을 하기 위해 가중치를 곱한 입력을 순차적으로 합산 함수와 활성화 함수로 처리한다.

시그모이드 함수sigmoid function를 활성화 함수로 사용하는데, 활성화 함수는 퍼셉트론과 인공 신경망에서 중요한 역할을 한다. 이 경우 활성화 함수는 선형 문제를 해결하는 데 도움이 된다. 또한, 다음 절에서 인공 신경망을 살펴보고 나면 활성화 함수가 비선형 문제를 해결하기 위해 입력을 처리하는 데 얼마나 유용한지도 알 수 있을 것이다. 그림 9.7은 선형 문제의 기초*를 보여준다.

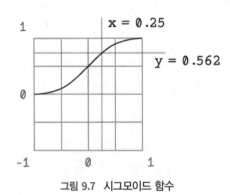

그림 9.7 시그모이드 함수

★ [옮긴이] 퍼셉트론은 비선형 활성화 함수를 이용해서 선형 분류기의 결과(x)에 비선형 변형을 가한 출력값(y)을 반환함. 퍼셉트론은 선형 문제만 해결할 수 있지만 이를 여러 층으로 쌓은 인공 신경망을 이용해서 비선형 문제를 해결할 수 있음

시그모이드 함수는 0과 1 사이의 입력이 주어지면 0과 1 사이의 S 곡선을 생성한다. 시그모이드 함수는 x의 변화에 비해 작은 y의 변화를 출력하기 때문에 점진적 학습이 가능하다. 이번 장의 뒷부분에서 인공 신경망의 더 깊은 동작 원리를 살펴보면 이 함수가 비선형 문제를 해결하는 데 어떻게 도움이 되는지 알게 될 것이다.

잠시 한 걸음 물러서서 퍼셉트론에 사용하는 데이터를 살펴보자. 아파트 판매 여부와 관련한 데이터의 속성을 이해하는 것은 퍼셉트론이 어떻게 작동하는지 이해하는 데 중요하다. 그림 9.8은 데이터 세트에 있는 견본을 보여주는데, 각 견본은 아파트의 가격과 크기 특성을 갖고 있다. 각 아파트는 임대 완료 또는 임대 문의 두 클래스 중 하나로 구분되어 있고, 두 클래스를 구분하는 선은 퍼셉트론이 나타내는 함수다.

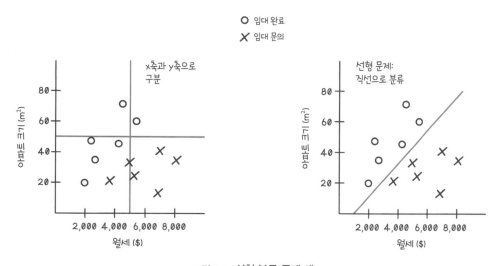

그림 9.8 선형 분류 문제 예

퍼셉트론은 선형 문제를 해결하는 데는 유용하지만 비선형 문제는 해결할 수 없다. 즉, 데이터 세트를 직선으로 분류할 수 없으면 퍼셉트론은 실패한다.*

인공 신경망은 퍼셉트론의 개념을 대규모로 확장해서 사용하는데, 이 경우 뉴런과 비슷하게 퍼셉트론이 함께 작동하여 높은 차원을 가진 비선형 문제를 해결한다. 인공 신경망에 사용하는 활성화 함수는 학습 능력에 영향을 준다.

★   올긴이 가장 간단하고 대표적인 예가 XOR 문제임

연습: 다음 입력에 대한 퍼셉트론 출력을 계산하라.

퍼셉트론의 작동 방식에 대한 지식을 활용하여 다음에 대한 출력을 계산하라.

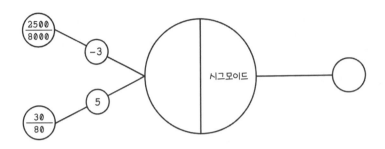

해법: 다음 입력에 대한 퍼셉트론 출력을 계산하라.

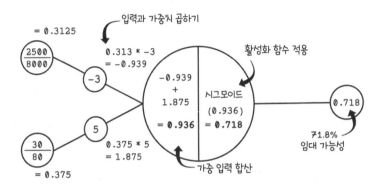

인공 신경망 정의

퍼셉트론은 간단한 문제를 해결하는 데는 유용하지만 데이터의 차원이 증가함에 따라 문제 해결 가능성이 낮아진다. 이를 해결하기 위해, 인공 신경망은 퍼셉트론의 원칙을 단일 노드가 아닌 많은 은닉노드에 적용한다.*

다중 노드 인공 신경망의 작동 방식을 살펴보기 위해, 자동차 충돌 관련 예제 데이터 세트를 고려한다. 예상치 못한 물체가 이동 경로에 들어온 순간에 여러 자동차로부터 데이터를 수집했다고 가정한다. 데이터 세트에는 그 당시의 여러 조건, 충돌 발생 여부와 관련한 특징이 있는데, 다음과 같다.

---

*   [옮긴이] 다층 인공 신경망

- **속도**speed — 물체와 마주치기 전 자동차 주행 속도
- **지형 품질**terrain quality — 자동차가 물체와 마주치기 전에 주행하던 도로의 품질
- **시야각**degree of vision — 자동차가 물체와 마주치기 전의 운전자 시야도
- **총 운전 경험**total experience — 자동차 운전자의 총 운전 경험
- **충돌 발생?**collision occurred? — 충돌 발생 여부

표 9.1과 같은 데이터에 대해서, 충돌에 영향을 주는 특징 간 관계를 학습하기 위한 머신러닝 모델, 즉 인공 신경망을 훈련한다.

표 9.1 자동차 충돌 데이터 세트

	속도	지형 품질	시야각	총 운전 경험	충돌 발생?
1	65km/h	5/10	180°	80,000km	아니오
2	120km/h	1/10	72°	110,000km	예
3	8km/h	6/10	288°	50,000km	아니오
4	50km/h	2/10	324°	1,600km	예
5	25km/h	9/10	36°	160,000km	아니오
6	80km/h	3/10	120°	6,000km	예
7	40km/h	3/10	360°	400,000km	아니오

은닉층이 하나 있는 기본적인 인공 신경망 구조를 사용해서 데이터 세트에 있는 견본의 특징을 바탕으로 충돌 발생 여부를 분류한다. 데이터 세트에 있는 특징을 인공 신경망에 대한 입력으로 넣어주고, 이때 예측하려는 클래스는 인공 신경망의 출력에 대응된다. 이 예에서 입력노드는 속도, 지형 품질, 시야 수준, 총 운전 경험이고, 출력노드는 충돌 발생 여부다(그림 9.9).

지금까지 살펴본 다른 머신러닝 알고리즘과 마찬가지로, 데이터 준비는 인공 신경망이 데이터를 성공적으로 분류하는 데 중요하다. 그리고 이때 주요 관심사는 데이터를 비교 가능한 방식으로 표현하는 것이다. 인간은 속도와 시야 개념을 이해하지만, 인공 신경망은 이런 맥락을 알지 못한다. 따라서 인공 신경망에서 속도 65km/h와 시야각 36°를 직접적으로 비교하는 것은 타당하지 않다. 이런 경우에는 속도와 시야각을 비율로 비교하는 것이 유용하다. 참고로 이 작업을 수행하려면 데이터의 크기를 조정해야 한다.

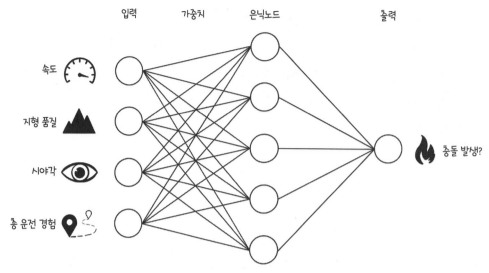

입력　　　가중치　　은닉노드　　　　출력

속도

지형 품질

시야각

총 운전 경험

충돌 발생?

그림 9.9 자동차 충돌 문제를 위한 인공 신경망 구조 예

데이터를 비교할 수 있도록 크기를 조정하는 일반적인 방법은 **최소-최대**min-max 크기 조정 방법을 사용하는 것이다. 이 방법은 데이터를 0과 1 사이의 값으로 조정한다. 데이터 세트의 모든 데이터를 동일한 형식이 되도록 크기 조정해서 서로 다른 특징을 비교할 수 있다. 인공 신경망은 크기 조정하기 전의 특징에 대한 맥락을 모르기 때문에 지나치게 큰 입력값으로 인한 편향도 제거한다. 예를 들어 1,000은 65보다 훨씬 큰 것 같지만 총 운전 거리 맥락에서 1,000은 빈약하고 주행 속도 맥락에서 65는 유의미하다. 최소-최대 크기 조정을 통해 각 특징에 대해 가능한 최솟값과 최댓값을 고려하여 이러한 데이터를 올바른 맥락으로 나타낼 수 있다.

다음은 자동차 충돌 데이터의 특징에 대해 선택한 최솟값과 최댓값이다.

- **속도** — 최소 속도는 0인데, 이는 자동차가 움직이지 않음을 의미한다. 전 세계 대부분의 지역에서 법정 최대 제한 속도가 120km/h이므로 최대 속도 120km/h를 사용한다. 또한, 운전자가 규칙을 따른다고 가정한다.

- **지형 품질** — 이미 평가 시스템을 통해 평가한 데이터가 있는데, 최솟값은 0이고 최댓값은 10이다.

- **시야각** — 총 시야각은 360도이므로 최솟값은 0이고 최댓값은 360이다.

- **총 운전 경험** — 운전 경험이 없는 경우 최솟값은 0이다. 주관적으로 운전 경험의 최댓값은 400,000으로 설정하는데, 그 근거는 운전자가 400,000km의 운전 경험을 가지고 있다면 그 운전자가 매우 유능하다고 간주하기 때문이다. 따라서 그 이상의 운전 경험은 중요하지 않다.

최소-최대 크기 조정은 특징의 최솟값과 최댓값을 이용하여 특징에 대한 실젯값의 백분율을 찾는다.

공식은 간단하다. 특징 값에서 최솟값을 뺀 값을 최댓값에서 최솟값을 뺀 값으로 나눈다. 그림 9.10은 자동차 충돌 예에서 데이터의 첫 번째 행에 대한 최소-최대 크기 조정 계산을 보여준다.

	속도	지형 품질	시야각	총 운전 경험	충돌 발생?
1	65 km/h	5/10	180°	80,000km	아니오

	속도	지형 품질	시야각	총 운전 경험
	65 km/h	5/10	180°	80,000
	최솟값: 0 최댓값: 120	최솟값: 0 최댓값: 120	최솟값: 0 최댓값: 120	최솟값: 0 최댓값: 120
$\dfrac{\text{특징 값} - \text{최솟값}}{\text{최댓값} - \text{최솟값}}$	$\dfrac{65-0}{120-0}$	$\dfrac{5-0}{10-0}$	$\dfrac{180-0}{360-0}$	$\dfrac{80000-0}{400000-0}$
크기 조정한 특징 값	0.542	0.5	0.5	0.2

그림 9.10 자동차 충돌 데이터 최소-최대 크기 조정 예

모든 값은 0과 1 사이에 있어서 서로 동등하게 비교할 수 있다. 이를 위해, 데이터 세트의 모든 행에 동일한 수식을 적용해서 모든 값의 크기를 조정한다. 반면, '충돌 발생?' 특징에 대해서는 주의해야 하는데, '예'는 1로, '아니오'는 0으로 대체한다. 표 9.2는 크기 조정한 자동차 충돌 데이터를 나타낸다.

표 9.2 크기 조정한 자동차 충돌 데이터 세트

	속도	지형 품질	시야각	총 운전 경험	충돌 발생?
1	0.542	0.5	0.5	0.200	0
2	1.000	0.1	0.2	0.275	1
3	0.067	0.6	0.8	0.125	0
4	0.417	0.2	0.9	0.004	1
5	0.208	0.9	0.1	0.400	0
6	0.667	0.3	0.3	0.015	1
7	0.333	0.3	1,0	1.000	0

데이터 크기 조정scaling 코드는 최소-최대 크기 조정에 대한 논리와 계산을 동일하게 따른다. 각 특징의 최솟값과 최댓값은 물론 데이터 세트의 총 특징 수가 필요하다. scale_dataset 함수는 이러한 매개변수를 사용하여 데이터 세트의 모든 견본에 대해서 반복 적용하고 scale_data_feature 함수를 이용하여 값의 크기를 조정한다.

```
FEATURE_MIN = [0, 0, 0, 0]
FEATURE_MAX = [120, 10, 360, 400000]
FEATURE_COUNT = 4

scale_dataset(dataset, feature_count, feature_min, feature_max):
  let scaled_data equal empty array
  for data in dataset:
    let example equal empty array
    for i in range(0, feature_count):
      append scale_data_feature(data[i], feature_min[i], feature_max[i])
        to example
    append example to scaled_data
  return scaled_data

scale_data_feature(data, feature_min, feature_max):
  return (data - feature_min) / (feature_max - feature_min)
```

이제 인공 신경망이 처리하기에 적합한 형식의 데이터를 준비했으므로 간단한 인공 신경망의 구조를 살펴보자. 앞에서 설명한 대로, 클래스 예측에 사용할 특징은 입력노드, 예측하려는 클래스는 출력노드에 대응된다.

그림 9.11은 하나의 은닉층이 있는 인공 신경망을 보여주는데, 그림에서 이 은닉층은 5개의 은닉노드가 있는 하나의 수직 계층이다. 이러한 계층layer은 네트워크network(망) 외부에서 직접 관찰할 수 없어서 **은닉층**hidden layer이라고 한다. 인공 신경망의 입력노드, 출력노드만 외부에서 관찰할 수 있기 때문에 인공 신경망의 내부는 블랙 박스처럼 보인다. 각각의 은닉노드는 퍼셉트론과 유사한데, 이는 입력과 가중치를 받아서 가중치를 적용한 입력을 합산하고 이를 활성화 함수로 계산한다. 그 다음 단일 출력노드로 각 은닉노드들의 결과를 처리한다.

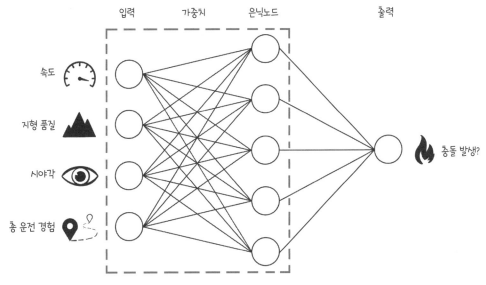

그림 9.11 자동차 충돌 문제를 위한 인공 신경망 구조의 예

인공 신경망의 계산을 고려해 보기 전에, 개략적인 수준에서 네트워크 가중치가 수행하는 작업을 직관적으로 살펴보자. 하나의 은닉노드는 모든 입력노드와 연결되지만 각 연결의 가중치가 서로 다르기 때문에 개별적인 은닉노드는 몇몇 입력노드 간 특정 관계를 반영할 수 있다.

그림 9.12는 첫 번째 은닉노드가 네 개의 입력노드와 연결되어 있고, 이 중에 지형 품질, 시야각 입력노드와는 강한 가중치로 연결되고 속도, 총 운전 경험 입력노드와는 약한 가중치로 연결되는 시나리오를 보여준다. 이로부터 지형 품질과 시야각 사이의 관계가 첫 번째 은닉노드에 좀 더 큰 영향을 미칠 수 있다는 것과 이 두 특징 간 관계가 충돌 발생 여부에 미치는 영향을 유추해 볼 수 있다. 예를 들어, 좋지 않은 지형 품질과 낮은 시야각은 좋은 지형 품질과 평균 시야보다 충돌 가능성에 더 많은 영향을 줄 수 있다. 하지만 일반적으로 인공 신경망에서의 이러한 관계는 지금 이런 간단한 예보다 훨씬 더 복잡하다.

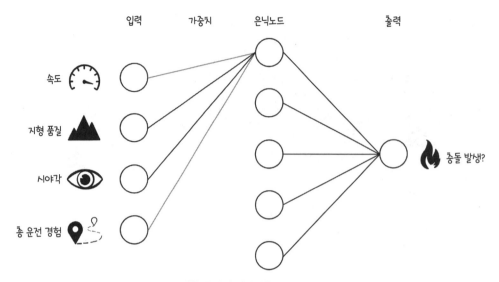

그림 9.12 지형 품질과 시야각을 비교하는 은닉노드 예

그림 9.13에서 두 번째 은닉노드는 지형 품질과 총 운전 경험에 대한 연결에 강한 가중치를 부여한다.

아마도 서로 다른 지형 품질과 총 운전 경험에서의 차이 간에 충돌의 원인이 되는 관계가 있을 수 있다.

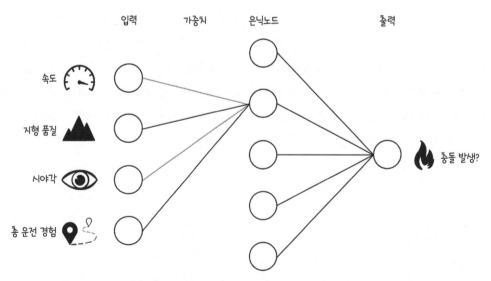

그림 9.13 지형 품질과 총 운전 경험을 비교하는 은닉노드 예

은닉층의 노드는 개념적으로 6장에서 논의한 개미의 비유와 비교할 수 있다. 개미는 겉보기에는 사소해 보이는 작은 작업을 수행하지만 개미가 집단으로 행동하면 지능적인 행동이 나타나는 것과 마찬가지로 개별 은닉노드는 인공 신경망의 더 큰 목표에 기여한다.

앞의 자동차 충돌 인공 신경망 그림과 그 내부의 작동 방식을 분석하여 알고리즘에 필요한 데이터 구조를 다음과 같이 나타낼 수 있다.

- **입력노드** — 입력노드는 특정 견본에 대한 값을 저장하는 단일 배열로 표시한다. 배열 크기는 클래스를 예측하는 데 사용하는 데이터 세트에 대한 특징의 개수다. 그림 9.11의 자동차 충돌 예제에서는 4개의 입력이 있으므로 배열 크기는 4이다.

- **가중치** — 입력 계층과 출력 계층에 대한 가중치는 행렬(2차원 배열)로 나타낼 수 있다. 그림 9.11의 인공 신경망에는, 4개의 입력노드, 5개의 은닉노드, 1개의 출력노드가 있다. 각 입력노드는 모든 은닉노드와 연결되어서, 하나의 입력노드에는 은닉노드로 향하는 5개의 연결이 있고, 따라서 은닉 계층에는 20개의 가중치*가 있다. 또, 인공 신경망에는 5개의 은닉노드와 1개의 출력노드가 있어서 출력 계층에는 5개의 가중치가 있다.

- **은닉노드** — 은닉노드는 각 노드의 활성화 결과를 저장하는 단일 배열로 표시한다.

- **출력노드** — 출력노드는 특정 견본에 대해 예측한 클래스 또는 견본이 특정 클래스에 있을 가능성을 나타내는 하나의 값이다. 즉, 출력은 1 또는 0으로 충돌이 발생했는지 여부를 나타낼 수도 있다. 또는 0.65와 같이 나타낼 수도 있는데, 이는 해당 견본이 충돌을 일으킬 확률이 65%임을 나타낸다.

의사코드

다음 의사코드는 신경망을 나타내는 클래스를 보여준다. 계층은 클래스의 속성으로 표현하는데, 가중치만 행렬이고 나머지 모든 속성은 배열이다. 출력 속성은 주어진 견본에 대한 예측을 나타내고, expected_output 속성은 학습 프로세스 중에 사용한다.

★ [옮긴이] 구현 시, 일반적으로 4×5 행렬로 표현함

```
NeuralNetwork(features, labels, hidden_node_count):
    let input equal features
    let weights_input equal a random matrix, size: features * hidden_node_count
    let hidden equal zero array, size: hidden_node_count
    let weights_hidden equal a random matrix, size: hidden_node_count
    let expected_output equal labels
    let output equal zero array, size: length of labels


let nn equal NeuralNetwork(scaled_feature_data,
                           scaled_label_data,
                           hidden_node_count)
```

순전파: 훈련된 인공 신경망 사용

훈련용 견본으로 학습을 마친 인공 신경망은 새로운 견본에 대한 클래스를 가장 잘 예측할 수 있도록 가중치를 조정한 네트워크다. 훈련을 어떻게 진행하고 가중치를 어떻게 조정하는지 걱정할 필요는 없다. 다음 절에서 이 주제를 다룬다. 참고로, 순전파forward propagation에 대한 이해는 역전파back propagation(가중치를 훈련하는 방식)를 파악하는 데도 도움이 된다.

이제 인공 신경망의 일반적인 구조에 대한 기초와 네트워크의 노드가 수행하는 작업에 대한 직관을 얻었으므로 훈련된 인공 신경망을 사용하는 알고리즘*을 살펴본다(그림 9.14).

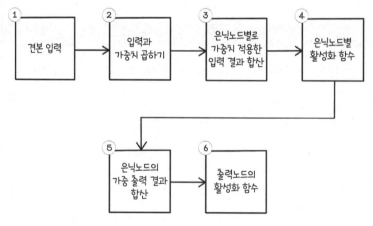

그림 9.14 인공 신경망의 순전파 수명 주기

★　[옮긴이] 인공 신경망을 이용한 추론(inference)

앞에서 언급했듯이, 인공 신경망 노드의 결과를 계산하는 단계는 퍼셉트론과 유사하다. 많은 노드에서 유사한 작업을 함께 수행함으로써 퍼셉트론의 단점*을 해결하고 더 높은 차원의 문제를 해결하는 데 사용한다. 순전파의 일반적인 흐름은 다음 단계와 같다.

① **견본 입력** 클래스를 예측하려는 데이터 세트에서 하나의 견본을 입력한다.

② **입력과 가중치 곱하기** 모든 입력과 이와 연결된 은닉노드의 가중치를 곱한다.

③ **은닉노드별로 가중치 적용한 입력 결과 합산** 가중치를 곱한 입력 결과를 합산한다.

④ **은닉노드별 활성화 함수** 가중치 적용한 입력의 합산 결과에 활성화 함수를 적용한다.

⑤ **은닉노드의 가중 출력 결과 합산** 모든 은닉노드의 활성화 함수의 가중 결과를 합산한다.

⑥ **출력노드의 활성화 함수** 은닉노드의 가중 합산에 활성화 함수를 적용한다.

순전파를 살펴보기 위해, 이미 인공 신경망을 훈련해서 네트워크의 최적 가중치를 찾았다고 가정한다. 그림 9.15는 각 연결부의 가중치를 나타낸다. 예를 들어 첫 번째 은닉노드 왼쪽에 있는 상자에는 4개의 가중치 값이 있고, 각각 속도 입력노드와 관련한 가중치 값 3.35, 지형 품질 입력노드와 관련한 가중치 -5.82 등을 나타낸다.

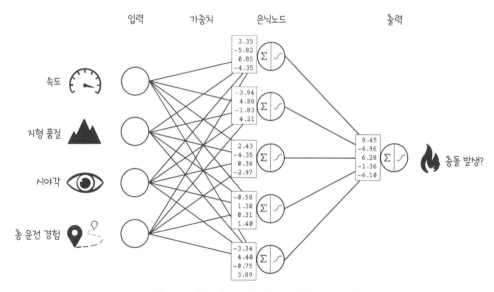

그림 9.15 사전 훈련된 인공 신경망의 가중치 예

★　[옮긴이] XOR와 같은 비선형 문제를 해결할 수 없음

이미 신경망을 훈련했기 때문에 하나의 견본을 신경망에 입력해서 충돌 가능성을 예측할 수 있다. 표 9.3은 크기 조정한 데이터 세트를 다시 보여준다.

표 9.3 크기 조정한 자동차 충돌 데이터 세트

	속도	지형 품질	시야각	총 운전 경험	충돌 발생?
1	0.542	0.5	0.5	0.200	0
2	1.000	0.1	0.2	0.275	1
3	0.067	0.6	0.8	0.125	0
4	0.417	0.2	0.9	0.004	1
5	0.208	0.9	0.1	0.400	0
6	0.667	0.3	0.3	0.015	1
7	0.333	0.3	1.0	1.000	0

이전에 인공 신경망을 살펴본 적이 있다면 끔찍할 정도로 복잡한 수학 기호를 보았을지도 모른다. 다시 심호흡을 한번 하고, 지금부터 몇 가지 개념을 수학적 표현으로 분석해 보자.

보통 인공 신경망의 입력은 X로 표시하고, 여러 입력 변수를 서로 구분하기 위해 X에 숫자로 된 아래 첨자를 붙인다. 예를 들어, 속도는 X_0, 지형 품질은 X_1 등이다. 네트워크의 출력은 y로 표시하고 네트워크의 가중치는 W로 표시한다. 인공 신경망에는 은닉층과 출력층이라는 두 개의 계층이 있기 때문에 두 그룹의 가중치가 있다. 각각 위 첨자를 붙여서 첫 번째 그룹은 W^0으로, 두 번째 그룹은 W^1로 나타낸다. 그 다음 각 가중치에 연결된 노드를 아래 첨자로 표시한다. 예를 들어, 속도 노드와 첫 번째 은닉노드 사이의 가중치는 $W^0_{0,0}$이고 지형 품질 노드와 첫 번째 은닉노드 사이의 가중치는 $W^0_{1,0}$이다. 이러한 표시법이 이 예에서 반드시 중요한 것은 아니지만, 지금 잘 이해해 놓으면 향후 학습에 도움이 된다.

그림 9.16은 다음 데이터를 인공 신경망에서 어떻게 표현하는지 보여준다.

	속도	지형 품질	시야각	총 운전 경험	충돌 발생?
1	0.542	0.5	0.5	0.200	0

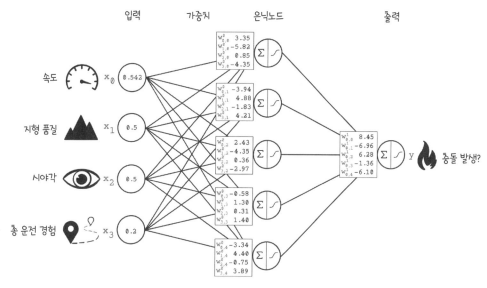

그림 9.16 인공 신경망의 수학적 표기

퍼셉트론과 마찬가지로 첫 번째 단계에서는 입력과 은닉노드 가중치의 가중합을 계산한다. 그림 9.17에서 각 입력에 각 가중치를 곱하고 모든 은닉노드에 대해 합산한다.

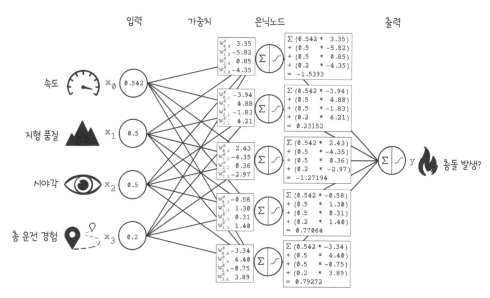

그림 9.17 각 은닉노드에 대한 가중합 계산

다음 단계에서는 각 은닉노드의 활성화 함수를 계산한다. 시그모이드 함수를 사용하며, 함수에 대한 입력은 각 은닉노드에 대해 계산한 입력의 가중합이다(그림 9.18).

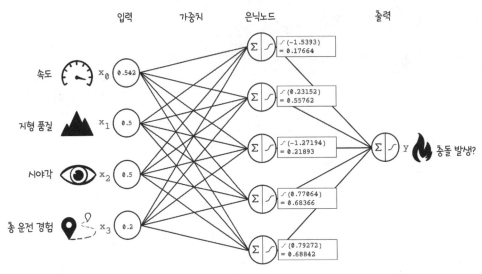

그림 9.18 각 은닉노드에 대한 활성화 함수 계산

이제 각 은닉노드에 대한 활성화 결과를 구했다. 이 결과를 다시 뉴런과 비교해 보면, 활성화 결과는 각 뉴런의 활성화 강도를 나타낸다는 것을 알 수 있다. 서로 다른 은닉노드는 가중치를 통해 데이터 내 서로 다른 관계를 나타낼 수 있기 때문에 주어진 입력에 대한 충돌 가능성을 나타내는 전체 활성화를 결정하기 위해 각 은닉노드에 대한 활성화를 함께 사용한다.

그림 9.19는 각 은닉노드의 활성화 값과 각 은닉노드에서 출력노드로의 가중치를 보여준다. 최종 출력을 계산하기 위해서, 모든 은닉노드의 결과를 각각의 출력 가중치와 곱한 후 이를 합산한 결과에 시그모이드 활성화 함수를 적용한다.

참고 은닉노드의 시그마 기호(Σ)는 합계를 나타낸다.

그림 9.19에서 견본에 대한 출력 예측 결과는 0.00214인데, 이 숫자는 무엇을 의미할까? 출력은 0과 1 사이의 값으로 충돌이 발생할 확률을 나타내므로 이 경우 출력은 0.214%(0.00214×100)로 충돌 가능성이 거의 0에 가깝다는 것을 나타낸다.

다음 연습에서는 데이터 세트(표 9.3)의 2번 견본을 사용한다.

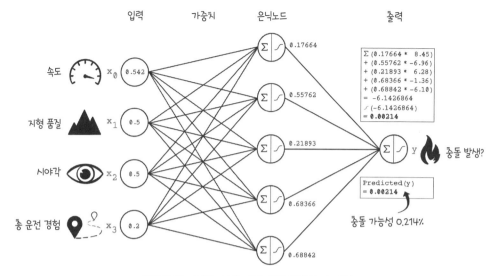

그림 9.19 출력노드에 대한 최종 활성화 값 계산

연습: 다음 입력에 대한 퍼셉트론의 출력을 계산하라.

다음 인공 신경망과 함께 순전파를 이용하여 아래 표의 견본에 대한 예측을 계산하라.

	속도	지형 품질	시야각	총 운전 경험	충돌 발생?
2	1.000	0.1	0.2	0.275	1

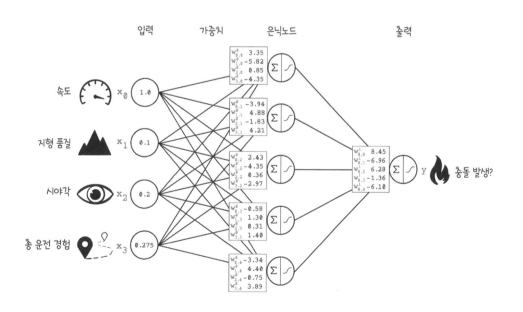

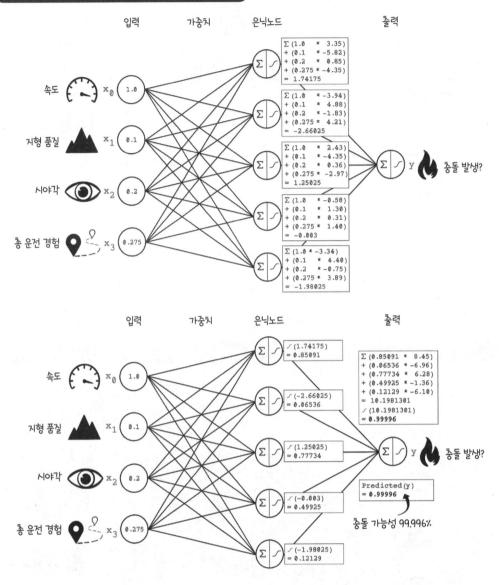

사전 훈련된 인공 신경망을 통해 이 견본의 결과를 추론하면 출력이 0.99996(99.996%)이므로 충돌이 발생할 가능성이 매우 높다고 예측할 수 있다. 이 결과의 입력에 해당하는 견본의 특징 값에 인간의 직관을 적용하여, 충돌이 발생할 확률이 높은 이유를 유추할 수 있다. 즉, 운전자는 시야가 좋지 않은 가장 열악한 지형에서 법정 최고 속도로 주행하고 있었기 때문이라고 추측할 수 있다.

이 예에서 활성화를 위한 중요한 함수 중 하나는 시그모이드 함수로, 이는 S 곡선을 나타내는 수학 함수를 나타낸다.

```
sigmoid(x):
    return 1 / (1 + exp(-x))
```

Exp는 오일러의 수(Euler's number)라고 불리는 수학적 상수이며, 대략 2.71828이다.

이번 장 앞부분에서 정의한 동일한 신경망 클래스를 다음 코드에서 설명한다. 이번에는 forward_propagation 함수를 추가한다. 이 함수는 입력노드와 은닉노드 간 가중치를 곱한 입력을 합산하고, 각 결과에 시그모이드 함수를 적용한다. 이 출력 결과를 은닉층의 노드에 대한 결과로 저장한다. 은닉노드 출력과 은닉노드와 출력노드 간 가중치에도 동일한 방식의 연산을 수행한다.

```
NeuralNetwork(features, labels, hidden_node_count):
    let input equal features
    let weights_input equal a random matrix, size: features * hidden_node_count
    let hidden equal zero array, size: hidden_node_count
    let weights_hidden equal a random matrix, size: hidden_node_count
    let expected_output equal labels
    let output equal zero array, size: length of labels

    forward_propagation():
        let hidden_weighted_sum equal input · weights_input
        let hidden equal sigmoid(hidden_weighted_sum)
        let output_weighted_sum equal hidden · weights_hidden
        let output equal sigmoid(output_weighted_sum)
```

기호 · 는 행렬 곱셈을 의미한다.

역전파: 인공 신경망 훈련

순전파는 훈련 과정에서도 사용하기 때문에 순전파가 작동하는 방식을 잘 이해하면 인공 신경망을 훈련하는 방식을 이해하는 데에도 도움이 된다. 8장에서 다룬 머신러닝 수명 주기와 원칙은 인공 신경망에서 역전파를 다루는 데 중요하다. 인공 신경망은 또 다른 머신러닝 모델로 볼 수 있기 때문이다. 따라서 여전히 질문이 필요하고, 여전히 문제의 맥락에서 데이터를 수집하고 이해하고, 모델이 처리하기에 적합한 방식으로 데이터를 준비해야 한다.

훈련을 위한 데이터 부분 집합과 모델이 얼마나 잘 수행되는지를 검증하기 위한 데이터 부분 집합이 필요하다. 또한, 더 많은 데이터를 수집하거나 새로운 데이터를 합성하고*, 인공 신경망의 구조architecture와 구성configuration을 변경하여 훈련을 반복하고 개선할 것이다.

인공 신경망 훈련은 세 가지 주요 단계로 구성된다. A단계에서는 입력, 출력, 은닉층 구성을 포함하여 인공 신경망 구조를 설정한다. B단계는 순전파다. 그리고 C단계는 역전파인데, 여기서 훈련이 이루어진다(그림 9.20).

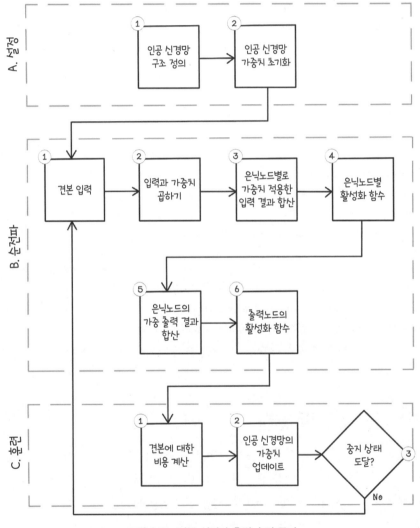

그림 9.20 인공 신경망 훈련 수명 주기

★ 　[옮긴이] Data augmentation이라고 함. 기존 데이터의 약간 수정된 사본 또는 기존 데이터에서 새로 생성된 합성 데이터를 추가하여 데이터 양을 늘리는 데 사용되는 기술로 정규화 역할을 하며 과적합을 줄이는 데 도움이 됨

A단계, B단계, C단계는 역전파 알고리즘과 관련한 단계 및 작업을 설명한다.

A단계: 설정

① **인공 신경망 구조 정의**　이 단계에서는 입력노드, 출력노드, 은닉층 수, 각 은닉층의 뉴런 수, 사용한 활성화 함수 등을 정의한다.

② **인공 신경망 가중치 초기화**　인공 신경망의 가중치는 적당한 값으로 초기화해야 하는데, 다양한 접근을 할 수 있다.* 핵심 원칙은 훈련용 견본으로 인공 신경망을 학습하면서 가중치를 지속해서 조정한다는 것이다.

B단계: 순전파

이 과정은 A단계에서 다룬 것과 동일하고, 따라서 동일한 계산을 수행한다. 그러나 예측한 출력은 네트워크를 훈련용 학습 세트의 각 견본에 대한 실제 클래스와 비교한다.

C단계: 훈련

① **비용 계산**　순전파에 따른 비용cost은 훈련용 학습 세트의 견본에 대해 예측한 출력과 실제 클래스 간 차이다. 비용을 통해 인공 신경망의 견본 클래스 예측 성능이 얼마나 나쁜지를 효과적으로 확인할 수 있다.

② **인공 신경망의 가중치 업데이트**　인공 신경망의 가중치는 네트워크 자체에서 조정할 수 있는 유일한 매개변수다.** A단계에서 정의한 구조와 구성은 네트워크 훈련 중에는 변경하지 않는다. 가중치는 기본적으로 네트워크의 지능을 표현하는데, 가중치를 더 크거나 작게 조정해서 입력의 강도에 영향을 준다.

③ **중지 조건 정의**　무한정 훈련할 수는 없다. 이 책에서 살펴본 많은 알고리즘과 마찬가지로 합리적인 중지 조건을 결정해야 한다. 대규모 데이터 세트가 있는 경우, 훈련 데이터 세트에 있는 500개의 견본을 1,000회 이상 반복하여 인공 신경망을 훈련할 수 있다. 이 예에서는 500개의 견본을 네트워크에 1,000번 반복해서 입력하고 가중치를 그때마다 조정한다.***

---

* 　옮긴이 대부분의 초기화 전략은 학습을 시작하기 전에 신경망이 어떤 좋은 속성들을 갖추게 하는 것에 기초함. 몇 가지 휴리스틱한 방법으로 정규화된 초기화 방법과 희소 초기화 방법 등이 있음

** 　옮긴이 네트워크를 통해서 조정하지 않는 매개변수를 초매개변수(hyperparameter)라고 하는데, 주로 알고리즘의 행동을 제어하는 데 사용함. 대표적인 초매개변수로는 나중에 나오는 학습률이 있음

*** 　옮긴이 인공 신경망 훈련에 자주 나오는 용어로 미니 배치(mini batch), 배치 크기(batch size), 에포크(epoch), 반복(iteration)이 있음. 뒤에 나오는 경사하강법의 경우, 보통 전체 훈련 데이터를 여러 개의 작은 그룹으로 나누어서 모델을 훈련시키는데, 이때 하나하나의 작은 그룹을 미니 배치라고 하고, 미니 배치의 크기를 배치 크기라고 함. 그리고 전체 훈련 데이터로 1번 훈련을 마치는 것을 1 에포크라고 하고, 1 에포크를 마치는 데 필요한 미니 배치의 개수를 반복이라고 함. 이 예의 경우 배치 크기는 500, 반복은 1,000이므로 전체 훈련 데이터 세트의 크기는 500,000(500 × 1,000)임

순전파를 통해 추론할 때 네트워크를 사전 훈련pretrained했기 때문에 가중치는 이미 정의되어 있다. 반면, 훈련할 때는 네트워크 훈련을 시작하기 전에, 가중치를 어떤 값으로 초기화하고 훈련 견본으로 가중치를 조정해야 한다. 참고로, 가중치를 초기화하는 한 가지 방법은 정규 분포에서 무작위 가중치를 선택하는 것이다.

그림 9.21은 무작위로 생성한 인공 신경망의 가중치로 훈련 견본 입력에 대한 은닉노드의 순전파 계산을 보여준다. 그림 9.17과 동일한 입력(표 9.3의 첫 번째 견본)을 사용했는데, 순방향 네트워크 출력값이 서로 다르다는 것을 알 수 있다. 이는 동일한 입력에 대해서 네트워크의 가중치가 다르면 출력값도 달라진다는 것을 보여준다.

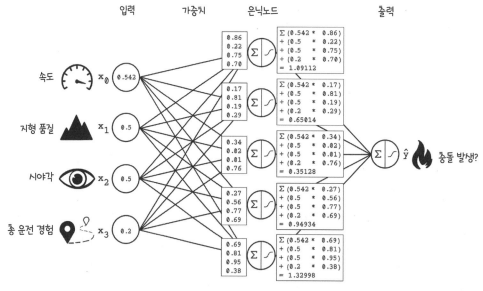

그림 9.21 인공 신경망 초기 가중치 예

다음 단계는 순전파다(그림 9.22). 중요한 변화는 네트워크 출력을 통해서 얻은 예측과 실제 클래스의 차이를 확인하는 것이다.

예측 결과를 실제 클래스와 비교하여 비용을 계산한다. 여기서 사용할 비용 함수는 간단한데, 실제 출력에서 예측된 출력을 빼는 것이다. 그림 9.22의 예에서 0.0에서 0.84274를 빼면 비용은 -0.84274다. 이 결과는 예측이 얼마나 부정확한지를 나타내며, 인공 신경망에서 가중치를 조정하는 데 사용한다. 인공 신경망의 가중치는 비용을 계산할 때마다 약간씩 조정하는데, 인공 신경망이 정확한 예측을 할 수 있는 최적의 가중치를 결정하기 위해 훈련 데이터를 사용하여 수천 번 반복한다. 하지만 동일한 데이터 세트에 대해 너무 오래 훈련하면, 8장에 설명한 대로 과적합이 발생할 수 있다.

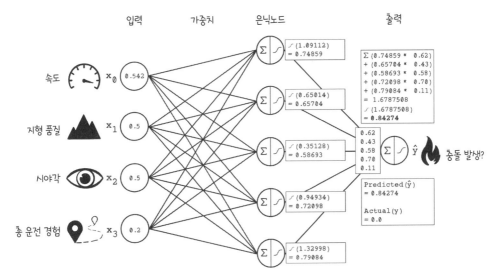

그림 9.22 임의로 초기화된 가중치를 사용한 순전파 예

여기서 다소 생소한 수학이 등장하는데, 바로 연쇄 법칙Chain Rule*이다. 연쇄 법칙을 사용하기 전에, 가중치의 의미와 가중치를 조정하여 인공 신경망의 성능을 향상시키는 방법에 대한 몇 가지 직관적인 부분을 살펴본다.

각 비용에 대한 가능한 가중치를 그래프에 표시해 보면, 가능한 가중치를 나타내는 함수를 찾을 수 있다. 함수의 일부 점은 더 낮은 비용을 산출하고, 다른 점은 더 높은 비용을 산출한다. 이를 통해서, 비용을 최소화하는 가중치 점을 찾는다(그림 9.23).

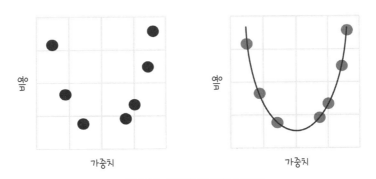

그림 9.23 가중치 대 비용 그래프

★ [옮긴이] 285쪽에 다시 나오지만, 연쇄 법칙은 복합 함수의 미분을 계산하기 위한 미적분 분야의 정리임

미적분 분야의 유용한 도구인 **경사하강법**gradient descent*은 미분을 찾아 가중치를 최솟값에 더 가깝게 이동할 수 있도록 도와준다. **미분**derivative은 해당 함수의 변화에 대한 민감도를 측정하기 때문에 중요하다. 예를 들어, 속도는 시간에 대한 물체 위치의 미분이고, 가속도는 시간에 대한 물체 속도의 미분이다. 도함수**를 이용해서 함수의 특정 지점에서 기울기를 찾을 수 있는데, 경사하강법은 경사에 대한 지식을 이용해서 어느 방향으로 얼마나 이동해야 하는지를 결정한다. 그림 9.24와 9.25는 미분과 기울기를 통해 최솟값의 방향을 나타내는 방법을 보여준다.

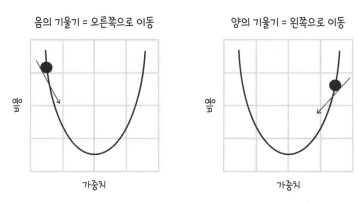

그림 9.24 미분의 기울기와 최소점 방향

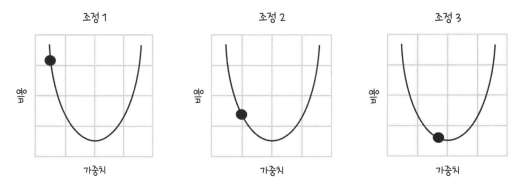

그림 9.25 경사하강법을 통한 가중치 조정 예

하나의 가중치만 따로 떼어놓고 보면, 비용을 최소화하는 값을 찾는 것이 사소한 것처럼 보일 수 있다. 하지만 훈련을 통해 서로 균형을 이루는 수많은 가중치가 전체 네트워크의 비용에 영향을 준다. 인공 신경망이 잘 수행되더라도 일부 가중치는 비용을 줄이는 측면에서 최적인 점에 가까워질 수 있지만, 다른 가중치는 그렇지 않을 수 있다.

---

* ⌊옮긴이⌋ 1차 근삿값 발견용 최적화 알고리즘. 기본 개념은 함수의 기울기를 구하고 경사의 절댓값이 낮은 쪽으로 계속 이동시켜 극값에 이를 때까지 반복시키는 것임

** ⌊옮긴이⌋ 함수 y=f(x)를 미분하여 얻은 함수를 본래의 함수에 대해 일컫는 말. 순간 변화율을 나타냄

인공 신경망은 많은 함수로 구성되기 때문에 연쇄 법칙을 사용한다. 연쇄 법칙은 복합 함수의 미분을 계산하기 위한 미적분 분야의 정리다. 복합 함수는 함수 g를 함수 f에 대한 매개변수로 사용하여 함수 h를 생성한다. 본질적으로 함수를 다른 함수의 매개변수로 사용하는 것이다.

그림 9.26은 인공 신경망의 여러 계층에서 가중치에 대한 업데이트 값을 계산할 때 연쇄 법칙을 사용하는 방법을 보여준다.

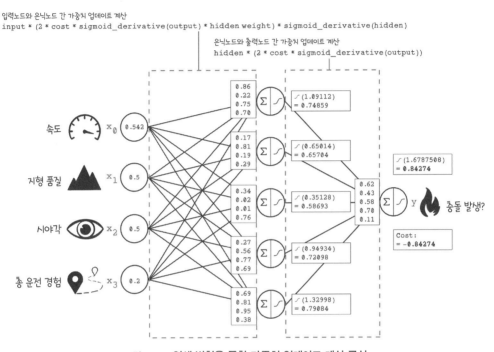

그림 9.26 연쇄 법칙을 통한 가중치 업데이트 계산 공식

설명한 공식에 각 값을 대입해서 가중치 업데이트를 계산한다. 계산이 끔찍해 보이지만, 사용한 변수와 인공 신경망에서의 역할을 주의해서 보면, 공식이 복잡해 보이지만 많은 부분 이미 계산한 값을 사용한다는 것을 알 수 있다(그림 9.27).

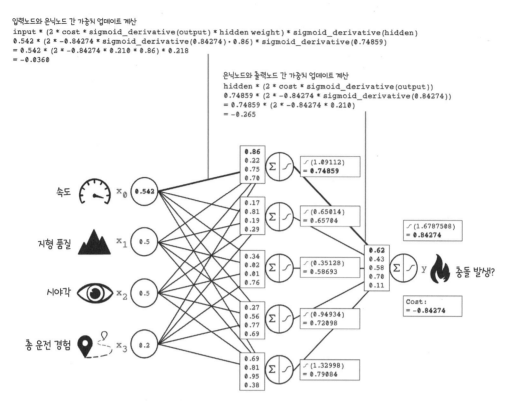

그림 9.27 연쇄 법칙으로 가중치-업데이트 계산

그림 9.27에서 사용한 계산을 좀 더 자세히 살펴보면 다음과 같다.

은닉노드와 출력노드 간 가중치 업데이트 계산

```
hidden * (2 * cost * sigmoid_derivative(output))

0.74859 * (2 * -0.84274 * sigmoid_derivative(0.84274))
= 0.74859 * (2 * -0.84274 * 0.210)
= -0.265
```

입력노드와 은닉노드 간 가중치 업데이트 계산

```
input * (2 * cost * sigmoid_derivative(output) * hidden weight) * sigmoid_derivative(hidden)

0.542 * (2 * -0.84274 * sigmoid_derivative(0.84274) * 0.86) * sigmoid_derivative(0.74859)
= 0.542 * (2 * -0.84274 * 0.210 * 0.86) * 0.218
= -0.0360
```

이제 업데이트 값을 계산했으므로 각 가중치에 업데이트 값을 더한 결과를 인공 신경망의 가중치에 적용한다. 그림 9.28은 가중치 업데이트 결과를 다른 계층의 가중치에 적용하는 것을 보여준다.

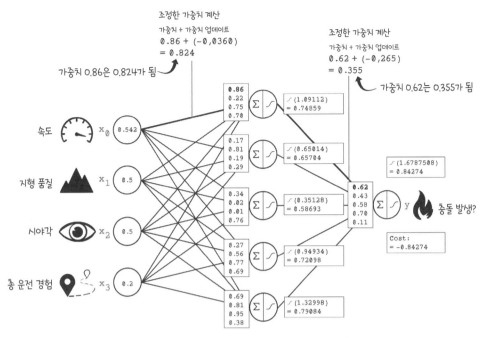

그림 9.28 인공 신경망의 최종 가중치-업데이트 예

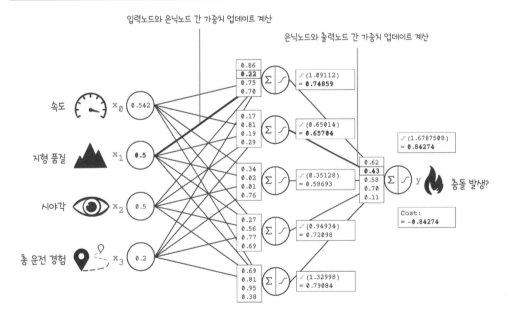

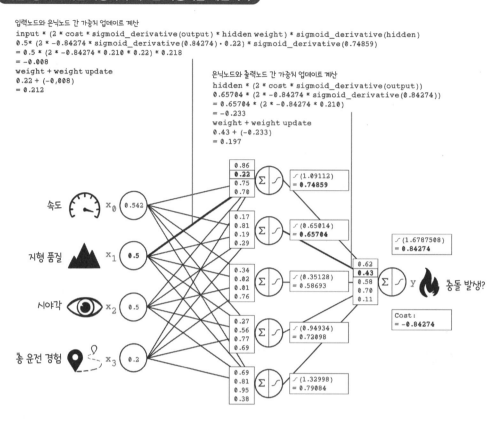

입력노드와 은닉노드 간 가중치 업데이트 계산
input * (2 * cost * sigmoid_derivative(output) * hidden weight) * sigmoid_derivative(hidden)
0.5* (2 * -0.84274 * sigmoid_derivative(0.84274) • 0.22) * sigmoid_derivative(0.74859)
= 0.5 * (2 * -0.84274 * 0.210 * 0.22) * 0.218
= -0.008
weight + weight update
0.22 + (-0,008)
= 0.212

은닉노드와 출력노드 간 가중치 업데이트 계산
hidden * (2 * cost * sigmoid_derivative(output))
0.65704 * (2 * -0.84274 * sigmoid_derivative(0.84274))
= 0.65704 * (2 * -0.84274 * 0.210)
= -0.233
weight + weight update
0.43 + (-0.233)
= 0.197

지금 연쇄 법칙으로 풀고 있는 있는 문제가 7장의 드론 문제 예를 떠올리게 한다. 앞서 살펴본 대로 입자 군집 최적화는 최적화할 가중치가 25개인, 이와 같은 고차원 공간에서 최적의 값을 찾는 데 효과적이다. 인공 신경망에서 가중치를 찾는 것과 같은 최적화 문제에서 이처럼 경사하강법이 가중치를 최적화하는 유일한 방법은 아니다. 맥락과 해결하려는 문제에 따라 다양한 접근 방식을 사용할 수 있다.

의사코드

역전파 알고리즘에서 미분이 중요하다. 다음 의사코드는 시그모이드 함수를 다시 살펴보고 가중치 조정에 필요한 미분 공식을 설명한다.

```
sigmoid(x):
    return 1 / (1 + exp(-x))
```

Exp는 오일러의 수(Euler's number)라고 불리는 수학적 상수이며, 대략 2.71828이다.

```
sigmoid_derivative(x):
  return sigmoid(x) * (1 - sigmoid(x))
```

이번에는 역전파 함수에 대한 신경망 클래스를 다시 살펴보자. 역전파 함수는 비용과 연쇄 법칙을 이용해서 업데이트해야 하는 가중치의 양을 계산하고 가중치-업데이트 결과를 기존 가중치에 더해준다. 이 과정은 비용에 대해서 각 가중치의 변화량을 계산하는 것이다. 비용은 견본의 특징, 예측한 출력, 예상 출력*을 이용하여 계산한다. 예측한 출력과 예상 출력의 차이가 비용이다.

```
NeuralNetwork(features, labels, hidden_node_count):
  let input equal features
  let weights_input equal a random matrix, size: features * hidden_node_count
  let hidden equal zero array, size: hidden_node_count
  let weights_hidden equal a random matrix, size: hidden_node_count
  let expected_output equal labels
  let output equal zero array, size: length of labels
```

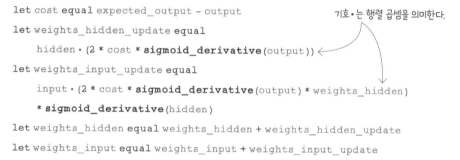

```
  back_propagation():
    let cost equal expected_output – output
    let weights_hidden_update equal
        hidden · (2 * cost * sigmoid_derivative(output))
    let weights_input_update equal
        input · (2 * cost * sigmoid_derivative(output) * weights_hidden)
        * sigmoid_derivative(hidden)
    let weights_hidden equal weights_hidden + weights_hidden_update
    let weights_input equal weights_input + weights_input_update
```

기호 • 는 행렬 곱셈을 의미한다.

신경망을 나타내는 클래스, 데이터 크기 조정 함수, 순전파와 역전파를 위한 함수에 대한 각각의 코드를 결합해서 신경망을 훈련시킬 수 있다.

의사코드

다음 의사코드가 나타내는 run_neural_network 함수는 epochs를 입력으로 받는다. 이 함수는 데이터의 크기를 조정하고 크기 조정한 데이터, 레이블, 은닉노드 수를 사용하여 새로운 신경망을 만든다. 그런 다음 지정한 epochs만큼 forward_propagation과 back_propagation을 실행한다.

★　[옮긴이] 레이블에 해당함

```
run_neural_network(epochs):

  let scaled_feature_data equal
    scale_dataset(feature_data,feature_count,features_min,features_max)

  let nn equal NeuralNetwork(scaled_feature_data,
                             scaled_label_data,
                             hidden_node_count)

  for epoch in range(epochs):
    nn.forward_propagation()
    nn.back_propagation()
```

활성화 함수 선택

이번 절은 활성화 함수와 그 속성에 대한 몇 가지 직관을 제공한다. 퍼셉트론과 인공 신경망의 예에서 시그모이드 함수를 활성화 함수로 사용했는데, 해당 예에서는 만족스러운 결과를 얻었다. 활성화 함수는 인공 신경망에 비선형 속성을 도입한다. 활성화 함수를 사용하지 않으면 신경망은 8장에서 설명한 선형 회귀와 유사하게 동작한다. 그림 9.29는 일반적으로 사용하는 다양한 활성화 함수를 보여준다.

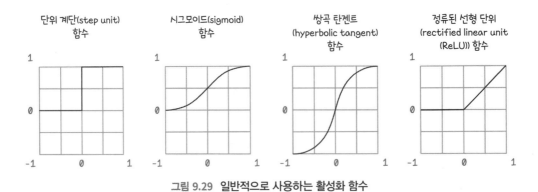

그림 9.29 일반적으로 사용하는 활성화 함수

다양한 활성화 함수는 서로 다른 시나리오에서 유용하며 서로 다른 이점이 있다.

- **단위 계단**step unit — 단계 계단 함수는 이진 분류기로 사용한다. -1과 1 사이의 입력이 주어지면 정확히 0 또는 1의 결과를 출력한다. 이진 분류기는 은닉층의 데이터로부터 학습하는 데는 유용하지 않지만, 이진 분류를 위한 출력 레이어에서 사용할 수 있다. 예를 들어 어떤 것이 고양이인지 개인지 알고 싶다면 0은 고양이를, 1은 개를 나타내도록 한다.

- **시그모이드**sigmoid — 시그모이드 함수는 -1과 1 사이의 입력에 대해 0과 1 사이의 S 곡선을 생성한다. 시그모이드 함수는 x의 변화에 따른 y의 변화가 작기 때문에 비선형 문제를 학습하고 해결할 수 있다. 반면, 시그모이드 함수의 문제점은 x의 값이 극단에 가까워질수록 미분 변화가 작아져서 학습 능력이 떨어지는 것이다. 이 문제를 **기울기 소실 문제**vanishing gradient problem라고 한다.

- **쌍곡 탄젠트**hyperbolic tangent — 쌍곡 탄젠트 함수는 시그모이드 함수와 유사하지만 결과는 -1과 1 사이의 값이다. 쌍곡 탄젠트가 더 가파른 미분을 가지므로 더 빠르게 학습할 수 있다는 이점이 있다. 기울기 소실 문제는 시그모이드 함수와 마찬가지로 이 함수의 문제이기도 하다.

- **정류 선형 단위**rectified linear unit — ReLU 함수의 출력값은 -1과 0 사이의 입력값에 대해서는 0이 되고, 0과 1 사이에서는 선형으로 증가한다. 시그모이드, 쌍곡 탄젠트 함수를 사용하는 많은 뉴런이 있는 큰 인공 신경망에서 모든 뉴런은 0이 되는 경우를 제외하고는 항상 활성화되기 때문에 솔루션을 찾는 데 많은 계산을 해야 하고 세밀한 조정이 불필요하게 많이 일어난다. ReLU 함수는 일부 뉴런이 활성화되지 않도록 해서, 계산을 줄이고 솔루션을 더 빨리 찾을 수 있다.

다음 절에서는 인공 신경망 설계에 대한 몇 가지 고려사항을 다룬다.

인공 신경망 설계

인공 신경망 설계는 실험적이며 해결하려는 문제에 따라 서로 다르다. 인공 신경망의 구조와 구성은 일반적으로 예측 성능을 개선하기 위한 시행착오를 거쳐 변경한다. 이번 절에서는 성능을 개선하거나 다른 문제를 해결하기 위해 변경할 수 있는 인공 신경망 구조의 매개변수를 간략하게 나열한다. 그림 9.30은 이번 장 전체에서 본 것과 다른 구성을 가진 인공 신경망을 보여준다. 가장 눈에 띄는 차이점은 새로운 은닉층의 도입과 네트워크 출력이 두 개인 것이다.

> **참고** 대부분의 과학 또는 공학 문제에서와 같이 '이상적인 인공 신경망 설계는 무엇인가?'에 대한 대답은 종종 '상황에 따라 다르다'이다. 인공 신경망을 구성하려면 데이터와 해결하려는 문제에 대한 깊은 이해가 필요하다. 하지만 인공 신경망의 구조 및 구성에 대해 명확하게 일반화된 청사진은 아직 존재하지 않는다.

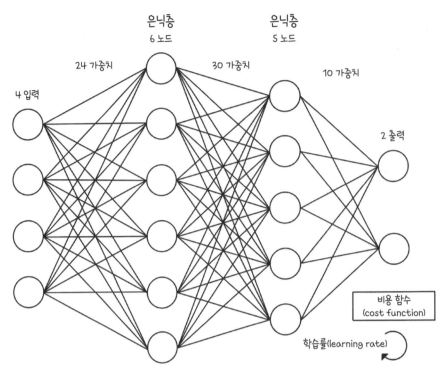

그림 9.30 하나 이상의 출력을 갖는 다층 인공 신경망 예

입력 및 출력

인공 신경망의 입력 및 출력은 네트워크를 사용하기 위한 기본적인 매개변수다. 보통 훈련을 마친 인공 신경망 모델은 잠재적으로 다른 맥락과 시스템에서 다른 사람들이 사용하게 되고, 이때 입력과 출력은 네트워크의 인터페이스를 정의한다. 이번 장에서는 운전 시나리오의 특징을 나타내는 네 개의 입력과 충돌 가능성을 나타내는 하나의 출력이 있는 인공 신경망의 예를 보았다. 그러나 입력과 출력이 다른 의미를 가질 경우 문제가 발생할 수 있다. 예를 들어 손으로 쓴 숫자를 나타내는 16×16픽셀 이미지가 있을 때 16×16픽셀 이미지와 그 이미지가 나타내는 숫자를 각각 입력과 출력으로 사용한다. 입력은 픽셀 값을 나타내는 256개의 노드로 구성하고 출력은 0에서 9까지를 나타내는 10개의 노드로 구성한다. 이때 인공 신경망의 결과는 16×16픽셀 입력 이미지가 해당 숫자일 확률을 나타낸다.

은닉층 및 노드

인공 신경망은 각 계층의 노드 수가 서로 다른 여러 은닉층으로 구성할 수 있다. 더 많은 은닉층을 추가하면 더 높은 차원과 더 복잡한 분류를 할 수 있는 구별선으로 문제를 해결할 수 있다. 그림 9.8의 예에서는 간단한 직선으로 데이터를 정확하게 분류했다. 때로는 선이 비선형이지만 상당히 단순하다. 그러나 선이 잠재적으로 여러 차원에 걸쳐 많은 곡선이 있는 더 복잡한 함수인 경우(시각화조차 할 수 없는 경우) 어떻게 될까? 더 많은 레이어를 추가하면 이러한 복잡한 분류 함수complex classification function를 찾을 수 있다. 인공 신경망에서 레이어 및 노드 수의 선택은 일반적으로 실험과 반복적인 개선으로 이어진다. 시간이 지남에 따라 유사한 문제를 경험하고 유사한 구성으로 해결함으로써 적절한 구성에 대한 직관을 얻을 수 있다.

가중치

가중치 초기화는 많은 반복을 거쳐 약간씩 조정해 나가게 될 가중치의 시작점을 설정하기 때문에 중요하다. 가중치를 너무 작게 초기화하면 앞에서 설명한 기울기 소실 문제로 이어지고, 너무 크게 초기화하면 또 다른 문제인 **기울기 폭발 문제**exploding gradient problem가 생긴다. 이러한 기울기 폭발 문제는 가중치가 원하는 결과 주변에서 비정상적으로 변덕스럽게 이동하는 것이다.

다양한 가중치 초기화 방법이 있으며 각각 고유한 장단점이 있다. 경험 법칙rule of thumb은 계층에서 활성화 결과의 평균(계층에 있는 숨겨진 노드의 모든 결과의 평균)이 0이 되도록 하는 것이다. 또한, 활성화 결과의 분산은 동일해야 하고, 여러 번 반복하는 동안 각 은닉노드 결과의 가변성은 일정해야 한다.★

편향

입력노드 또는 네트워크의 다른 계층의 가중치 합에 값을 더해서 인공 신경망에 편향을 추가한다. 편향은 활성화 함수의 활성화 값을 이동해서 인공 신경망에 유연성을 제공한다. 다시 말해, 편향은 활성화 함수를 왼쪽 또는 오른쪽으로 이동시킨다.

편향을 이해하는 간단한 방법은 평면에서 항상 (0, 0)을 통과하는 선을 상상하는 것이다. 변수에 +1을 추가하여 다른 절편을 통과하도록 이 선에 영향을 줄 수 있다. 참고로, 편향 값은 해결해야 할 문제의 특성에 따라 설정한다.

활성화 함수

앞서 인공 신경망에서 사용하는 일반적인 활성화 함수를 다뤘다. 중요한 경험 법칙은 동일한 계층의 모든 노드에 대해 동일한 활성화 함수를 사용하는 것이다. 다층multilayer 인공 신경망에서는

★　[옮긴이] 배치 정규화(batch normalization) 방법

해결해야 할 문제에 따라 서로 다른 계층에서 서로 다른 활성화 함수를 사용할 수 있다. 예를 들어 대출 승인 여부를 결정하는 네트워크는 은닉층에는 시그모이드 함수를 이용하여 확률을 결정하고 출력에서는 단계 함수를 이용하여 명확하게 0 또는 1으로 표현할 수 있다.

비용 함수 및 학습률

앞서 설명한 예에서는 실제 예상 출력에서 예측한 출력을 뺀 간단한 비용 함수cost function를 사용했지만 이 외에도 많은 비용 함수가 존재한다. 비용 함수는 인공 신경망에 큰 영향을 미치고, 인공 신경망의 목표를 표현*하기 때문에 당면한 문제와 데이터 세트에 대해 올바른 비용 함수를 사용하는 것이 중요하다. 가장 일반적인 비용 함수로는 **평균 제곱 오차**mean square error가 있는데, 이는 머신러닝 장(8장)에서 사용한 함수와 유사하다. 그러나 비용 함수는 훈련 데이터, 훈련 데이터의 크기, 원하는 정밀도precision과 재현율recall 측정에 대한 이해를 바탕으로 선택해야 한다. 더 많이 실험할수록 비용 함수 선택에 주의해야 한다.

마지막으로 인공 신경망의 학습률learning rate은 역전파 동안 가중치를 얼마나 크게 조정할지를 나타낸다. 학습률이 낮으면 매번 가중치가 조금씩 업데이트되기 때문에 학습 과정이 길어지고, 학습률이 높으면 가중치가 급격히 변화하여 훈련 과정을 혼란스럽게 만들 수 있다. 한 가지 해결책은 고정된 학습률로 시작하고 훈련이 정체되어 비용이 개선되지 않는 경우 해당 속도를 조정하는 것이다. 이 과정은 훈련주기를 통해 반복해야 하므로 약간의 실험이 필요하다. 확률적 경사하강법stochastic gradient descent은 옵티마이저optimizer를 약간 수정해서 이러한 문제를 해결한다. 경사하강법과 유사하게 작동하지만, 더 나은 솔루션을 탐험하기 위해 지역 최솟값에서 벗어나도록 가중치를 조정한다.

이번 장에 설명한 표준 인공 신경망은 비선형 분류 문제를 해결하는 데 유용하다. 많은 특징을 기준으로 견본을 분류할 때 이러한 인공 신경망 방식이 좋은 선택이 될 수 있다.

하지만 인공 신경망은 은색 총알이 아니며 어떤 용도로도 사용할 수 있는 알고리즘이 되어서는 안 된다. 8장에서 설명한 더 간단하고 전통적인 머신러닝 알고리즘이 많은 일반적인 사용 사례에서 종종 더 나은 성능을 발휘하는 경우도 많다. 머신러닝 수명 주기를 기억하고, 여러 머신러닝 모델을 반복하면서 개선 방법을 모색할 수 있다.

★ 　옮긴이　이런 의미에서 비용 함수를 목표 함수라고도 함

인공 신경망 및 사용 사례

인공 신경망은 다양한 문제를 해결하도록 설계할 수 있다. 하지만 독특한 구조의 인공 신경망이 특정한 문제 해결에 유용할 때도 있다. 인공 신경망 구조 스타일ANN architecture style*을 네트워크의 기본 구성이라고 생각하고, 이번 절의 예에서는 또 다른 구성을 중점적으로 알아본다.

합성곱 신경망

합성곱 신경망convolutional neural network, CNN은 이미지 인식을 위해 설계되었다.** 이러한 네트워크는 이미지 내에서 서로 다른 개체와 고유 영역 간 관계를 찾는 데 사용할 수 있다. **이미지 인식**image recognition에서 합성곱convolution은 단일 픽셀과 특정 반경 내의 인접 픽셀을 계산한다. 이 기법은 전통적으로 경계선 검출edge detection, 이미지 선명화image sharpening, 이미지 흐림image blurring에 사용해 왔다. CNN은 합성곱과 풀링pooling을 이용하여 이미지에서 픽셀 간 관계를 찾는다. 여러 이미지를 이용한 학습을 통해서 합성곱은 이미지에서 특징을 찾고, 풀링은 특징 요약을 통해 '패턴'을 다운 샘플링하여 이미지의 고유 서명signature을 간결하게 표현한다(그림 9.31).

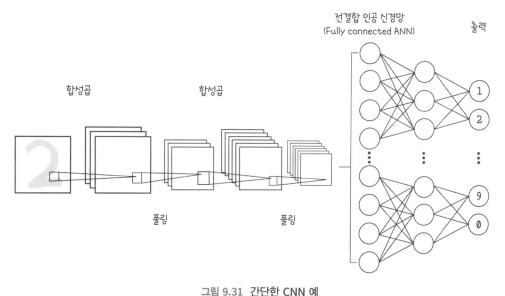

그림 9.31 간단한 CNN 예

★ 옮긴이 입력층, 은닉층, 출력층이 있는 순방향 네트워크 구조를 가리킴

★★ 옮긴이 1989년 AI 4대천왕 중 한 사람인 Yan LeCun이 발표한 논문(Backpropagation Applied to Handwritten Zip Code Recognition)에서 처음 소개함. 참고로, 1908년 네오코그니트론이 포유류의 시각체계에서 영감을 받아 영상처리를 위한 강력한 모형구조로 등장했는데, 이것이 합성곱 신경망의 기초가 됨

CNN은 이미지 분류에도 사용한다. 온라인에서 이미지를 검색한 적이 있다면 간접적으로 CNN을 사용했을 가능성이 높다. 이러한 네트워크는 이미지에서 텍스트 데이터를 추출하기 위한 광학 문자 인식optical character recognition, OCR에도 유용하다. CNN은 의료 산업에서 X-선 및 기타 신체 스캔을 통해 이상 및 의학적 상태를 감지하는 애플리케이션에도 사용한다.

순환 신경망

표준 인공 신경망은 일정한 개수의 입력을 받아들이는 반면 순환 신경망recurrent neural network, RNN은 미리 정해진 길이가 없는 일련의 연속된 입력을 받는다. 음성 문장이 이러한 입력에 해당하는데, RNN은 시간을 나타내는 은닉층으로 구성된 메모리 개념을 갖는다. 이 개념을 통해 네트워크는 입력 시퀀스 간 관계에 대한 정보를 유지할 수 있다. RNN을 훈련할 때 시간에 따른 은닉층의 가중치도 역전파 방법으로 업데이트하는데, 은닉층의 여러 가중치는 서로 다른 시점의 동일한 가중치를 나타낸다(그림 9.32).

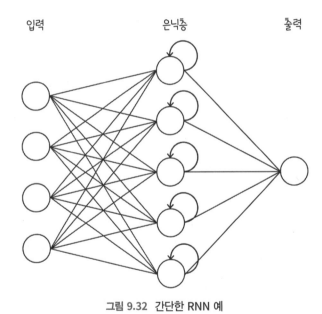

그림 9.32 간단한 RNN 예

RNN은 음성과 텍스트 인식 및 예측과 관련한 애플리케이션에 유용하다. 관련 사용 사례에는 메시징 애플리케이션의 문장 자동 완성, 음성 텍스트 변환, 음성 언어 간 번역이 있다.

적대적 생성망

적대적 생성망generative adversarial network, GAN은 생성자 네트워크와 판별자 네트워크로 구성된다. 예를 들어, **생성자**generator는 이미지 또는 풍경과 같은 잠재적 솔루션을 생성하고, **판별자**discriminator는 풍경의 실제 이미지를 사용하여 생성한 풍경의 사실성 또는 정확성을 판단한다. 오류 또는 비용은 네트워크를 통해 피드백되어 더 그럴듯한 풍경을 생성하고, 정확성을 판단하는 능력을 더욱 향상시킨다. 3장의 게임 트리에서 보았듯이 **적대적**adversarial이라는 용어가 핵심이다. 이 두 구성 요소는 그들이 하는 일을 더 잘하기 위해 경쟁하며, 그 경쟁을 통해 점진적으로 더 나은 솔루션을 생성한다(그림 9.33).

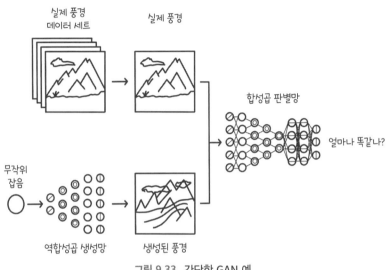

그림 9.33 간단한 GAN 예

GAN은 유명인과 분간하기 어려울 만큼 똑같은 가짜 동영상(딥페이크라고도 함)을 생성하는 데도 사용되어, 미디어에서 정보의 진위성에 대한 우려가 커지고 있다.* 또한, GAN은 사람들의 얼굴에 헤어 스타일을 덧씌우는 것과 같은 유용한 애플리케이션에도 적용할 수 있다. 그리고 2차원 이미지에서 3차원 의자를 생성하는 것과 같이, 2차원 이미지에서 3차원 물체를 생성하는 데에도 사용되었다. 이러한 사용 사례는 중요하지 않다고 볼 수도 있다. 하지만 네트워크가 불완전한 소스로부터 정보를 정확하게 추정하고 생성한다는 점에서 이는 인공지능AI과 기술의 발전에 있어 큰 진전이라고 할 수 있다.

이번 장은 머신러닝의 개념을 다소 신비한 인공 신경망의 세계와 연결하는 것을 목표로 했다. 인공 신경망과 딥러닝에 대한 자세한 내용은 《Hello Coding 그림으로 개념을 이해하는 알고리즘》(한빛미디어)을 참조한다. 인공 신경망 구축을 위한 프레임 워크에 대한 실제 가이드는 《Deep Learning with Python》(Manning Publications)을 참조한다.

★ 올긴이 반면, AI가 다음과 같은 감동적인 영상을 만들 수 있는 순기능도 있음(딥페이크의 순기능(독립운동, 삼일절), https://bit.ly/3qRWBUj)

인공 신경망 요약

인공 신경망은 뇌에서 영감을 받았으며 이는 또 다른 머신러닝 모델로 볼 수 있다.

인공 신경망은 퍼셉트론 아이디어를 바탕으로 한다.

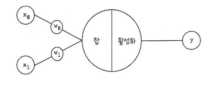

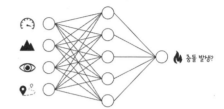

활성화 함수는 비선형 문제를 해결하는 데 도움이 된다.

순전파는 인공 신경망을 이용하여 예측하는 데 사용하고, 네트워크 훈련에도 사용한다.

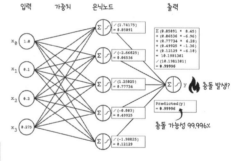

경사하강법 최적화는 많은 가중치 최적화를 위한 선택 중 하나다.

인공 신경망은 유연하며 다양한 문제를 해결하도록 조정할 수 있다.

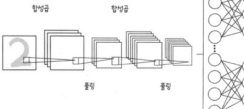

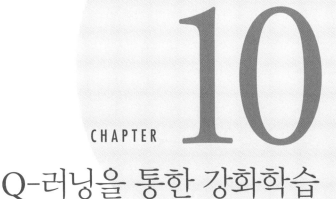

CHAPTER 10

Q-러닝을 통한 강화학습

이 장에서 다루는 것들

- 강화학습에 영감을 주는 요소 이해
- 강화학습으로 해결할 문제 파악
- 강화학습 알고리즘 설계 및 구현
- 강화학습 접근 방식 이해

강화학습이란?

강화학습reinforcement learning, RL은 행동 심리학에서 영감을 받은 머신러닝 영역이다. 강화학습의 개념은 동적 환경에서 에이전트agent(대리인)가 취하는 행동에 대해 누적되는 보상 또는 처벌에 기초한다. 강아지가 성장하는 것을 생각해 보자. 이때 강아지는 우리 집이라는 환경에서 에이전트다. 강아지를 앉힐 때 보통 '앉아'라고 말한다. 강아지는 말을 이해하지 못하기 때문에 강아지의 엉덩이를 가볍게 눌러서 앉도록 슬쩍 유도한다. 강아지가 앉은 후에는 보통 쓰다듬거나 간식을 준다. 이과정은 여러 번 반복해야 하지만 시간이 흐른 후, 결과적으로 앉는다는 생각을 긍정적으로 강화하게 된다. 이 환경에서 '앉아'라고 말하는 것이 계기가 되어 배운 행동은 앉는 것이고, 보상은 쓰다듬어 주기나 간식이다.

강화학습은 **지도학습**supervised learning 및 **비지도학습**unsupervised learning과 함께 머신러닝의 또 다른 접근 방식이다. 지도학습은 레이블이 있는 데이터를 사용하여 예측 및 분류를 하고, 비지도학습은 레이블이 없는 데이터를 사용하여 클러스터clusters(군집화) 및 추세를 찾는 반면, 강화학습은 수행한 행동의 피드백을 이용하여 최종 목표를 향한 다양한 시나리오에서 어떤 작업 또는 작업 시퀀스가 더 유익한지 학습한다. 강화학습은 목표가 무엇인지 알고 있지만 목표를 달성하는 데 합당한 행동이 무엇인지 모를 때 유용하다. 그림 10.1은 머신러닝 개념 맵과 강화학습이 여기서 어디에 속하는지 보여준다.

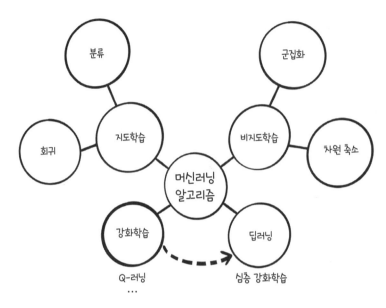

그림 10.1 머신러닝 분야에서 강화학습의 위치

강화학습은 고전적인 기술 또는 인공 신경망 기반의 딥러닝을 통해 수행할 수 있다. 해결하려는 문제에 따라 두 방법 중 어느 하나가 더 적합할 수 있다.

그림 10.2는 서로 다른 머신러닝 접근법을 사용할 수 있는 경우를 보여준다. 이번 장에서는 고전적인 방법을 통해 강화학습을 살펴본다.

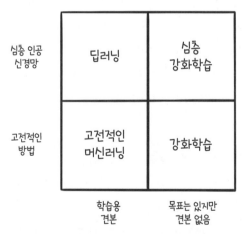

그림 10.2 머신러닝, 딥러닝, 강화학습 분류

강화학습에 영감을 주는 요소

기계에서의 강화학습은 인간과 다른 동물의 행동에 관심이 있는 분야인 행동 심리학behavioral psychology에서 비롯된다. 행동 심리학은 일반적으로 반사 행동 또는 개인의 경험에서 배운 무언가로 행동을 설명한다. 후자는 보상이나 벌칙, 행동 동기, 행동에 기여하는 개인의 환경 측면을 통한 강화를 탐구한다.

시행착오는 대부분의 진화한 동물이 자신에게 유익한 것과 그렇지 않은 것을 배우는 가장 일반적인 방법이다. 시행착오를 통해 무언가 시도하고, 잠재적으로 실패하고, 성공할 때까지 다른 것을 시도한다. 이 과정은 원하는 결과를 얻을 때까지 여러 번 실행하고, 대부분 약간의 보상이 이를 주도한다.

이런 행동은 자연 전체에서 관찰할 수 있다. 예를 들어, 갓 태어난 병아리는 땅에서 발견하는 어떤 작은 물질 조각이라도 쪼아 먹으려고 하는데, 시행착오를 통해 병아리는 점차 음식만 쪼아먹는 법을 배운다.

또 다른 예는 침팬지가 시행착오를 통해 손을 사용하는 것보다 막대기를 사용하여 땅을 파는 것이 더 유리하다는 것을 배우는 것이다. 강화학습에서는 목표goal, 보상reward, 벌칙penalty이 중요하다. 침팬지의 목표는 먹이를 찾는 것인데, 이때 보상 또는 벌칙은 구멍을 파는 횟수 또는 구멍을 파는 데 걸린 시간이다. 즉, 구멍을 더 빨리 팔수록 음식을 더 빨리 찾을 수 있다.

그림 10.3은 간단한 개 훈련 예를 참조하여 강화학습에 사용하는 용어를 보여준다.

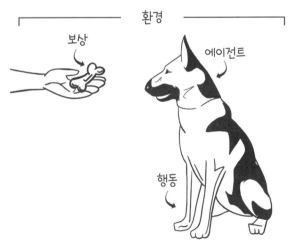

그림 10.3 강화학습 예: 음식 보상을 통한 개의 앉기 동작 가르치기

강화학습에는 부정적인 강화와 긍정적인 강화가 있다. **긍정적인 강화**positive reinforcement는 개가 앉은 후 간식을 주는 것과 같이 행동 후 보상을 주는 것이다. **부정적인 강화**negative reinforcement는 카펫을 찢은 개를 꾸짖는 것과 같이 행동 후 벌칙을 주는 것이다. 긍정적인 강화는 원하는 행동에 동기를 부여하기 위한 것이고, 부정적인 강화는 원하지 않는 행동을 억제하는 것이다.

강화학습의 또 다른 개념은 즉각적인 만족과 장기적인 결과의 균형을 맞추는 것이다. 예를 들어, 초콜릿 바를 먹는 것은 당과 에너지를 높이는 데 좋다. 이것은 **즉각적인 만족**instant gratification이다. 그러나 30분마다 초콜릿 바를 먹는 것은 나중에 건강 문제를 유발할 수 있다. 이것은 **장기적인 결과**long-term consequence다. 단기 이익이 장기 이익에 기여할 수 있지만, 강화학습은 단기 이익보다 장기 이익을 극대화하는 것을 목표로 한다.

강화학습은 환경에서 행동의 장기적인 결과와 관련이 있으므로 시간과 행동 순서가 중요하다. 황무지에 고립되어 있고, 안전한 곳을 찾기 위해 가능한 한 멀리 이동하면서 최대한 오래 살아남는 것이 목표라고 가정하자. 옆에 강이 있어서 두 가지를 선택할 수 있다. 즉, 강으로 뛰어들어 더 빨리 하류로 이동하거나 강변을 따라 도보로 이동할 수 있다. 그림 10.4에서 강변에 있는 보트를 주목하자. 수영을 하면 더 빨리 이동할 수 있지만, 강물에 휩쓸려 잘못된 갈림길로 끌려 내려가서 배를 놓칠 수도 있다. 반면, 걷다가 배를 찾을 수 있고 나머지 여정을 훨씬 쉽게 할 수 있지만 처음에는 이를 알지 못한다. 이 예는 강화학습에서 행동 순서가 얼마나 중요한지를 보여준다. 또한, 즉각적인 만족이 어떻게 장기적인 손해로 이어질 수 있는지도 보여준다. 더군다나 배가 없는 환경에서 수영을 선택한 결과 우리는 더 빨리 이동하지만 옷이 흠뻑 젖어서 날씨가 추워지면 문제가 될 수 있다. 걷기를 선택한 결과는 더 느리게 이동하지만 옷이 젖지는 않는다. 이는 특정 행동이 한 시나리오에서는 효과가 있지만 다른 시나리오에서는 효과가 없다는 사실을 강조한다. 많은 시뮬레이션을 통한 시도에서 배우는 것이 보다 일반적인 접근 방식을 찾는 데 중요하다.

그림 10.4 장기적인 결과를 초래할 가능성이 있는 행동 예

강화학습이 가능한 문제

요약하자면, 강화학습은 목표는 알려져 있지만 목표를 달성하는 데 필요한 행동을 모르는 문제 해결에 적합하다. 이러한 문제는 환경에서 에이전트의 행동을 제어하는 것과 관련이 있다. 이때 어떤 개별 행동이 다른 개별 행동보다 더 많은 보상을 받을 수 있지만, 모든 행동의 누적 보상에 더 관심이 있다.

강화학습은 개별 행동을 누적해서 더 큰 목표를 달성하는 문제에 가장 유용하다. 전략 계획, 산업 공정 자동화, 로봇 공학과 같은 분야가 강화학습을 사용하기에 좋은 사례다. 이러한 영역에서 개별 행동은 유리한 결과를 얻기 위한 차선책일 수 있다. 체스와 같은 전략 게임을 상상해 보자. 어떤 말의 이동이 보드의 현재 상태에서는 잘못된 선택일 수 있지만, 경기 후반에 더 큰 전략적 승리를 위해 보드를 설정하는 데 도움이 될 수도 있다. 강화학습은 일련의 사건chains of events이 좋은 솔루션을 구하는 데 중요한 도메인에서 잘 작동한다.

9장의 자동차 충돌 문제에서 영감을 받아 강화학습 알고리즘의 단계를 자세히 살펴보자. 하지만 이번에는 주차장에서 차량 소유주를 찾아가는 자율주행차에 대한 시각 데이터로 작업한다. 자율주행차, 다른 자동차, 보행자를 포함한 주차장 지도가 있다고 가정하자. 자율주행차는 동서남북으로 이동할 수 있고, 이 예에서 다른 자동차와 보행자는 움직이지 않는다.

자율주행차가 자동차와 보행자와 가능한 적게 충돌하면서 소유주에게 가는 길을 찾는 것이 목표인데, 이상적으로는 어떤 것과도 충돌하지 않는 것이다. 자동차와 충돌하면 차량이 손상되기 때문에 좋지 않지만 보행자와 충돌하면 문제가 더 심각해진다. 이 문제에서는 충돌을 최소화하고 싶지만, 자동차와 충돌하는 것과 보행자와 충돌하는 것 중 하나를 선택해야 한다면 자동차를 선택해야 한다. 그림 10.5는 이 시나리오를 보여준다.

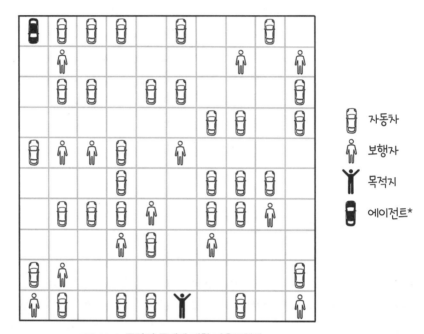

그림 10.5 주차장 문제에 대한 자율주행차

이 예제 문제를 통해 동적 환경에서 취할 수 있는 좋은 행동을 학습하기 위한 강화학습 사용 방법을 알아본다.

강화학습 수명 주기

다른 머신러닝 알고리즘과 마찬가지로, 강화학습 모델을 사용하려면 먼저 학습을 해야 한다. 훈련 단계는 특정 상황 또는 상태에서 수행하는 특정 작업을 고려하여 환경을 탐험하고 피드백을 받는 데 중점을 둔다. 강화학습 모델 훈련의 수명 주기는 의사 결정 모델링을 위한 수학적 프레임

★　(옮긴이) 이 예에서는 자율주행차에 해당함

워크를 제공하는 **마르코프 결정 과정**_{Markov decision process}*을 바탕으로 한다(그림 10.6). 이를 통해, 결정과 그에 따른 결과를 정량화함으로써 목표 달성에 가장 유리한 행동을 배우도록 모델을 훈련시킨다.

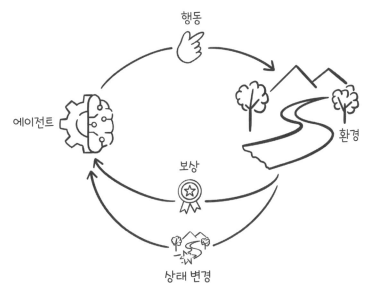

그림 10.6 강화학습을 위한 마르코프 결정 과정

강화학습에서 모델 훈련과 같은 어려운 문제를 해결하기 위해서, 작업 중인 문제 공간을 시뮬레이션하는 환경이 필요하다. 예제 문제에는 장애물로 가득 찬 주차장에서 충돌을 피해 가면서 차량 소유주를 찾아가는 자율주행차가 있다. 환경 내에서 행동을 목표 달성과 대비해서 측정하도록 이 문제는 시뮬레이션으로 모델링해야만 한다. 하지만 이 시뮬레이션된 환경은 어떤 행동을 취해야 할지를 학습하는 모델**과는 다르다.

시뮬레이션 및 데이터: 환경 활성화

그림 10.7은 여러 대의 다른 자동차와 보행자를 포함하는 주차장 시나리오를 보여준다. 자율주행차의 출발 위치와 소유주의 위치는 각각 검은색 자동차 모양과 검은색 사람 모양으로 표시되어 있다. 이 예에서는 환경에서 행동을 하는 자율주행차를 **에이전트**라고 한다.

자율주행차 또는 에이전트는 환경에서 여러 가지 행동을 한다. 이 간단한 예에서의 행동은 북쪽,

---

* 〔옮긴이〕 순차적 의사 결정 문제를 다루기 위해 사용하는 일종의 수학적 기술. 현재가 주어졌을 때 과거와 미래가 독립적임을 뜻하는 마르코프 특징을 가짐
** 〔옮긴이〕 뒤에 나오는 모델 프리 강화학습. 모델 기반 강화학습 참조

남쪽, 동쪽, 서쪽으로 이동하는 것이다. 행동을 선택하면 에이전트가 해당 방향으로 한 블록씩 이동한다. 단 에이전트는 대각선으로는 움직일 수 없다.

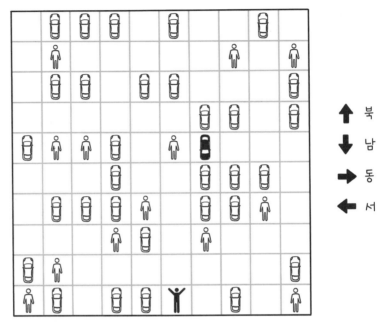

그림 10.7 주차장 환경에서 에이전트 행동

환경에서 행동을 취하면 보상이나 벌칙이 주어진다. 그림 10.8은 환경에서 행동의 결과에 따라 에이전트에게 부여하는 보상 점수를 보여준다. 다른 차와 충돌하면 벌칙penalty을 주고, 보행자와 충돌하면 더 큰 벌칙을 준다. 빈 공간으로 이동하면 보상reward을 주고 자율주행차의 소유주를 찾으면 더 큰 보상을 준다. 명확한 보상은 다른 자동차 및 보행자와의 충돌을 방지하고, 빈 공간으로 이동하고 소유주에게 도달하도록 격려하는 것이 목표다. 범위를 벗어난 움직임에 대한 보상이 있을 수 있지만, 문제를 단순하게 하기 위해 이런 보상에 대한 가능성은 허용하지 않는다.

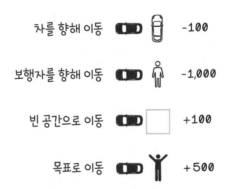

그림 10.8 수행 행동으로 유발되는 환경에서의 특정 사건에 대한 보상과 벌칙

시뮬레이터는 환경, 에이전트의 행동, 각 행동 후에 받는 보상을 모델링해야 한다. 강화학습 알고리즘은 시뮬레이터를 사용하여 시뮬레이션된 환경에서 행동을 취하고 결과를 측정함으로써 연습을 통해 학습한다. 시뮬레이터는 최소한 다음과 같은 기능과 정보를 제공해야 한다.

- **환경 초기화** — 이 기능은 에이전트를 포함한 환경을 시작 상태로 재설정한다.

- **환경의 현재 상태 가져오기** — 이 기능은 각 행동을 수행한 후 변경되는 환경의 현재 상태를 제공한다.

- **환경에 행동 적용** — 이 기능은 에이전트가 환경에 행동을 적용한다. 행동은 환경에 영향을 끼치며, 이로 인한 보상을 받는다.

- **행동에 대한 보상 계산** — 이 기능은 행동을 환경에 적용하는 것과 관련이 있다. 행동에 대한 보상과 환경에 미치는 영향을 계산한다.

- **목표 달성 여부 확인** — 이 기능은 에이전트가 목표를 달성했는지 여부를 확인한다. 때때로 목표는 'is complete'으로 나타낼 수도 있다. 시뮬레이터가 필요하다고 판단하면 목표를 달성할 수 없는 환경에서 완료 신호를 보내야 한다.

그림 10.9와 그림 10.10은 자율주행차 예에서 가능한 이동 경로를 보여준다. 그림 10.9에서 에이전트는 주차장 경계에 도달할 때까지 남쪽으로 이동한다. 그런 다음 목표에 도달할 때까지 동쪽으로 이동한다. 이 시나리오에서 목표는 달성했지만 다른 자동차와 5번 충돌하고 보행자와 1번 충돌하는 결과를 초래했다. 이는 좋은 결과가 아니다. 이에 비해, 그림 10.10은 에이전트가 목표를 향해 더 특정한 경로를 따라 이동하면서 충돌이 발생하지 않았는데, 이는 대단한 것이다. 하지만 앞에서 제공한 보상에 대해서 에이전트가 최단 경로 달성을 보장하지 않는다는 점을 유념해야 한다. 왜냐하면 장애물을 피하는 것을 강력히 장려하므로 에이전트는 설사 멀리 돌아가더라도 장애물이 없는 경로를 찾으려 하기 때문이다.

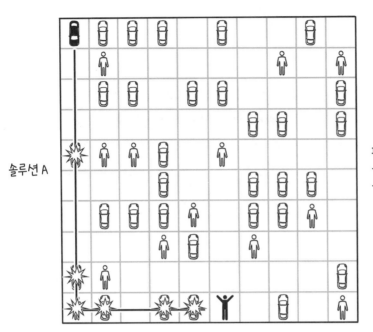

솔루션 A

피해
- 보행자 1명
- 자동차 5대

그림 10.9 주차장 문제의 나쁜 솔루션

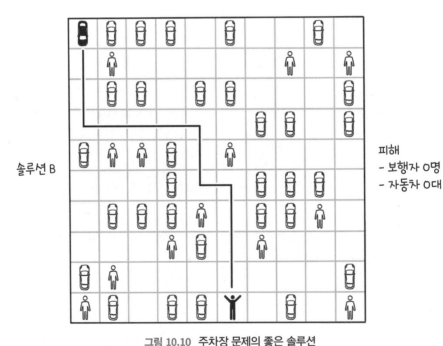

솔루션 B

피해
- 보행자 0명
- 자동차 0대

그림 10.10 주차장 문제의 좋은 솔루션

현재는 시뮬레이터에서 자동으로 행동을 실행하지 못한다. 이는 마치 인공지능이 스스로 입력하는 것이 아니라 사람이 수동으로 입력하는 게임과 같다. 다음 절에서는 자율 에이전트를 교육하는 방법을 살펴본다.

의사코드

시뮬레이터의 의사코드는 이번 절에서 설명한 기능을 포함한다. 시뮬레이터 클래스는 환경의 시작 상태와 관련한 정보로 초기화한다.

move_agent 함수는 행동에 따라 에이전트를 북쪽, 남쪽, 동쪽, 서쪽으로 이동한다. 움직임이 경계 내에 있는지 확인하고, 에이전트의 좌표를 조정하고, 충돌 발생 여부를 확인하고, 결과에 따라 보상 점수를 반환한다.

```
Simulator(road, road_size_x, road_size_y,
          agent_start_x, agent_start_y, goal_x, goal_y):

  move_agent(action):
    if action equals COMMAND_NORTH:
      let next_x equal agent_x - 1
      let next_y equal agent_y
    else if action equals COMMAND_SOUTH:
      let next_x equal agent_x + 1
      let next_y equal agent_y
    else if action equals COMMAND_EAST:
      let next_x equal agent_x
      let next_y equal agent_y + 1
    else if action equals COMMAND_WEST:
      let next_x equal agent_x
      let next_y equal agent_y - 1
    if is_within_bounds(next_x, next_y) equals True:
      let reward_update equal cost_movement(next_x, next_y)
      let agent_x equal next_x
      let agent_y equal next_y
    else:
      let reward_update equal ROAD_OUT_OF_BOUNDS_REWARD
    return reward_update
```

의사코드에 있는 함수에 대한 설명은 다음과 같다.

- cost_movement 함수는 에이전트가 이동할 대상 좌표의 물체를 확인하고 관련 보상 점수를 반환한다.
- is_within_bounds 함수는 목표 좌표가 도로 경계 내에 있는지 확인하는 유틸리티 함수*다.
- is_goal_achieved 함수는 목표를 발견했는지 여부를 결정하고, 이 경우 시뮬레이션을 종료할 수 있다.
- get_state 함수는 에이전트의 위치를 이용하여 현재 상태를 나타내는 숫자를 결정하는데, 각 상태는 고유해야 한다. 다른 문제 공간에서 상태는 실제 네이티브$_{native}$ 상태 자체로 표현할 수 있다.

```
cost_movement(next_x, next_y):
  if road[next_x][next_y] equals ROAD_OBSTACLE_PERSON:
    return ROAD_OBSTACLE_PERSON_REWARD
  else if road[next_x][next_y] equals ROAD_OBSTACLE_CAR:
    return ROAD_OBSTACLE_CAR_REWARD
  else if road[next_x][next_y] equals ROAD_GOAL:
    return ROAD_GOAL_REWARD
  else:
    return ROAD_EMPTY_REWARD


is_within_bounds(next_x, next_y):
  if road_size_x > next_x >= 0 and road_size_y > next_y >= 0:
    return True
  return False


is_goal_achieved():
  if agent_x equals goal_x and agent_y equals goal_y:
    return True
  return False


get_state():
  return (road_size_x * agent_x) + agent_y
```

★ [옮긴이] 핵심은 아니어도, 여러 가지 계산과 처리를 대신해 주는 라이브러리 함수

Q-러닝을 통한 시뮬레이션 훈련

Q-러닝Q-learning은 특정 상태에서 유리한 행동에 대한 정보 테이블을 모델링하기 위해 환경의 상태 및 행동을 사용하는 강화학습의 접근 방식이다. 이제 Q-러닝을 키key가 환경 상태이고 값value이 그 상태에서 취할 수 있는 최적의 행동인 사전dictionary*으로 생각해 보자.

Q-러닝을 통한 강화학습은 **Q-테이블**Q-table이라는 보상 테이블을 사용한다. Q-테이블의 열은 가능한 행동을 나타내고 행은 환경의 가능한 상태를 나타낸다. 간단히 말해서, Q-테이블은 목표를 추구할 때 에이전트에게 가장 유리한 행동이 무엇인지를 나타내는 것이다. 환경에서 가능한 행동을 시뮬레이션하고 결과와 상태 변화를 통해 유리한 행동을 나타내는 값을 학습한다. 나중에 그림 10.13에서 볼 수 있듯이, 에이전트는 임의의 행동을 선택하거나 Q-테이블에서 행동을 선택할 수 있다는 점에 주목할 필요가 있다. 참고로, Q**는 환경에서 행동에 대한 보상 또는 품질을 제공하는 함수를 나타낸다.

그림 10.11은 훈련된 Q-테이블과 각 상태에 대한 행동 가치action value로 표현할 수 있는 두 가지 가능한 상태state를 보여준다. 이러한 상태는 해결 중인 문제와 관련이 있는데, 다른 문제에서는 에이전트가 대각선으로 이동할 수도 있다.*** 상태의 수는 환경에 따라 다르고 새로운 상태를 발견되면 추가할 수 있다. 상태 1에서는 에이전트가 왼쪽 상단 모서리에 있고 상태 2에서는 에이전트가 이전 상태 아래의 위치에 있다. Q-테이블은 주어진 상태에서 취할 수 있는 최적의 행동을 표현한다. 가장 큰 수로 표시한 행동이 가장 유익한 행동이다. 이 그림에서 Q-테이블의 값은 훈련을 통해 이미 찾은 것이고, 곧 계산 방법을 살펴볼 것이다.

---

* [옮긴이] Key-Value 형태의 값을 저장할 수 있는 자료구조
** [옮긴이] Q(상태, 행동)
*** [옮긴이] 이 문제에서는 동서남북으로만 이동함

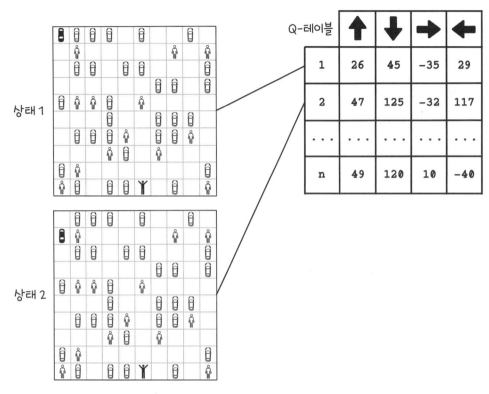

그림 10.11 Q-테이블과 해당 Q-테이블의 상태 예

전체 지도를 사용하여 상태를 표현하는 경우의 큰 문제점은 다른 자동차와 보행자의 구성이 이 문제에 특화되어서, 결과적으로 Q-테이블이 이 지도에만 최적의 선택을 학습하는 것이다.

이 예제 문제에서 상태를 나타내는 더 좋은 방법은 에이전트에 인접한 물체를 고려하는 것이다. 이 방식은 Q-테이블을 다른 주차장 구성에도 사용할 수 있는데, 이는 상태가 예제에서 학습에 사용하는 주차장에 덜 특화되기 때문이다. 이 접근 방식은 간단해 보일 수 있지만, 블록에 다른 자동차가 있거나, 보행자가 있거나, 블록이 비어 있거나, 블록이 경계를 벗어나 있거나 이렇게 블록당 4가지 가능성이 있기 때문에 총 65,536개의 가능한 상태가 생긴다.* 이렇게 다양하게, 에이전트가 좋은 단기 행동 선택을 학습할 수 있도록 많은 주차장 구성에서 여러 번 훈련해야 한다(그림 10.12).

---

* [옮긴이] 블록당 4가지 가능성이 있고, 모두 4가지 행동이 있으므로 총 상태 수는 16 × 16 × 16 × 16 = 65,536이 됨

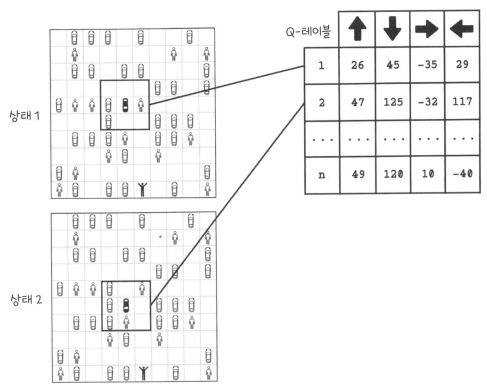

그림 10.12 더 좋은 Q-테이블과 해당 Q-테이블의 상태 예

보상 테이블_{reward table}에 대한 아이디어에 유념하여 Q-러닝 기반의 강화학습을 통한 모델 훈련 수명 주기를 살펴본다. 이때 보상 테이블은 에이전트가 환경에서 수행할 행동 모델을 나타낸다.

이제 훈련 단계를 포함해서 Q-러닝 알고리즘의 수명 주기를 두 단계로 살펴본다. 하나는 초기화 단계이고, 또 하나는 알고리즘이 학습하는 동안 여러 번 반복해서 수행하는 단계다(그림 10.13).

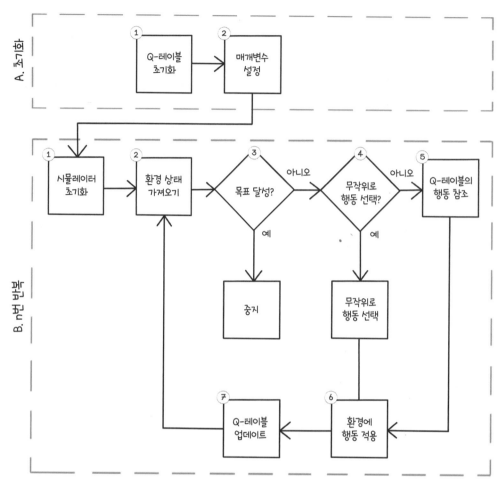

그림 10.13 Q-러닝 강화학습 알고리즘 수명 주기

- **초기화** 초기화 단계에서 Q-테이블에 대한 관련 매개변수 및 초깃값을 설정한다.

  ① **Q-테이블 초기화** 각 열은 행동이고 각 행은 가능한 상태를 나타내는 Q-테이블을 초기화한다. 처음에는 환경의 상태의 개수를 알기 어려우므로 상태가 발생하면 테이블에 추가한다. 각 상태에 대한 초기 행동 가치는 0으로 초기화한다

  ② **매개변수 설정** 이 단계에서는 Q-러닝 알고리즘의 다양한 초매개변수hyperparameter를 설정하는데, 다음과 같다.

  - **무작위 행동을 선택할 기회** — Q-테이블에서 행동을 선택하지 않고 무작위 행동을 선택하기 위한 임곗값threshold이다.

- **학습률** — 학습률은 지도 학습의 학습률과 비슷한데, 알고리즘이 다른 상태에서 보상을 통해 얼마나 빨리 학습하는지 설명한다. 학습률이 높으면 Q-테이블의 값이 불규칙하게 바뀌고, 학습률이 낮으면 값이 점진적으로 변경되지만 좋은 값을 찾기 위해 잠재적으로 더 많은 반복이 필요하다.
- **할인 요인** — 할인 요인은 미래의 잠재적 보상이 얼마나 가치가 있는지를 나타내며, 이는 즉각적인 만족 또는 장기적인 보상을 선호하는 것으로 해석한다. 작은 값은 즉각적인 보상을 선호하고, 큰 값은 장기적인 보상을 선호한다.

- **n번 반복** 이러한 상태를 여러 번 평가하여 동일한 상태에서 최적의 행동을 찾으려면 다음 단계를 반복한다. 반복할 때마다 동일한 Q-테이블을 업데이트한다. 에이전트의 행동 순서가 중요하기 때문에 어떤 상태에서도 행동에 대한 보상이 이전 행동에 따라 변경될 수 있다는 것이 핵심 개념이다. 이러한 이유로 여러 번 반복하는 것이 중요하다. 여기서 반복은 목표 달성을 위한 한 번의 시도를 의미한다.

① **시뮬레이터 초기화** 이 단계에서 환경을 시작 상태로 재설정하고, 에이전트는 중립 상태로 재설정한다.

② **환경 상태 가져오기** 이 기능은 환경의 현재 상태를 제공해야 한다. 각 행동을 수행한 후 환경의 상태가 변경된다.

③ **목표 달성?** 목표를 달성했는지 여부를 확인한다(또는 시뮬레이터가 탐험을 완료한 것으로 간주하는지 확인한다). 이 예에서 목표는 자율주행차의 소유주를 찾는 것이다. 목표를 달성하면 알고리즘을 종료한다.

④ **무작위 행동 선택** 무작위 행동 선택 결정을 한 경우에는 무작위로 행동을 선택한다(북쪽, 남쪽, 동쪽 또는 서쪽). 무작위 행동은 작은 하위 집합을 학습하는 대신 환경의 가능성을 탐험하는 데 유용하다.

⑤ **Q-테이블에서 행동 참조** 무작위 행동 선택 결정을 하지 않으면 현재 환경 상태가 Q-테이블로 전환되고 테이블의 값을 바탕으로 각 행동을 선택한다. Q-테이블에 대한 자세한 내용은 다음에 나온다.

⑥ **환경에 행동 적용** 이 단계에서는 무작위로 선택한 행동이든 Q-테이블에서 선택한 행동이든, 선택한 행동을 환경에 적용한다. 행동이 환경에 영향을 미치고 보상을 받는다.

⑦ **Q-테이블 업데이트** 다음 내용은 Q-테이블 업데이트와 관련한 개념과 수행 단계를 설명한다.

Q-러닝의 핵심적인 측면은 Q-테이블 값을 업데이트하는 방정식이다. 이 방정식은 **벨만 방정식**
Bellman equation을 기초로 해서 의사 결정에 대해 주어진 보상이나 벌칙에 따라 특정 시점에 내린 결
정의 가치를 결정한다. Q-러닝 방정식은 벨만 방정식을 Q-러닝에 적용한 것이다.* Q-러닝 방정
식에서 Q-테이블 값을 업데이트하는 데 가장 중요한 속성은 현재 상태, 행동, 주어진 행동의 다
음 상태, 보상 결과다. 학습률은 지도학습의 학습률과 유사하며, Q-테이블 값을 업데이트하는 정
도를 결정한다. 할인discount은 가능한 미래 보상의 중요성을 나타내는 데 사용하며, 이는 즉각적인
보상과 장기 보상 간 균형을 맞추는 데 사용한다.

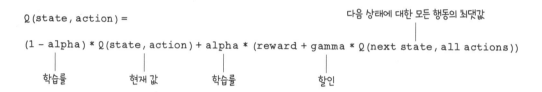

Q-테이블은 0 값으로 초기화하기 때문에 환경의 초기 상태는 그림 10.14와 비슷하게 보인다.

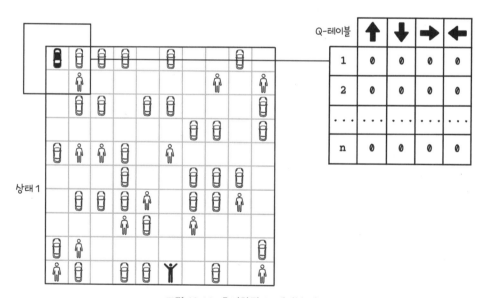

그림 10.14 초기화된 Q-테이블 예

---

* 〔옮긴이〕 지도학습에 비해 강화학습의 어려움은 기대되는 미래 보상의 합을 고려하는 것인데, Q-러닝 방정식을 통해 단순히 하나의
경험만으로도 업데이트할 수 있게 됨. 이때 벨만 방정식은 지도학습에서 많이 사용하는 회귀 함수에 대한 입출력 쌍을 만들어 주는
것으로 해석할 수 있음

다음으로, 보상 값이 서로 다른 다양한 행동을 바탕으로 Q-러닝 방정식을 이용하여 Q-테이블을 업데이트하는 방법을 살펴본다. 학습률(알파) 및 할인(감마) 값은 다음 값을 사용한다.

- 학습률(알파$_{alpha}$) : 0.1
- 할인(감마$_{gamma}$) : 0.6

그림 10.15는 에이전트가 첫 번째 반복의 초기 상태에서 동쪽으로 가는 행동을 선택하는 경우 Q-러닝 방정식을 통해 Q-테이블을 업데이트하는 방법을 보여준다. 이때 Q-테이블은 0으로 초기화되어 있다는 점에 유의한다. 학습률(알파), 할인(감마), 현재 행동 가치, 보상, 차선의 상태를 방정식에 대입해서 수행한 행동에 대한 새로운 값을 결정한다. 결과는 동쪽 행동이고, 다른 차와 충돌을 초래하여 -100을 벌칙으로 받는다. 새로운 값을 계산한 후, 상태 1의 동쪽에 대한 값은 -10이다.

행동 ➡   보상 🚗 🚶 -100

```
Q(1, east) =
(1 - alpha) * Q(1, east) + alpha * (reward + gamma * max of Q(2, all actions))

Q(1, east) = (1 - 0.1) * 0 + 0.1 * (-100 + 0.6 * 0)

Q(1, east) = -10
```

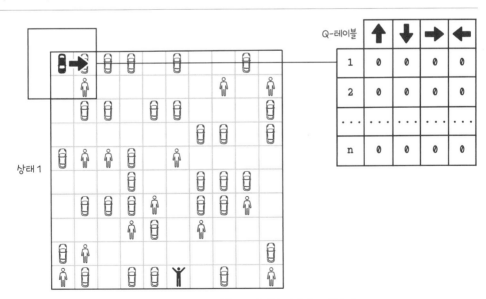

그림 10.15 **상태 1에 대한 Q-테이블 업데이트 계산 예**

다음 계산은 행동을 취한 후 환경의 다음 상태에 대한 것이다. 남쪽으로 이동하는 행동으로 보행자와 충돌하여 -1,000을 보상으로 받는다. 새로운 값을 계산한 후, 상태 2에 대해서 남쪽으로 이동하는 행동에 대한 값은 -100이다(그림 10.16).

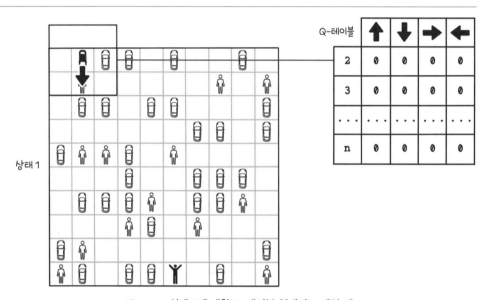

행동 ↓   보상 🚗 👤 -1,000

```
Q(2, south) =
(1 - alpha) * Q(2, south) + alpha * (reward + gamma * max of Q(3, all actions))

Q(2, south) = (1 - 0.1) * 0 + 0.1 * (-1000 + 0.6 * 0)

Q(2, south) = -100
```

그림 10.16 상태 2에 대한 Q-테이블 업데이트 계산 예

그림 10.17은 값이 채워진 Q-테이블에서 계산한 값이 0으로 초기화한 Q-테이블에서 계산한 값과 어떻게 다른지 보여준다. 그림은 몇 번의 반복 후 초기 상태에서 업데이트한 Q-러닝 방정식의 예다. 다수의 시도를 통해 학습하기 위해서 시뮬레이션을 여러 번 실행할 수 있다. 따라서 이런 반복 작업을 여러 차례 하면서 테이블 값을 업데이트한다. 동쪽으로 이동하는 행동은 다른 차와 충돌을 일으키고 보상으로 -100을 얻는다. 새로운 값을 계산한 후, 상태 1의 동쪽 값을 -34로 변경한다.

행동 ➡   보상 🚗👤 -100

$Q(1, east) =$
$(1 - alpha) * Q(1, east) + alpha * (reward + gamma * max of Q(2, all actions))$

$Q(1, east) = (1 - 0.1) * -35 + 0.1 * (-100 + 0.6 * 125)$

$Q(1, east) = -34$

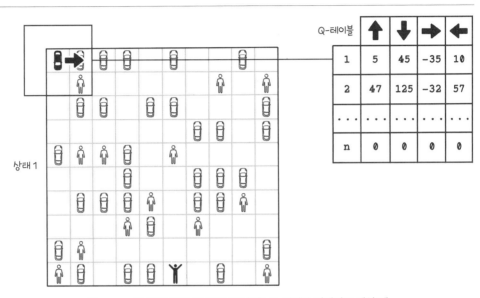

그림 10.17 몇 차례 반복 후 상태 1에 대한 Q-테이블 업데이트 계산 예

연습: Q-테이블 값의 변화를 계산하라.

다음 시나리오에 대해서 Q-러닝 업데이트 방정식을 이용하여 수행한 행동에 대한 새로운 값을 계산한다. 마지막 이동은 동쪽이고 값은 –67이라고 가정한다.

다음 상태에 대한 모든 행동의 최댓값

Q(상태, 행동) =
(1 – 알파) ✳ Q(상태, 행동) + 알파 ✳ (보상 + 감마 ✳ Q(다음 상태, 모든 행동))

학습률   현재 값   학습률   할인

행동 ➡ 보상 🚗 🚶 -1000

Q-테이블

	↑	↓	➡	⬅
45	125	178	-67	-10
46	58	-48	112	-5
...	...	...	...	...
n	0	0	0	0

상태 45

해법: Q-테이블 값의 변화를 계산하라.

초매개변수와 상태 값을 Q-러닝 방정식에 대입해서 Q(1, east)에 대한 새로운 값을 계산한다.

- 학습률 (알파): 0.1
- 할인 (감마): 0.6
- Q (1, 동쪽): -67
- 최대 Q (2, 모든 행동): 112

Q(1, 동쪽) =
(1 - 알파) * Q(1, 동쪽) + 알파 * (보상 + 감마 * [Q(2, 모든 행동)의 최곳값])
Q(1, 동쪽) = (1 - 0.1) * (-67) + 0.1 * (-100 + 0.6 * 112)
Q(1, 동쪽) = -64

의사코드

의사코드는 Q-러닝을 사용해서 Q-테이블을 훈련시키는 함수를 나타낸다. 더 간단한 함수로 분할할 수도 있지만 가독성을 위해 이렇게 표현한다. 이 함수는 이번 장에서 설명한 단계를 따른다.

Q-테이블은 0으로 초기화하고, 그 다음에 학습 논리를 여러 번 반복해서 실행한다. 참고로, 반복은 목표를 달성하기 위한 시도임을 명심한다.

목표를 달성할 때까지 다음 논리를 실행한다.

1. 환경에서 가능성을 탐험하기 위해 무작위 행동을 취해야 할지 여부를 결정한다. 무작위 행동을 선택하지 않으면 Q-테이블에서 현재 상태에 대한 가장 높은 값에 해당하는 행동을 선택한다.

2. 선택한 행동을 계속해서 진행하고 시뮬레이터에 적용한다.

3. 보상, 주어진 행동의 다음 상태, 목표 도달 여부를 포함한 정보를 시뮬레이터로부터 수집한다.

4. 수집한 정보와 초매개변수를 기반으로 Q-테이블을 업데이트한다. 이 코드에서 초매개변수를 이 함수의 인수로 전달한다.

5. 현재 상태를 방금 수행한 행동에 대한 상태의 결과로 설정한다.

목표를 찾을 때까지 이러한 단계를 계속 수행한다. 목표를 찾고 원하는 반복 횟수에 도달하면, 다른 환경에서 테스트하는 데 사용할 수 있는 훈련된 Q- 테이블 결과를 얻게 된다. 다음 절에서 Q-테이블 테스트를 살펴본다.

```
train_with_q_learning(observation_space, action_space,
                      number_of_iterations, learning_rate,
                      discount, chance_of_random_move):
  let q_table equal a matrix of zeros [observation_space, action_space]
  for i in range(number_of_iterations):
    let simulator equal Simulator(DEFAULT_ROAD, DEFAULT_ROAD_SIZE_X,
                                  DEFAULT_ROAD_SIZE_Y, DEFAULT_START_X,
                                  DEFAULT_START_Y, DEFAULT_GOAL_X,
                                  DEFAULT_GOAL_Y)
    let state equal simulator.get_state()
    let done equal False
    while not done:
      if random.uniform(0,1) > chance_of_random_move:
        let action equal get_random_move()
      else:
        let action max(q_table[state])
```

```
let reward equal simulator.move_agent(action)
let next_state equal simulator.get_state()
let done equal simulator.is_goal_achieved()

let current_value equal q_table[state, action]
let next_state_max_value equal max(q_table[next_state])

let new_value equal (1 - learning_rate) * current_value + learning_rate *
                (reward + discount * next_state_max_value)

let q_table[state, action] equal new_value
let state equal next_state

return q_table
```

시뮬레이션과 Q-테이블을 통한 테스트

Q-러닝의 경우, Q-테이블이 학습을 포함하는 모델이다. 서로 다른 상태의 새로운 환경이 주어지면, 알고리즘은 Q-테이블의 각 상태를 참조해서 가장 큰 값에 해당하는 행동을 선택한다. Q-테이블이 이미 훈련되었기 때문에 환경의 현재 상태를 가져와서 Q-테이블의 각 상태를 참조하는 이 과정을 통해 목표를 달성할 때까지 행동을 찾는다(그림 10.18).

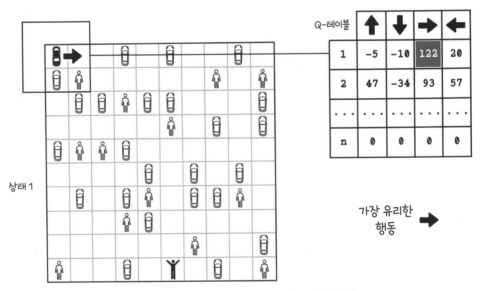

그림 10.18 수행할 행동을 결정하기 위한 Q-테이블 참조

Q-테이블에서 학습한 상태는 에이전트의 현재 위치 바로 옆에 있는 물체를 고려해서 단기 보상을 위한 좋은 이동과 나쁜 이동을 모두 학습했으므로 Q-테이블을 그림 10.18과 같은 다른 주차장 구성에도 사용할 수 있다. 하지만 단점은 지도의 나머지 부분에 대한 맥락이 없기 때문에 에이전트가 각 행동을 수행할 때 장기 보상보다 단기 보상을 선호한다는 것이다.

참고로, 강화학습을 좀 더 깊이 배우게 되면 접할 수 있는 용어로 에피소드episode가 있는데, 에피소드는 초기 상태와 목표를 달성한 상태 사이의 모든 상태를 포함한다. 즉, 목표를 달성하기 위해 14개 행동을 취한다면, 14개 에피소드가 있다는 것이다. 또, 목표를 달성하지 못하면, 에피소드를 무한infinite이라고 한다.

훈련 성과 측정

일반적으로 강화학습 알고리즘은 측정하기가 어렵다. 특정 환경과 목표를 고려할 때 서로 다른 벌칙과 보상을 가질 수 있으며, 그중 일부는 다른 것보다 문제 맥락에 더 큰 영향을 미친다. 주차장 예에서는 보행자와의 충돌에 대해서 더 큰 벌칙으로 중징계한다. 또 다른 예로, 가능한 한 자연스럽게 걷기 위해 어떤 근육을 사용해야 하는지 배우려고 하는 인간을 닮은 에이전트가 있는데, 이 시나리오에서의 벌칙은 넘어지거나 너무 큰 보폭과 같이 더 구체적일 수 있다. 따라서 성능을 정확하게 측정하려면 문제의 맥락이 필요하다.

성능을 측정하는 일반적인 방법 중 하나는 주어진 횟수의 시도에 대해서 받은 벌칙 수를 계산하는 것이다. 벌칙은 행동으로 인해 환경에서 발생하는 피하고 싶은 사건이다.

강화학습 성과의 또 다른 척도는 **행동당 평균 보상**average reward per action이다. 행동당 보상을 극대화함으로써 목표 달성 여부에 관계없이 잘못된 행동을 피하는 것을 목표로 한다. 이 측정값은 누적 보상을 총 행동 수로 나누어 계산할 수 있다.

모델 프리 학습과 모델 기반 학습

향후 강화학습의 심화 과정 공부를 위해, 강화학습의 두 가지 접근 방식을 알아야 한다. **모델 기반**model-based과 **모델 프리**model-free 방식인데, 이 책에서 지금까지 설명한 머신러닝 모델과는 다르다. 여기서는 에이전트가 실행되는 환경에 대한 에이전트의 추상적인 표현을 모델로 생각하자.

우리의 머릿속에는 주요 지형지물의 위치, 방향 감각, 이웃 도로의 일반적인 레이아웃에 대한 모델이 있다. 이 모델은 일부 도로를 탐험하여 만들어졌지만, 모든 선택사항을 시도하지 않고도 결정을 내리기 위해 머릿속에서 시나리오를 시뮬레이션할 수 있다. 예를 들어, 이 모델을 사용하여 일하러 가는 방법을 결정할 수 있는데, 이 접근 방식은 모델 기반이다. 반면, 모델 프리 학습은 이번 장에서 설명한 Q-러닝 접근 방식과 유사하다. 시행착오를 거쳐 다양한 시나리오에서 유리한 행동을 결정하기 위해 환경과의 많은 상호 작용을 탐험한다.

그림 10.19는 도로 내비게이션의 두 가지 접근 방식을 보여주는데, 모델 기반 강화학습을 구현하기 위해 다양한 알고리즘을 사용할 수 있다.

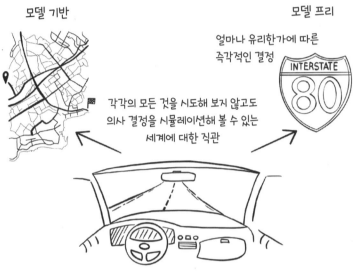

그림 10.19 모델 기반 강화학습과 모델 프리 강화학습 예

딥러닝 기반 강화학습

Q-러닝은 강화학습에 대한 하나의 접근 방식이다. Q-러닝이 어떻게 작동하는지 잘 이해하면, 동일한 추론과 일반적인 접근 방식을 다른 강화학습 알고리즘에 적용할 수 있다. 해결하려는 문제에 따라 몇 가지 대안이 되는 접근 방식이 있다. 인기 있는 대안 중 하나는 **심층 강화학습**deep reinforcement learning으로, 로봇 공학, 비디오 게임 플레이 관련 애플리케이션과 이미지와 비디오 관련 문제에 유용하다.

심층 강화학습은 인공 신경망ANN을 이용하여 환경 상태를 처리하고 행동을 생성한다. 행동은 보상 피드백과 환경의 변화를 사용하여 인공 신경망에서 가중치를 조정하고 학습한다. 또한, 강화학습은 합성곱 신경망CNN과 또 다른 목적의 인공 신경망ANN 구조를 이용하여 다양한 도메인과 사용 사례의 특정 문제를 해결할 수 있다.

그림 10.20은 이번 장의 주차장 문제를 인공 신경망을 이용하여 해결하는 방법을 개략적으로 보여준다. 신경망에 대한 입력은 상태이고, 출력은 에이전트가 최적의 행동을 선택할 확률이다. 그리고 네트워크의 가중치를 조정하기 위해 역전파를 사용하여 보상과 환경에 미치는 효과를 피드백한다.

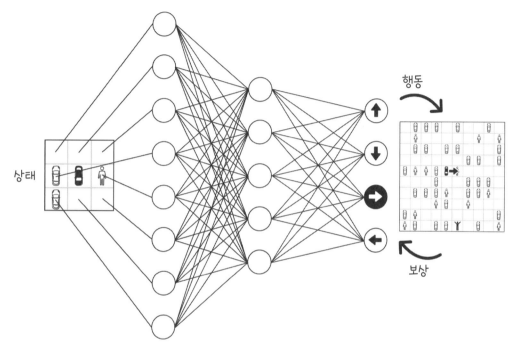

그림 10.20 주차장 문제를 위한 인공 신경망 사용 예

다음 절에서는 실세계에서 인기 있는 강화학습 사용 사례를 몇 가지 살펴본다.

강화학습 사용 사례

강화학습에는 학습에 사용할 과거 데이터가 없거나 부족한 애플리케이션이 많다. 그래서 좋은 성과를 내기 위한 휴리스틱이 있는 환경과의 상호 작용을 통해 학습이 이루어진다. 이런 방식의 사용 사례는 무궁무진한데, 이번 절에서는 강화학습의 몇 가지 인기 있는 사용 사례를 살펴본다.

로봇 공학

로봇 공학에서는 목표를 달성하기 위해 실제 환경과 상호 작용하는 기계를 만든다. 일부 로봇은 다양한 표면, 장애물, 경사가 있는 어려운 지형을 탐험하는 데 사용한다. 다른 로봇은 과학자의 지시를 받거나 올바른 도구를 전달하거나 장비를 운용하는 등 실험실에서 조수 역할도 한다. 크고 역동적인 환경에서 모든 행동의 결과를 모델링할 수 없을 때 강화학습이 유용하다. 환경에서 더 큰 목표를 정의하고 보상과 벌칙을 휴리스틱으로 도입함으로써 강화학습을 이용하여 동적 환경에서 로봇을 훈련시킬 수 있다. 예를 들어, 지형 탐색 로봇은 어려운 지형을 성공적으로 횡단하기 위해서 어떤 바퀴로 동력을 공급하고 서스펜션*을 조정해야 하는지 학습한다. 일반적으로 이런 목표는 많은 시도 끝에 달성할 수 있다.

이러한 시나리오는 환경의 주요 측면을 컴퓨터 프로그램으로 모델링할 수 있는 경우에 가상으로 시뮬레이션할 수 있다. 일부 과제에서는 실제 도로 훈련 전에 컴퓨터 게임을 자율주행차 훈련에 사용해 왔다. 강화학습으로 로봇을 훈련시키는 목적은 인간과 비슷한 방식으로 좀 더 보편적인 상호작용을 학습하면서 새롭고 다양한 환경에 적응할 수 있는 보다 일반적인 모델을 만드는 것이다.

추천 엔진

추천 엔진은 많은 디지털 제품에 사용된다. 예를 들어, 동영상 스트리밍 플랫폼은 추천 엔진을 이용하여 동영상 콘텐츠에서 개인의 호불호를 배우고 시청자에게 가장 적합한 것을 추천한다. 그리고 음악 스트리밍 플랫폼과 전자 상거래 매장에서도 사용된다. 강화학습 모델은 추천 동영상에 대한 시청자의 결정 행동을 통해 학습한다. 추천 동영상을 선택하여 동영상 전체를 시청하면 강화학습 모델에 대해 강력한 보상을 하는데, 이는 그 동영상이 좋은 추천 동영상이라고 가정하기 때문이다. 반대로 동영상을 선택하지 않거나 일부 콘텐츠만 시청하는 경우, 동영상이 시청자의 관심을 끌지 못했다고 가정하는 것이 타당하고, 그 결과 약한 보상이나 벌칙을 받는다.

금융 거래

거래를 위한 금융 상품에는 회사 주식, 암호 화폐, 기타 패키지형 투자 상품이 있다. 거래는 어려운 문제다. 분석가는 가격 변화의 패턴과 세계 뉴스를 모니터링하고, 자신의 판단에 따라 투자를 보류하거나 일부를 매도하거나 더 많이 구매할지 결정한다. 강화학습은 발생한 소득이나 손실을 기준으로 보상과 벌칙을 통해 이러한 결정을 내리는 모델을 훈련한다. 거래를 잘하기 위한 강화학습 모델을 개발하려면 많은 시행착오가 필요하다. 따라서 에이전트를 교육하는 데 막대한 금전적 손실이 발생할 수 있다. 다행히도, 대부분의 과거 공공 재무 데이터를 무료로 사용할 수 있고, 일부 투자 플랫폼은 실험해 볼 수 있는 샌드박스sandbox**를 제공한다.

---

* [옮긴이] 자동차에서 차체의 무게를 받쳐주는 장치
** [옮긴이] 외부로부터 들어온 프로그램이 보호된 영역에서 동작해 시스템이 부정하게 조작되는 것을 막아주는 보안 형태. 소프트웨어 개발을 위한 테스트 환경

강화학습 모델이 좋은 투자 수익을 창출하는 데 도움을 줄 수 있지만, 여기 흥미로운 질문이 있다. 만약 모든 투자자가 자동화되고 완전히 합리적이며 인적 요소가 거래에서 제거된다면 시장은 어떻게 될까?

게임 플레이

인기 있는 전략 게임에서 컴퓨터가 수년 동안 인간 플레이어의 지적 능력을 능가해 왔다. 일반적으로 이런 게임에서 컴퓨터는 상대를 이기기 위해 여러 유형의 리소스를 관리하는 동시에 장단기 전략을 짠다. 이런 게임은 인기가 있어서 경기장을 관객으로 가득 메웠고, 많은 게임에서 최고 수준의 인간 플레이어가 아주 작은 실수로 인해 컴퓨터에 졌다. 전문가 수준 이상에서 이러한 게임을 하는 데 강화학습을 활용해 왔다. 일반적으로 이러한 강화학습에서는 인간 플레이어가 하는 방식으로 화면을 보고, 패턴을 학습하고, 행동을 취하는 에이전트를 구현한다.* 보상과 벌칙은 게임과 직결된다. 서로 다른 시나리오에서 다양한 상대와 게임을 여러 번 반복한 후, 강화학습 에이전트는 게임에서 승리하기 위한 장기적인 목표에 가장 적합한 전술을 배운다. 이 분야 연구의 목표는 추상적인 상태와 환경으로부터 맥락을 얻고 논리적으로 연결할 수 없는 것을 이해할 수 있는 일반적인 모델을 찾는 것이다. 예를 들어, 어린아이는 뜨거운 물체가 잠재적으로 위험하다는 것을 배우기 전에는 여러 물체를 만지다가 화상을 입는다. 하지만 나이가 들어가면서 점차 직관을 얻고 이를 활용하게 되는데, 이를 통해 뜨거운 물체와 뜨거운 물체의 잠재적 해로움 또는 이점에 대한 이해를 강화한다.

결국, 인공지능 연구와 개발은 인간이 이미 잘하고 있는 방식으로 컴퓨터가 문제를 해결하는 방법을 배우도록 노력하고 있다. 즉, 목표를 염두에 두고 추상적인 아이디어와 개념을 연결하여 문제에 대한 좋은 솔루션을 찾는 것이다.

---

* [옮긴이] 모델 프리 강화학습의 예

강화학습 요약

강화학습은 목표는 알고 있으나 학습에 사용할 견본은 알지 못하는 경우에 적용할 수 있다.

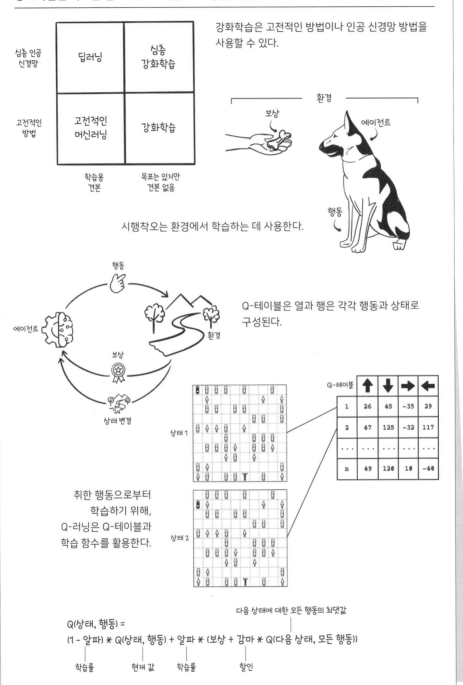

강화학습은 고전적인 방법이나 인공 신경망 방법을 사용할 수 있다.

시행착오는 환경에서 학습하는 데 사용한다.

Q-테이블은 열과 행은 각각 행동과 상태로 구성된다.

취한 행동으로부터 학습하기 위해, Q-러닝은 Q-테이블과 학습 함수를 활용한다.

다음 상태에 대한 모든 행동의 최댓값

Q(상태, 행동) =
(1 - 알파) * Q(상태, 행동) + 알파 * (보상 + 감마 * Q(다음 상태, 모든 행동))

학습률　　현재 값　　학습률　　할인

찾아보기